Martin Debes
DEUTSCHLAND
DER EXTREME

MARTIN DEBES

DEUTSCHLAND DER EXTREME

Wie Thüringen die Demokratie herausfordert

Ch.Links VERLAG

Auch als **e book** erhältlich

Die Deutsche Nationalbibliothek verzeichnet diese Publikation in der
Deutschen Nationalbibliografie; detaillierte bibliografische Angaben sind
im Internet über www.dnb.de abrufbar.

Ch. Links Verlag ist eine Marke der Aufbau Verlage GmbH & Co. KG

2. Auflage 2024
© Aufbau Verlage GmbH & Co. KG, Berlin 2024
www.aufbau-verlage.de/ch-links-verlag
Prinzenstraße 85, 10969 Berlin
Verlag behält sich das Text- und Data-Mining nach § 44b UrhG vor,
was hiermit Dritten ohne Zustimmung des Verlages untersagt ist.
Umschlaggestaltung: Rothfos & Gabler, Hamburg, unter Verwendung
eines Fotos von Wikimedia Commons
Satz: LVD GmbH, Berlin
Druck und Bindung: Druckerei F. Pustet, Gutenbergstr. 8, 93051 Regensburg

ISBN 978-3-96289-213-5

Inhalt

Zu diesem Buch

Im September 2024, ein Jahr vor der Bundestagswahl, werden in Ostdeutschland drei Landtage gewählt. Die Ost-Wahlen, so heißt es immer wieder, könnten zum bislang größten Härtetest der bundesrepublikanischen Demokratie werden. Ich stimme dieser Vorhersage grundsätzlich zu. Nie seit 1945 war die offene Gesellschaft von ihren Feinden so bedroht wie heute.

Dennoch erhebe ich Einwand: Ostdeutschland ist kein homogenes Gebiet. Es ist auch kein bloßes Beitrittsgebiet und schon gar keine »frühere DDR«. Bei den so bezeichneten Ost-Wahlen handelt es sich um freie, gleiche und geheime Abstimmungen über die Parlamente von drei geschichtsträchtigen Ländern, von Sachsen, von Brandenburg – und von Thüringen. Diese sind auch keine neuen Länder, sondern im Gegensatz zu einigen angeblich alten Ländern sehr alt. Ohne ihr Erbe ist das Deutschland, in dem wir heute gemeinsam leben, nicht vorstellbar.

Politisch gibt es große Unterschiede zwischen den ostdeutschen Bundesländern. Allein schon bei diesen drei von ihnen: Das frühere preußische Kernland Brandenburg wird durch seine Lage zwischen Berlin und Polen bestimmt und seit 1990 durchgängig von der SPD regiert. Das einstige Königreich Sachsen, das in der Neuzeit nur CDU-Ministerpräsidenten kannte, ist nicht nur deutlich größer als die anderen beiden Länder, sondern hat auch mit Dresden und Leipzig zwei Metropolregionen vorzuweisen.

Und Thüringen? Hier, wo gerade einmal drei Prozent der deutschen Bevölkerung leben, lassen sich inzwischen nahezu alle wichtigen Konfliktlinien der Bundesrepublik nachvollziehen. Die örtlichen Protagonisten Bodo Ramelow, Björn Höcke oder Thomas Kemmerich kennen weit mehr Menschen als die Namen der Regierungschefs größerer und reicherer Länder wie Hessen oder Niedersachsen.

Warum ist das so? Und was lässt sich daraus ableiten? Diesen Fragen gehe ich in diesem Buch nach, nicht als Historiker oder Politikwissenschaftler, sondern als Journalist und als gebürtiger Thüringer, dessen Vorfahren schon in diesem Land lebten, als Bauern, Pfarrer und Ärzte. Es ist der Versuch, Erklärungen dafür zu finden, wie Thüringen zu einem Testfall für die bundesrepublikanische Demokratie werden konnte.

Ich danke allen, die mir auf diesem Weg halfen, vor allem aber meiner Familie. Ich danke Maike Nedo für ihr Lektorat, Jürgen John für seinen Rat sowie Frauke Adrians, Henry Bernhard, Carmen Fiedler, Urte Lemke, René Lindenberg, Torsten Oppelland und Elmar Otto für die Durchsicht des Textes.

Martin Debes, Erfurt, 29. Januar 2024

Prolog

Erfurt, 29. April 2023. »Höcke! Höcke! Höcke!« Die Menge skandiert den Namen des Thüringer AfD-Vorsitzenden. Trommeln geben den Takt vor. Etwa 1000 Männer und auch einige Frauen stehen versammelt im Karree, das gesäumt ist von Absperrgittern und einer Hundertschaft hochgerüsteter Polizisten.

Das hintere Drittel des Platzes vor dem Theater ist nahezu leer. Es sind längst nicht so viele Teilnehmer gekommen, wie die Thüringer AfD erhofft und angemeldet hatte. Doch immerhin, vor der Bühne ballen sich die Menschen. Sie sind mit ihren Flaggen, auf denen die Friedenstaube oder die Aufschrift »Widerstand« zu sehen ist, von der Staatskanzlei hierhergezogen und wollen jetzt den Mann sehen, nach dem sie so laut rufen.

Plötzlich steht er auf der Bühne. Björn Höcke reißt beide Arme schräg nach oben, sodass sie ein V bilden. Er trägt seine kundgebungsbewährte Kombination: dunkelblaues Jackett, Jeans, weißes Hemd. Sein Körper ist von vielen Joggingläufen trainiert. Der ergraute Seitenscheitel sitzt.

Höcke ist inzwischen jenseits der 50. Zehn Jahre hat er in der AfD verbracht. Obwohl er auf Bundesebene nie eine Funktion besaß, führt er die Partei inzwischen von hinten. Er sorgte mit dafür, die einstigen Vorsitzenden Bernd Lucke, Frauke Petry und Jörg Meuthen politisch zu erledigen. Und er dominierte auf den jüngeren Bundesparteitagen die Abstimmungen über Personal und Anträge.

Das weiß auch Alice Weidel. Die Vorsitzende der Bundespartei ist an diesem trüben Frühlingstag nach Erfurt gereist, um Höcke ihre

Referenz zu erweisen. Einst stimmte sie für seinen Parteiausschluss. Doch ab 2018 begann sie, sich mit ihm zu arrangieren. Sie hatte begriffen, dass auch sie eine Konfrontation mit dem Rechtsextremisten politisch nicht überleben würde.

Das Zweckbündnis vermittelte Götz Kubitschek. Der Gründer des sogenannten Instituts für Staatspolitik, das vom Verfassungsschutz beobachtet wird, ist auch in Erfurt auf dem Theaterplatz, und sieht, wie Weidel auf der Bühne Höcke in den Arm nimmt. Die Frau, die für die Investmentbank Goldman-Sachs arbeitete, die in einer lesbischen Lebensgemeinschaft mit einer in Sri Lanka geborenen Partnerin lebt und in der Partei als »Globalistin« beschimpft wird – und die Frau, die, wenn es ihr opportun erscheint, gegen »Kopftuchmädchen«, »alimentierte Messermänner« oder »sonstige Taugenichtse« polemisiert.[1]

Die Machtbalance zwischen Weidel und Höcke ist ungewöhnlich: Die Vorsitzende der Bundespartei braucht den Landesvorsitzenden mehr als er sie benötigt. Denn im Gegensatz zu ihr besitzt Höcke eine stabile Operationsbasis: Thüringen. Hier führt er seit 2013 die AfD und leitet seit 2014 die Fraktion im Landtag. Hier gründete er sein Netzwerk »Flügel«, mit dem er die Partei immer weiter nach rechts drängte. Und hier sehen Umfragen seine Landespartei als deutlich stärkste Kraft.

»Die Voraussetzungen sind in Thüringen besonders gut«, ruft Höcke. In Erfurt habe »das Kartell« der »Altparteien« seine »ganze Machtgier« gezeigt, als es 2020 die Wahl des Ministerpräsidenten Thomas Kemmerich »rückgängig gemacht« und später die versprochene Neuwahl abgesagt habe. Das Vertrauen in das überkommene System sei deshalb hier besonders niedrig. Höckes Ziel: Er will Ministerpräsident werden. Nach der Landtagswahl am 1. September 2024 soll die AfD die Landesregierung anführen: »Wir operieren in einer auf Jahre angelegten politischen Strategie. Wir werden regieren, und wir werden gestalten und werden die Zukunft erstreiten. Und wir fangen hier in Thüringen, hier in unserer blauen Hochburg, damit an.«

Wahrscheinlich ist das nicht. Denn dafür benötigte die AfD die absolute Sitzmehrheit im Parlament. Völlig ausgeschlossen ist das Szenario aber auch nicht mehr. Zumal: In der CDU hat längst wieder die Debatte darüber begonnen, ob AfD-Stimmen zumindest billigend in Kauf genommen werden könnten, um die linke Regierung abzulösen. Diese Überlegungen erinnern an eine Konstellation, die vor einem Jahrhundert in Weimar ihre unrühmliche Premiere hatte: eine konservative Landesregierung, toleriert von einer Tarnorganisation der verbotenen NSDAP.

Vor 100 Jahren

Doch warum Thüringen? Was ist besonders an dem Land, in dem viele Menschen vor allem Fichtenwälder und Bratwurst-Grillstätten vermuten? Die Antwort: sehr viel.

Thüringen ist das Land, in dem Bach geboren wurde und Luther das Neue Testament übersetzte. Das Land, in dem Goethe und Schiller ihre größten Werke schrieben, in dem die Frühromantiker wirkten und das Bauhaus entstand. Das Land, in dem SPD und Urburschenschaft gegründet wurden, in dem sich die erste deutsche Republik konstituierte und sich eine Verfassung gab.

Thüringen ist aber auch das Land, in dem 1924 – also genau vor 100 Jahren – Bürgerliche erstmals Rechtsextremisten an der Macht beteiligten. Das Land, das Hitler zu seinem Mustergau umbauen ließ. Das Land, das die Öfen für die Krematorien in Auschwitz produzierte.

Und Thüringen ist das Land, in dem mit Bodo Ramelow der einzige linke Ministerpräsident an der Spitze der einzigen Minderheitsregierung Deutschlands steht. Das Land, in dem mit Björn Höcke der radikalste und wirkmächtigste AfD-Politiker agiert. Das Land, aus dem der Nationalsozialistische Untergrund (NSU) kam.

Nirgendwo sonst in der Bundesrepublik besetzen Linke und AfD gemeinsam die Mehrheit der Parlamentssitze. Nirgendwo anders wählten Rechtsextreme einen Ministerpräsidenten und kam der erste AfD-Landrat ins Amt. Und nirgendwo anders hat sich die Politik seit 2019 derart selbst blockiert. In der Folge ist das Ansehen der Landesregierung, die Zufriedenheit der Menschen mit der Praxis der Demokratie und das Vertrauen in staatliche Institutionen besonders stark gesunken.[2]

Wie wurde Thüringen zu einem Land der Extreme? Wieso stehen in Thüringen derart viele Belege der Schöpfung von Hochkultur und demokratischen Werten direkt neben den Mahnmalen, die von den Versuchen ihrer Zerstörung zeugen?

Die Gründe reichen weit in die Geschichte zurück. Sie wurzeln im fruchtbaren Erbe der kleinstaatlichen Residenzen, aber auch in den Verwerfungen und Verbrechen des 20. Jahrhunderts. Sie basieren auf mangelnder westlicher Demokratieerfahrung, den Traumata historischer Transformationen und der Enttäuschung, mit den eigenen, womöglich illusorischen Vorstellungen einer solidarischen, konsensualen, aber doch freien Gesellschaft nicht gesehen zu werden.

Am Anfang stand die Kulturlandschaft zwischen Vogtland, Rhön und Eichsfeld, die seit dem frühen Mittelalter Thüringen heißt. Darüber schichteten sich die Sedimente der neueren Geschichte. Die kulturelle Vielfalt der Miniaturfürstentümer, die bis ins 20. Jahrhundert überdauerten. Die Industrialisierung mit Zeiss, Schott und den Eisenacher Motorenwerken. Die Wirren der Republik, der Weimar ihren Namen gab. Die Schrecken von Naziherrschaft und Krieg. Die Unterdrückung durch die Sowjets und die Repression des DDR-Systems. Das Glücksgefühl der Selbstermächtigung von 1989. Der Wiederaufbau beim gleichzeitigen Durchstehen von Deindustrialisierung und Massenarbeitslosigkeit. Die Folgen des Skiunfalls eines Ministerpräsidenten und das Versagen bei der Bekämpfung des Rechtsextremismus. Das politische Unvermögen ab dem Jahr 2019, eine Mehrheit zu bilden. Der Schock der Kemmerich-Wahl und der lärmende Stillstand seither.

Mehr als ein Drittel der Thüringer Bevölkerung hegt das Gefühl von Zweitklassigkeit.[3] Dieses Drittel findet sich insbesondere in jenen Regionen, die einst wirtschaftliche oder kulturelle Bedeutung besaßen, aber jetzt als strukturschwach und abgehängt gelten. Hier ist das Gefühl des Abstiegs besonders stark – und korreliert mit Wahlerfolgen von Rechtspopulisten. Dieser Zusammenhang wurde in einer Studie der Universität Jena belegt.[4]

Sowieso mangelt es nicht an wissenschaftlichen Deutungen. So wird etwa mit dem Begriff der Deprivation das Gefühl von Entbehrung, Verlust und Benachteiligung zusammengefasst. Die Reaktanz wiederum beschreibt, wie Menschen, die ein »übergriffiges System« erlebten, auf tatsächlichen oder auch nur vermeintlichen Freiheitsentzug reagieren.[5] Aus Sicht des Soziologen Raj Kollmorgen wirken die »alten Populismen und Protestkulturen« der DDR ebenso nach wie die »damals eingeübte Gleichzeitigkeit von harter Staatskritik und paternalistischer Staatsnähe«.[6]

Die Krise Thüringens ist damit auch eine Krise der Eliten. Viele Leistungsträger verließen während der Zeit der DDR und in den ersten Jahren der Transformation das Land. Oder sie waren – oder galten als – vom alten System korrumpiert. Sie wurden nach der Wiedervereinigung mehrheitlich ersetzt durch Westdeutsche, die heute nahezu alle Bereiche des gesellschaftlichen Lebens dominieren. Viele hätten es im westdeutschen Wettbewerb nur schwerlich auf diese Position geschafft. Doch im Osten besaßen sie die passende Ausbildung, das richtige Netzwerk und vor allem: das nötige Selbstbewusstsein. Ihnen half, dass sich die Einheimischen oft selbst klein machten oder am Ende die Verantwortung scheuten.

Wettbewerb der Westdeutschen

Im Ergebnis ist das Personaltableau an der Spitze in Thüringen besonders schmal – und stammen die meisten der Thüringer Spitzenbeamten, Richter, Rektoren, Intendanten oder Vorstandschefs aus der alten Bundesrepublik. Auch die Mehrzahl der Spitzenkandidaten, die zur Landtagswahl 2024 in Thüringen antreten werden, kommt aus Westdeutschland. Sie wurden in Aachen, Osterholz-Scharmbeck oder in Singen in Baden-Württemberg geboren.

Höcke stammt aus Nordrhein-Westfalen und arbeitete bis zu seinem Einstieg in die Politik als Lehrer in Hessen. Seit 2008 lebt er mit seiner Familie im nordwestlichen Zipfel des Landes, das er mit größtmöglichem Pathos vereinnahmt und von dem aus er seine Mission der Rettung Deutschlands verfolgt. Die Thüringer seien »ein besonders heimatliebendes Völkchen«, ruft er über den Erfurter Theaterplatz. »Das ist eine Basis, auf der wir aufbauen können, ein Fundament, auf dem wir stehen können.«

Tatsächlich fühlen sich 90 Prozent der Thüringer mit ihrem Land, aber auch mit ihrer Region und ihrer Gemeinde »stark verbunden«.[7] Jeder Zweite bezeichnet die Verbindung sogar als »sehr stark«. Gleichzeitig, und darauf setzt die AfD erst recht, wächst insbesondere in den ländlichen Gebieten das Gefühl, herabgesetzt und abgewertet zu werden, abgehängt zu sein. Knapp 70 Prozent stimmten der Aussage zu: »Die Politiker in Berlin interessieren sich nicht für die Region, in der ich lebe.«

Dies liegt auch daran, dass Thüringen immer kleiner wird. Die Zahl der Einwohner sank mit der Abwanderung und einknickenden Geburtenzahlen seit 1990 um knapp eine halbe Million auf 2,1 Millionen. Trotz der Zuwanderung von Migranten und Kriegsflüchtlingen wird für das Jahr 2042 nur noch mit gut 1,93 Millionen Einwohnern gerechnet.[8] Die Zahl der Geburten ist auf den tiefsten Stand seit 1995 gefallen, der Sterbefallüberschuss befindet sich auf Rekordniveau. Zentrale Ursache ist laut Statistikern der »generelle Rückgang der Zahl der Frauen im gebärfähigen Alter«.[9]

Die Lebenserwartung sank zuletzt auf das Niveau von 2012.[10] Gleichzeitig ist der Thüringer Durchschnittsmensch überdurchschnittlich alt – und unterdurchschnittlich vermögend. Die Erbschaften liegen 50 000 Euro unter dem bundesweiten Median.[11] Das Thüringer Lohnniveau ist das zweitniedrigste in Deutschland.[12] 28 Prozent der Beschäftigten bekommen einen Stundenlohn von unter 14 Euro.[13] Die Senioren erhalten im Ländervergleich am wenigsten Rente.[14]

Diese offensichtliche Schlechterstellung sorgt unter anderem dafür, dass Höckes deutschtümelnder »Sozialer Patriotismus«, dessen Fundament die Xenophobie ist, auch bei Menschen ohne gefestigte rechtsextremistische Ansichten stärker als anderswo verfängt. Dabei ist Thüringen auf Zuwanderung angewiesen. Bis 2035 werden 385 000 Menschen aus dem Arbeitsleben ausscheiden. Und höchstens 247 000 Stellen können nach Berechnungen des Dresdner ifo Instituts durch Jüngere, Arbeitslose oder bisherige Pendler besetzt werden.[15] Die Personallücke beträgt 140 000 Menschen.

Doch natürlich speist sich der Erfolg der AfD, die auch in Westdeutschland Umfragewerte von bis zu 20 Prozent erzielt, aus vielen trüben Quellen, die keineswegs in Thüringen entspringen. Die globalen Herausforderungen von Digitalisierung und Klimawandel, Massenflucht, Pandemie und Kriegen erzeugen einen permanenten Veränderungsdruck und führen zu Erschöpfung, Ablehnung, Protest – und bei einer Minderheit zu Revisionismus und Extremismus. Nebenbei etabliert sich eine neue »Weltunordnung«,[16] in der China nach der Vorherrschaft strebt und Russland nach seiner alten imperialen Dominanz über Osteuropa. Der Multilateralismus befindet sich in der Krise, derweil der Nationalismus zurückkehrt, einschließlich Eroberungskriegen und Aufrüstung. Das westliche Demokratiemodell gerät zunehmend unter Druck, rechtspopulistische oder gar rechtsextreme Bewegungen gewinnen an Stärke. Ob nun der vierfach angeklagte Donald Trump, der 2024 in den USA um seine Wiederwahl kämpft, Viktor Orban, der in Ungarn an seiner »illiberalen Demokratie« baut, die frühere Mussolini-Verehrerin Giorgia

Meloni, die Italien mit einem extrem rechten Bündnis regiert: Bis auf wenige Ausnahmen wie zuletzt in Polen erscheint der Trend eindeutig.

AfD und Agonie

Thüringen ordnet sich in diese Entwicklung ein – ist ihr aber, zumindest, was Deutschland betrifft, auch deutlich voraus. Hier sieht sich die AfD als Avantgarde. Hier setzt sie auf die Erosion der sogenannten Brandmauer, die alle anderen Parteien um sie herum errichtet haben. Und hier zeigen die gemeinsamen Abstimmungen von CDU und FDP mit der AfD im Landtag die Versuche, sich aus einem strategischen Dilemma zu befreien, in dem man sich seit der Wahl 2019 und dem Kemmerich-Interregnum befindet.

Bislang allerdings bleibt die Union gefangen: Auf der einen Seite sieht sie sich genötigt, die linke Minderheitskoalition eingeschränkt zu dulden, um Thüringen nicht in eine neuerliche Staatskrise zu stürzen. Auf der anderen Seite muss sie konservatives Profil zeigen, um sich von Rot-Rot-Grün abzugrenzen und der AfD nicht zu viel Terrain zu überlassen. Doch in welche Richtung sich die CDU in Thüringen auch bewegt: Immer tangiert sie den Abgrenzungsbeschluss der Bundespartei. Die AfD hat gelernt, jede Gelegenheit zur Mehrheit für sich zu nutzen – und sei es, indem sie Rot-Rot-Grün stützt.

Das Ergebnis dieser Konstellation ist quälende Agonie. Nur das Allernötigste – Landeshaushalte, Hilfspakete, Staatsverträge – findet nach nervenaufreibend langem Streit eine Mehrheit. Währenddessen ist die Funktionsfähigkeit essenzieller parlamentarischer Gremien wie dem Richterwahlausschuss oder der Kontrollkommission für den Verfassungsschutz chronisch gefährdet.

Die schiere Anwesenheit einer starken extremistischen Partei führt dazu, dass sich das parlamentarische System zunehmend selbst blockiert. Die Situation vergiftet das politische Klima, beschädigt das Landesimage und bremst Investitionen aus. Das Wirtschaftswachstum stagniert, das Land verliert in den Bildungsrankings Positionen – und das Vertrauen in Regierungen und Demokratie sinkt. Dass die Staatsanwaltschaft Erfurt ein Untreue-Ermittlungsverfahren gegen die Landesregierung einleitete, dass der CDU-Landeschef unter dem Verdacht der Bestechlichkeit stand, dass sich die grüne Vize-Ministerpräsidentin trickreich einen lukrativen Lobby-Job sicherte, kostete zusätzlich Ansehen. Es ist eine Abwärtsspirale, mit der ein Erfolg der AfD zu einer selbsterfüllenden Prophezeiung wird.

Währenddessen legt die AfD zu, obwohl ihr Landeschef Höcke wegen Volksverhetzung angeklagt ist. In Sonneberg gewann sie im Juni 2023 ihren ersten Landrat und wenige Monate später in Nordhausen beinahe ihren ersten Oberbürgermeister. Und das war nur der Probelauf. Im Frühjahr 2024 wird in Thüringen parallel zum EU-Parlament über die Stadträte, Kreistage, Gemeinderäte, Landräte und Oberbürgermeister abgestimmt, bevor am 1. September der Landtag gewählt wird.

Funktionsfähige Mehrheiten scheinen nicht in Sicht, zumal zwei neue Parteien unter der Führung von Sahra Wagenknecht und Hans-Georg Maaßen antreten wollen. Zwar wirkt der Schock der Kemmerich-Wahl von 2020 nach und engt die Operationsfähigkeit der AfD ein. Gleichzeitig schließt die CDU für sich aus, nochmals eine Linke-geführte Minderheitsregierung ins Amt zu lassen. Die zwischenzeitliche Zusammenarbeit, sagt Voigt, sei nur einer »absoluten Notsituation« geschuldet gewesen.[17]

Doch was ist, wenn sich die Notsituation wiederholt? Falls die AfD zur stärksten Partei aufstiege, geriete bereits die konstituierende Sitzung des Parlaments zur Machtprobe. Als größte Fraktion dürfte eine in großen Teilen extremistische Partei den Parlamentspräsidenten nominieren. Gewänne die AfD gar ein Drittel der Sitze des Landtags, könnte sie Verfassungsänderungen, Richterwahlen und die Besetzung des Rechnungshofes blockieren. Damit besäße sie eine Sperrminorität. »Der Boykott der AfD und die Blockade des Parlaments als Transmissionsriemen des Volkes hätten damit ein Ende«, frohlockt schon einmal Björn Höcke.[18] Der Weg zur Macht soll für ihn über Erfurt nach Berlin führen: 2025 wird der Bundestag neu gewählt.

1
Ramelow oder
Noch mal kurz die Linke retten

Saalburg-Ebersdorf, 26. März 2023. Zu den Besonderheiten Thüringens gehört, dass es am Meer liegt. Zumindest behaupten dies die örtlichen Touristiker mit erstaunlicher Ernsthaftigkeit. Und darum behauptet dies auch der freistaatliche Chef-Touristiker Bodo Ramelow.

In der Tat ist es bald 100 Jahre her, dass im östlichen Thüringen der Fluss Saale auf Dutzenden Kilometern aufgestaut wurde. Die Kaskade aus fünf Sperren sollte die Menschen vor Hochwassern schützen und Energie aus Wasserkraft gewinnen. Damit entstand, wie es stolz in den Werbebroschüren heißt, Deutschlands »größte Stauseeregion«. Oder eben: das »Thüringer Meer«.

Den größten Teil der künstlichen Seenlandschaft bildet die Bleiloch-Talsperre. An ihren Gestaden hatten einst die Geraer Bezirksleitung der SED und das Ministerium für Staatssicherheit Erholungsheime errichtet. Jetzt lässt sich dort das Feriendomizil des Ministerpräsidenten des Freistaats Thüringen besuchen.

Die Straße zu seinem Haus, das sich bei näherer Betrachtung als Häuschen herausstellt, ist kurvig, eng und vom Regen verschlammt. Den einzigen Parkplatz hält ein kleiner Škoda besetzt. Davor steht Bodo Ramelow in Wanderuniform: Wetterjacke, festes Schuhwerk, Schiebermütze. Er soll an diesem grauen Tag noch einmal erzählen, wie es wirklich war, mit der DKP und dem Verfassungsschutz, mit dem Vater und der DDR, mit Mutters Ahnen und dem alten Goethe.

Aber erst einmal will der Ministerpräsident ein paar Kilometer laufen. Also geht es den Berg hinauf. Ramelow schnauft ein wenig. Seine Gestalt ist in der Pandemiezeit barocker geworden. Er hat das

Rentenalter erreicht, an den Augen operiert wurde er zuletzt auch. »Grauer Star«, stellt er nüchtern fest. Die Brille trage er seitdem privat kaum noch, doch im Dienst setze er sie auf. Dies hätten ihm seine Frau und die Leute in der Partei geraten. Er wirke mit Brille seriöser. Das Image ist wichtig. Ramelow tritt zur Landtagswahl 2024 noch einmal als Spitzenkandidat an, zum fünften und letzten Mal. Noch einmal kurz die Linke retten.

Der Weg führt an Holzstümpfen entlang. Die Bäume, die hier einst standen, wurden kürzlich gefällt, die Erntemaschinen haben tiefe Furchen in den Boden gegraben. Die wenigen überlebenden Nadelbäume sind bemitleidenswert zerzaust. Der Wald, der hier für Jahrhunderte stand, ist einfach weg. Dürren und Borkenkäfer sind die Ursachen dafür.

Kleinstwaldbesitzer Ramelow ließ viele seiner Fichten schon vor Jahren fällen und zerhackte sie eigenhändig. Jetzt kennt er sich also auch damit aus. Er weiß, welches Stück Wald zu welchem Zeitpunkt gerodet wurde. Wie trocken der Boden wirklich in der Tiefe ist. Und wo es, trotz allem, immer noch Steinpilze gibt.

Der Ministerpräsident redet gerne. Das liegt auch daran, dass er sich alles merkt, was ihm in seinem durchaus ereignisreichen Leben begegnet. Ramelow erinnere sich an »jeden einzelnen Winkel Thüringens, an jeden Bürgermeister, an jeden Kegelbruder«, schrieb der Journalist Martin Machowecz.[1] In der Wiedergabe entstehe dann ein anekdotengetriebener Redeschwall: »Alles schön zerhäckseln, bis keiner mehr kapiert, was am Anfang war.« Ramelow kenne »überhaupt keine Skrupel«, seine Erfahrungen in stundenlangen Monologen zu referieren.

Bodo Ramelow selbst führt sein Erinnerungsvermögen, aber auch seine Extrovertiertheit, auf die Legasthenie zurück, die bis in seine späte Jugend hinein unentdeckt blieb. Die Demütigungen in der Schule, die Vorwürfe der Mutter, die unvollendete Bildungskarriere: Dies alles treibe ihn bis heute an.

Und er treibt Thüringen vor sich her. Ohne ihn, den westdeutschen Gewerkschafter mit Populismuspotenzial und rhetorischem Talent, wäre die Linke im Land nie in Regionen von 30 Prozent gelangt. Ohne ihn, den machtbewussten Politikprofi, gäbe es keine Linke-Regierung. Und ohne ihn befände sich Thüringen nicht in einer zunehmend prekären Ausnahmesituation, deren Ende nicht abzusehen ist.

An den Saaletalsperren lässt sich die politische Versuchsanordnung namens Thüringen gut betrachten. Die AfD hat 2019 den örtlichen Landtagswahlkreis direkt gewonnen, derweil die Linke bei den Zweitstimmen siegte. In den Kommunen ist die CDU – noch – stärkste Kraft. Die Bürgermeister gehören oft keiner Partei an. In diesem Durcheinander regiert Bodo Ramelow mit einer rot-rot-grünen Minderheitsregierung, wobei das einmonatige Kemmerich-Interregnum bis heute nachwirkt: im politischen Landesbetrieb – und beim Ministerpräsidenten. Nachdem er unter dramatischen Umständen ab- und wiedergewählt wurde, sind seine Eigenheiten wieder stärker hervorgetreten: seine impulsgesteuerte Wechselhaftigkeit, sein zuweilen cholerisches Wesen, aber auch seine Verletzlichkeit. Allerdings beruht auf diesen Eigenheiten auch sein Erfolg. Denn sie verleihen ihm das, wonach so viele andere Politiker streben, es aber selten erreichen: Authentizität.

Darüber hinaus besitzt Ramelow neben seiner Erfahrung die nötige taktische Geschmeidigkeit und das zugehörige strategische Talent sowie einen ausgeprägten Instinkt für den richtigen Moment. Gleichzeitig wahrt er seine Unabhängigkeit. Er stieg quer in die Politik ein, um dort ein Solitär zu bleiben. Nie übernahm er Funktionen in seiner Partei. Die »Distanz zu meinen Rollen«, sagt er, bestimme sein Leben ebenso wie die »Distanz zu den Erwartungen anderer«.[2]

Selten passt er sich an. Nie ordnet er sich unter. Und meistens kämpft er.

Überleben in Armut

Das Leben von Bodo Ramelow beginnt am 16. Februar 1956 in Osterholz-Scharmbeck, einer niedersächsischen Kreisstadt nördlich von Bremen. Er ist das jüngste von vier Kindern.

Vater Erwin Ramelow hat Kaufmann gelernt, er stammt aus der Altmark in Sachsen-Anhalt. Mutter Anni hatte ihn kennengelernt, als er als Wehrmachtssoldat auf dem Weg in den Frankreichfeldzug war. Damals war er schon das zweite Mal verheiratet. Anni Ramelow ist gelernte Hauswirtschafterin und eine geborene Fresenius. Ihr Geburtsort ist Nieder-Wiesen in Rheinhessen, wo ihr Vater ein Gasthaus nebst Bäckerei betreibt. Unter ihren Ahnen ist der Theologe Johann Philipp Fresenius, der in der Frankfurter Barfüßerkirche den späteren Wahlthüringer Johann Wolfgang Goethe taufte.

Der Protestantismus prägt Bodo Ramelow. Die Mutter geht mit ihm in die Kirche und schickt ihn in die Christenlehre. Als Erwachsener wird er aus der Kirche austreten, nur um einige Jahre später wieder einzutreten. Immer bezeichnet er sich als Christ.

Ramelows Schwestern heißen Anette und Hedi. Der ältere Bruder Hans Joachim wird Joschka genannt. Die Familie ist arm. »In Osterholz-Scharmbeck hatte mein Vater ziemliche Probleme, weil er seinen Beruf nicht mehr ausüben konnte«, sagt Ramelow. »Er war leidenschaftlicher Lebensmittelhändler und hat immer wieder versucht, einen Tante-Emma-Laden aufzubauen. Aber Tante Emma war durch. Meine Mutter musste schauen, wie sie mit den Schulden klarkam.« Nach einer Gelbfiebererkrankung im Krieg ist Erwin Ramelow gesundheitlich angeschlagen, leidet an einer Leberzirrhose und trinkt trotzdem. »Er fiel praktisch als Vaterfigur aus«, sagt Bodo Ramelow,[3] ständig habe er im Krankenhaus gelegen. Die Mutter musste die vier Kinder allein durchbringen und »nachts in die Spülküche im Hotel« gehen.[4]

Bodo Ramelow ist elf Jahre alt, als er seinen Vater verliert. »Ich war allein mit ihm, als er starb«, sagt er. »Die Dimension war für mich unbegreiflich.«[5] Die Mutter zieht nun mit den vier Kindern nach Nieder-Wiesen, ihr Geburtsort und Stammort der Familie Fresenius, und kümmert sich um das alte Gasthaus des Großvaters. Der frühere Geselle, der die Bäckerei übernahm, soll ihren Sohn Bodo anlernen. Das zumindest ist der Plan.

Das Geld ist jetzt noch knapper, als Jüngster trägt Bodo die Kleidung des Bruders und der beiden Schwestern auf. Immerhin, sagt Ramelow: »Den meisten Kindern in der Nachbarschaft ging es auch so«, die Armut habe ihn nicht ausgegrenzt. Stattdessen setzt ihm etwas anderes zu. Er bekommt schlechte Schulnoten, insbesondere in Deutsch, obwohl er offenkundig intelligent und redegewandt erscheint. Seine Mutter hält ihn für faul und schlägt ihn, auch mit einer Peitsche.

Bis heute gibt Ramelow der Schulreform in Rheinland-Pfalz unter dem damaligen Kultusminister Bernhard Vogel eine Mitschuld für sein schlechtes Abschneiden in der Schule. Dass er deshalb von der Grundschule in eine Großschule wechseln musste, habe ihn zusätzlich belastet: »Später in Thüringen habe ich zu Vogel gesagt, dass er es war, der mir meine wirklich tolle und verständnisvolle Dorfschullehrerin nahm.« Aber auch Vogel kann nichts dafür, dass niemand erkennt, was das eigentliche Problem ist: Ramelow ist Legastheniker. Der Schüler kompensiert das ihm unverständliche Defizit mit besonders lautem Auftreten. Außen »sehr lebhaft«, im Inneren »auch zart«: So beschreibt sich Ramelow selbst. Er habe den Klassenclown gegeben. »Das hat mich vor inneren Beschädigungen bewahrt, manchmal aber auch sehr einsam gemacht.«[6]

Die Legasthenie prägt Ramelow bis heute. »Ich lasse nichts liegen. Oder ich gestehe mir und anderen ein, dass es nicht geht. Alles mit Konsequenz. So oder so.«[7] Weil er immer vorausdenken musste, habe er »einen Langzeithorizont« entwickelt. »Meine Merkfähigkeit, mein Erinnerungsvermögen, meine Art, formulieren zu können: Das alles entwickelte ich als Kompensation.«

Nach der neunten Klasse geht Bodo Ramelow von der Schule ab, mit Hauptschulabschluss. Der Plan, die Bäckerei zu übernehmen, ist da schon gescheitert: Er ist gegen Mehl allergisch. Die Mutter gibt den Gasthof auf, zieht in das Dorf Nordeck nahe Gießen und wird Hauswirtschaftsleiterin in einem Internat. Ihr Jüngster soll jetzt Kaufmann werden, wie der Vater. Ramelow beginnt im Gießener Karstadt-Kaufhaus eine Ausbildung als Verkäufer für Wild und Geflügel. Er ist 14 und hat zwei Umzüge mit mehreren Schulwechseln hinter sich. Wieder fühlt er sich als Außenseiter. »Ich war klein und dick, ich trug einen Kittel, der musste dreimal umgerollt werden, und Gummistiefel, da bin ich versunken«, sagt er.[8] »Das hatte was seltsam Komisches.« Aber auch diese Situation habe ihn gezwungen, »einen Überlebenskampf mit mir selber zu organisieren.« Am Ende sei er bester Auszubildender im Kammerbezirk geworden.

In seiner Zeit bei Karstadt tritt Ramelow in die Gewerkschaft Handel, Banken und Versicherungen (HBV) ein. Eines Tages, sagt er, sei er einfach beim örtlichen Sekretär aufgetaucht und habe seinen Aufnahmeantrag abgegeben – und noch etwa hundert andere, die er zuvor einwarb. »Der ist fast tot umgefallen.«[9]

Ramelow ist 19, als die Legasthenie diagnostiziert wird. In Marburg holt er die zehnte Klasse nach und erwirbt dann auf der Fachoberschule, wo er als Schülersprecher amtiert, die kaufmännische Fachhochschulreife, mit »einer Eins in Deutsch«, wie er sagt. Nach dem IHK-Abschluss als Ausbilder arbeitet er als Substitut bei der Lebensmittelkette HaWeGe. Und er will studieren: Önologie in Geisenheim im Rheingau. Doch beim Praktikum im Weingut ramponiert sich Ramelow auf dem Traktor den Rücken. Ein Arzt diagnostiziert einen angeborenen Wirbelsäulenschaden. Ramelow muss Korsett tragen, die Hoffnung auf ein Leben als Weinbauer ist dahin.[10]

DKP, Gewerkschaft und das Rote Marburg

Eher unmotiviert beginnt Ramelow, 1977 in Gießen Betriebswirtschaft zu studieren. Er lebt inzwischen im nahen Marburg mit Leonie Schwarz zusammen. Er hatte die um drei Jahre Jüngere auf der Fachoberschule kennengelernt. Jetzt sind sie ein Paar.

Ihr Vermieter arbeitet als Prokurist bei der Jöckel Vertriebs GmbH, die in Marburg vier große Lebensmittelgeschäfte mit mehr als 100 Beschäftigten betreibt. Als Ramelow gefragt wird, ob er Interesse an der Position eines Filialleiters hat, sagt er zu. Das Studium ist damit nach nur einem Semester vorbei.

Bodo Ramelow wird nun das, was sein Vater für sich immer erträumte: Chef eines Lebensmittelgeschäfts. Doch Inhaber Dieter Jöckel bemerkt bald, dass der Neue sich nicht einfügt, sondern eigene Ideen verfolgt und systematisch opponiert. Das hat auch damit zu tun, dass Ramelows Gewerkschaft HBV in Marburg besonders links ist – und links in vielen Fällen mit dem Kürzel DKP übersetzt wird. Die Deutsche Kommunistische Partei, die sich zwölf Jahre nach dem KPD-Verbot 1968 gegründet hat, lässt sich zum größten Teil von der DDR finanzieren. Sie ist damit de facto der westliche Arm der SED – und sie hat im »roten Marburg« mit seinen vielen Studenten überdurchschnittlichen Erfolg. Hier zieht sie 1972 erstmals in einen bundesdeutschen Stadtrat ein.

Ramelow sagt heute, er habe von der Instrumentalisierung der DKP durch Ostberlin anfangs wenig gewusst. Er habe die Kommunisten einfach »nett« gefunden. »Mit denen konnte man sich unterhalten«, sagt er.[11]

Einer dieser netten Menschen heißt Eberhard Dähne. Er arbeitet am Institut für Marxistische Studien und Forschungen in Frankfurt am Main, leitet den HBV-Ortsverein Marburg-Biedenkopf, sitzt im Kreisvorstand des DGB – und für die DKP im Stadtrat. Dähne war in seiner Jugend Bundeschef des Sozialistischen Deutschen Studentenbundes. Nun wird er zum politischen Ziehvater Ramelows. Später wird beider Weg in die PDS führen.

Im Mai 2010, als Dähne mit 71 an Krebs gestorben ist, erinnert Ramelow zur Beerdigung an seine erste Begegnung mit dem Älteren bei Karstadt: »Eberhard war bekennender Kommunist, er sprach offen über seine Vorstellung einer gerechteren Gesellschaftsordnung. Für Bodo war das äußerst beeindruckend, denn bis dahin kannte er Kommunismus vor allem als dasjenige, was Politiker und Medien stets und ständig verteufeln. Dass man diese Dinge auch anders sehen kann, hat Bodo von Eberhard gelernt und entsprechend wurde Bodos politische Entwicklung von diesen Gesprächen stark geprägt.«[12]

Auch wenn Ramelow nicht der DKP beitritt, befindet er sich doch im Netzwerk der kommunistischen Partei. Das bekommt auch sein Chef Jöckel zu spüren, als es zwischen ihm und Ramelow zum Streit über Löhne, Arbeitszeit und die Gründung eines Betriebsrats kommt. Der Unternehmer reagiert erst mit Degradierung und dann mit Kündigung. In der Folge wird er mit Protestbriefen eingedeckt, von Gewerkschaftern, DKP-Mitgliedern, aber auch von dem linken Politikprofessor Frank Deppe. Es kommt sogar zu Mahnwachen vor dem Geschäft.

1980 einigen sich Angestellter und Arbeitgeber außergerichtlich. Für eine Weile arbeitet Ramelow als Vorsitzender des Betriebsrats und Ausbilder, um schließlich seinen Arbeitsvertrag auslaufen zu lassen. Zum 1. Januar 1981, da ist er noch nicht 25, beginnt seine hauptamtliche Tätigkeit als Sekretär der HBV für Mittelhessen. Parallel dazu werden Ramelows Beziehungen zur DKP enger. Vor der Kommunalwahl im März findet sich in der Parteizeitung *Marburger Echo* unter einem Wahlaufruf für die Kommunistische Partei der Name von Leonie Schwarz. Ein Jahr später heißt sie Ramelow. Trauzeuge ist Robert Sabo, der in der HBV und der DKP aktiv ist. In dem eher überschaubaren Marburg, sagt er, sei in den 1970er und 1980er Jahren kein links denkender Mensch an den Kommunisten vorbeigekommen: »Es gab zu viele davon.«[13] Eine Heiratsanzeige von Bodo und Leonie Ramelow erscheint in der DKP-Zeitung *Unsere Zeit.*

Im Jahr 1984 wird der Posthauptschaffner Herbert Bastian, der mit Dähne in der Marburger DKP-Stadtratsfraktion sitzt, mit einem Berufsverbot belegt. Die kommunistische Lokalzeitung *Marburger Echo* widmet dem Vorgang viele Beiträge, in einem Text wird Ramelow zitiert: Er sei »sprachlos vor Wut und Empörung«. Das Berufsverbot sei »eine Riesensauerei«.[14]

Einige Zeit später erscheint in der *Oberhessischen Presse* eine von Ramelow mitunterzeichnete Solidaritätserklärung für den Postbeamten. »Herbert Bastian und die von ihm als Stadtverordneten vertretene Politik bestimmen uns, die wir der DKP nicht angehören, am 10. März die Liste der DKP zu wählen.« Das *Marburger Echo* druckt den Text nach, mit der Überschrift: »Wir wählen am 10. März die DKP!«

Inzwischen muss Ramelow wissen, wie stark die DKP von der DDR abhängig ist. Als Gewerkschaftssekretär ist er für die Mitarbeiter der Buchhandlungen zuständig. »Es gab in Marburg die Wilhelm-Liebknecht-Buchhandlung, die war komplett von der DDR bezahlt«, sagt er. Doch erst nach 1989 will er erfahren haben, dass der hauptamtliche Apparat der DKP auf den Lohnlisten der Buchhandlung stand. »Das wusste ich damals nicht.«

Warum aber sei er nie in die DKP eingetreten? »Die Angebote gab es«, sagt Ramelow. »Aber genauso gab es Freunde in der DKP, die bekamen von der Partei gesagt, was sie beruflich machen dürfen – und was nicht.«

Ferne nahe DDR

Die Nähe zur DKP ist da, genauso wie die Nähe zur DDR, politisch wie geografisch. »Marburg gehörte zum kleinen Grenzverkehr, da konnte man rein, 48 Stunden, Stempelkarte, da hast du Eintrittsgebühren bezahlt, wie sich das gehörte, die habe ich dann umgetauscht in Schallplatten und Bücher. Deshalb besitze ich sehr viele DDR-Schallplatten und DDR-Bücher.«[15] Überhaupt besteht Ramelow auf Differenzierung. »Es gab im Westen das verbiesterte Bild, die im Osten haben nix zu essen, dort ist alles schlecht und funktioniert nichts, und politisch ist sowieso alles Mist«, sagt er. »Das hatte ich nicht.«

Ramelows erste Reise gen Osten führt ihn Anfang der 1980er Jahre nach Thüringen. Mit dem Verein International e. V. reist er mit einer Gruppe hessischer HBV-Jungfunktionäre nach Gera. Ziel ist die örtliche Organisation des Freien Deutschen Gewerkschaftsbundes (FDGB); in der Einheitsgewerkschaft der DDR müssen alle sogenannten Werktätigen Mitglied sein.

Ramelow erzählt die Geschichte mit Liebe zum Detail. Als bei Eisenach die Grenze passiert ist, setzt die Gruppe, die mit Privatautos reist, die zwangseingetauschte DDR-Mark in Wodka um – wobei einige Flaschen sogleich geleert werden. Einem der Dienstausflügler wird derart übel, dass er kurz vor Jena seinen Kopf aus Ramelows Simca halten muss: »Mein Mitfahrer kotzte aus dem Fenster, und mein Kumpel im Auto hinter uns machte seinen Scheibenwischer an.«

In Gera angekommen, bleibt der Betrunkene vorsichtshalber im Auto. Die Westdelegation besichtigt die Gussfabrik in Silbitz und die Plattenbauten in Gera-Lusan. »Wir haben gelernt, dass der Rest der Altstadt abgerissen werden soll, damit dort auch die Blöcke gebaut werden«, sagt Ramelow. Er habe die DDR weder als sozialistischen Modellversuch noch als Vorbild gesehen. »Es war ein anderes Land, das komisch war.«

Später kommt er auch offiziell als Gewerkschafter nach Thüringen. In Sömmerda besichtigt er mit seinem DKP-Freund Sabo das Kombinat Robotron. Und dann ist da noch die Familie. Aus der zweiten Ehe des Vaters stammen Zwillinge, die in der DDR aufwuchsen. »Das war lange Zeit ein Tabu bei uns«, sagt Ramelow.[16] »Darüber wurde bis in die 1970er Jahre nicht geredet.«[17] Insgeheim habe die Mutter aber Alimente an die Ostkinder ihres Mannes »in Waren« gezahlt.

Nun, Mitte der 1980er Jahre, nimmt Ramelow über einen evangelischen Pastor Kontakt zur Verwandtschaft im damaligen Bezirk Magdeburg auf. Im Örtchen Bühne bei Kalbe/Milde leben seine zwei Halbbrüder. »Die altmärkischen Wurzeln haben mein Leben und meine Karriere beeinflusst«, sagt Ramelow. »Über diese Besuche habe ich den Weg in die DDR und zu den Menschen dort gefunden.«[18] Ohne sie ließe sich nicht erklären, dass er später Ministerpräsident von Thüringen wurde.

Ein Halbbruder ist Landwirt in der LPG, der andere arbeitet bei der Polizei. Beide sind Mitglieder der SED. Ramelow trifft bei seinen Besuchen in den 1980er Jahren nur den Bauern. »Wenn ich zu Besuch kam, musste der andere Bruder das Dorf verlassen, damit wir uns nicht begegnen. Er war Volkspolizist. Westkontakte waren ihm verboten.«[19]

Auch die privaten Reisen bringen ihn nach Thüringen. An der Autobahnauffahrt Apolda verursacht er 1988 einen Unfall, die beiden Söhne sitzen auf der Rückbank. »Ich bin voll auf die Anhängerkupplung des Autos einer Bekannten aufgefahren«, sagt Ramelow. »Von dem Wartburg ist nur das Rücklicht abgefallen. Mein Auto war vorne kaputt. Ein Opel Rekord, Zweilitermotor, Einspritzer. Und einen Tag alt.« Die Volkspolizei stellt ihm einen Strafzettel aus, dann schleppt der Wartburg den Opel nach Weimar in die Werkstatt. »Die Mechaniker dort haben alle zusammentelefoniert und standen um das Auto herum«, sagt Ramelow. »Ich dachte, ja, wann fangen die mit der Reparatur an? Die Antwort: Gar nicht. Sie haben alle nur den Motor bestaunt. Den Kühler konnten sie aber nicht flicken.« Die Rückreise in den Westen funktioniert dann so: Der Wartburg schleppt den Opel zurück zur Autobahn. Dort halten zwei Volkspolizisten per Fernglas Ausschau nach einem Wagen mit westdeutschem Kennzeichen, der ihn über die Grenze ins hessische Herleshausen abschleppt.

Im wilden Osten

Im Jahr 1989 ist Ramelow 33, arbeitet als Gewerkschaftssekretär in Mittelhessen und lebt von seiner Frau getrennt. Die Ehe ist gescheitert. Seine beiden Söhne sieht er nur noch an den Wochenenden und in den Ferien, in denen er im Sommer die Ostfamilie in der Altmark besucht. Derweil läuft die Massenflucht aus der DDR über die Tschechoslowakei und Ungarn in den Westen. »Mein Bruder fragte beim Abendessen seine Kinder, wer jetzt neuerdings in der Schule fehlt«, sagt Ramelow. »Ich habe mir damals noch nicht viel dabei gedacht.«

Am 9. November 1989 befindet sich Ramelow im hessischen Weilburg. Der örtliche Penny-Markt soll geschlossen werden, die Betriebsversammlung dauert bis in den späten Abend. »Ich bekam überhaupt nicht mit, was los war«, sagt er. »Mich hat nur der Sozialplan interessiert.« Es ist nach 23 Uhr, als er nach Hause kommt. »Ich machte den Fernseher an, und zuerst dachte ich, ich glaube nichts von dem, was ich gerade sehe«, sagt Ramelow. »Dann habe ich geheult, einfach geheult.« Weihnachten verbringt er in der Altmark. Zum ersten Mal sieht er dort auch seinen anderen Halbbruder, den Volkspolizisten.

Im Februar 1990 erhält Ramelow einen Anruf von seinem HBV-Vorgesetzten: »Du bist doch andauernd im Osten. Im Centrum Warenhaus in Erfurt soll ein West-Gewerkschaftssekretär einen Vortrag halten. Wäre das nichts für dich?«[20] Und so fährt Ramelow wieder Richtung Osten. Das Warenhaus steht am Anger, der zentralen Einkaufsmeile Erfurts. Anfang des 20. Jahrhunderts war es von jüdischen Kaufleuten errichtet und während der NS-Zeit enteignet worden. Ab 1948 gehörte es zur Konsum-Genossenschaft und ab 1952 zur zentralen Handelsorganisation (HO). Mehr als 800 Menschen arbeiten hier. Und alle haben Angst um ihren Arbeitsplatz.

Die Betriebsversammlung am 28. Februar 1990 verändert Ramelows Leben. Seinen Weg nach Thüringen schildert er später als Erweckungserlebnis. Es ist kein Blitz, der neben ihm einschlägt. Aber ihn bewegt das Panorama der mittelalterlichen Burgen im Südwesten von Erfurt. »Ich fuhr an den Drei Gleichen vorbei und dachte, das ist es«, sagt er. »Warum, weiß ich nicht.«[21]

Bald wird er wieder nach Erfurt gerufen, und danach wieder und wieder. Die HBV eröffnet in der Stadt ein »Beratungsbüro für Arbeitnehmerfragen«, das er betreut. Ramelow wohnt in verschiedenen Pensionen und Wohnheimen, und als ihn die Wohnungsbaugenossenschaft in den Aufsichtsrat beruft, bekommt er eine eigene Wohnung. Er gibt Weiterbildungen für Betriebsgewerkschafter, er trifft die ersten Vertreter der Treuhandanstalt, er kümmert sich um entlassene SED-Bedienstete. Und er merkt, dass er das Land, in dem er langsam heimisch wird, ohne seine Geschichte nie begreifen wird.

2
Ein Land namens Thüringen

Mannheim, 8. März 2023. In der Oststadt, wo die Straßen nach Kant, Spinoza oder Nietzsche benannt sind, stehen Millionärsimmobilien in Dutzenden herum. Eine weiße Villa fällt dennoch auf. Hinter dem hohen, mit lanzenartigen Spitzen versehenen Metallzaun wirkt sie wie das architektonische Zitat eines Schlosses. Dezent angedeutete Seitenflügel, der Balkon wölbt sich stolz über das Eingangsportal. Hier könnten Ansprachen eines Fürsten ans Volk gehalten werden.

An den Klingeln steht »SWE« und »Wettin«, der Briefkasten ist mit »Sachsen-Weimar« beschriftet. Nach dem Läuten tritt zwischen sorgfältig gestutzten Buchsbäumen eine zurückhaltend gekleidete Frau hervor. »Der Prinz erwartet Sie im Büro«, sagt sie in einem Ton, als sei das der selbstverständlichste Satz auf der Welt. Dann führt sie den Besucher über eine schmale Außentreppe ins Untergeschoss.

Dort wartet Michael-Benedikt Georg Jobst Karl Alexander Bernhard Claus Frederick Prinz von Sachsen-Weimar-Eisenach. Er wurde 1946 in Bamberg geboren, als der Adel in Deutschland schon seit fast 30 Jahren abgeschafft war. Davor hatten seine Ahnen über Jahrhunderte in Thüringen regiert. Sein Großvater war der letzte weimarische Großherzog – und sein Ur-Ur-Großvater war Carl August. Ohne ihn, den Mäzen und Freund Goethes, wäre das heutige Thüringen kaum denkbar.

»Ich bin«, sagt Michael von Sachsen-Weimar, »nur ein normaler Bürger.« Doch wie der großgewachsene, stämmige Mann in einem grünlich schimmernden Maßanzug im Lehnstuhl thront, wie das weiße, üppige Haar nach hinten fällt, und wie er darüber doziert, dass er sich unermüdlich für die Wartburg und die Klassik-Stiftung engagiere, rein ehrenamtlich, versteht sich: Da will er ganz wie ein milder, weiser und wohltätiger Monarch wirken.

Zumal, wie er sagt, er natürlich kein Problem damit habe, Prinz genannt zu werden. Schließlich sei er der Vorsteher des Hauses Sachsen-Weimar und führe damit, auch wenn das nicht viele wüssten, das Gesamthaus Wettin. Dass er irgendwo an dreistelliger Position auf der Thronfolgeliste der Windsors stehe – das, sagt er kokett lächelnd, sei hingegen nicht so wichtig.

Michael von Sachsen-Weimar betrachtet das Land, das seine Eltern 1945 verließen, nicht bloß als seine ursprüngliche Heimat. Er sieht es als sein Erbe an, symbolisch, aber auch ganz praktisch. Nach dem Ende der DDR forderte er im Namen seiner damals minderjährigen Tochter die Rückgabe herzoglicher Hinterlassenschaften. Seine Forderungen betrafen die Wartburg und das Wittumspalais, das Schloss Tiefurt oder das Liszt-Haus, aber auch Teile vom Goethe- und Schiller-Archiv und der Kunstsammlungen. Es ging um Möbel, Kunstwerke, Manuskripte und sogar die Särge in der Weimarer Fürstengruft, in der neben seinen Vorfahren auch Goethe und Schiller bestattet wurden.

Nach zähen Verhandlungen mit der Landesregierung verzichtete der Prinz für 15,5 Millionen Euro auf alle Rechte. Zudem erhielt seine Familie Sitze in den Kuratorien der Klassik Stiftung Weimar und Wartburg-Stiftung. Gerne erzählt er in seinem Büro von den 2400 Hektar an Buchen, Fichten und Lärchen, die ihm im Westen Thüringens gehören – wobei es ihn immer noch gräme, dass er den Wald nicht einfach zurückerstattet bekam, sondern aus dem einstigen Familienbesitz erwerben musste. Dass er den Wald an die Schweizer Post verkaufen will, erzählt er noch nicht.

Der Enkel des letzten Weimarer Großherzogs verkörpert geradezu den Anspruch Thüringens auf nationale Deutungskraft und auf eine eigene, der Nation Sinn stiftende Identität. »Für mich«, sagt er, »ist dieses Land die Antwort auf die Frage: Was ist Deutschland?« Hier lasse sich die »Janusköpfigkeit von Kultur und Unkultur« am besten begreifen. Die Leistungen der Deutschen, aber auch ihre Verbrechen: »Das können Sie an keinem Ort der Welt auf so engem Raum nachvollziehen.«

Dabei war Thüringen in seinen Anfängen – also vor mehr als 1500 Jahren – das Gegenteil eines engen Raums. Vielmehr erstreckt sich das Reich des gleichnamigen Germanenstammes von Passau bis Magdeburg und vom Main bis an die Elbe. Doch schon im sechsten Jahrhundert wird es von den Franken besiegt. Um die nachfolgende christliche Missionierung kümmert sich unter anderem der später heiliggesprochene Bonifatius. In der Siedlung »Erphesfurt« gründet er ein Bistum, das bald im Bistum Mainz aufgeht.

Nach den Merowingern herrschen ab dem zwölften Jahrhundert die Thüringer Landgrafen. Dominant wird das Geschlecht der Wettiner, das aus dem heutigen Sachsen-Anhalt stammt, sich dann in der Mark Meißen im heutigen Sachsen festsetzt und 1423 das Herzogtum Sachsen-Wittenberg mit der Kurwürde erwirbt. Nach diversen Erbkonflikten und Kriegen kommt es 1485 zur Leipziger Teilung zwischen den Fürstenbrüdern Ernst und Albrecht. Als Älterer erhält Ernst die Kurwürde und den Kurkreis um Wittenberg nebst einigen sächsischen Gebieten – und den größeren Teil des heutigen Thüringens. Albrecht wiederum regiert den größten Teil der wettinischen Gebiete des heutigen Sachsens mit der Markgrafschaft Meißen und einen kleinen thüringischen Streifen. Damit haben sich die beiden Linien der Ernestiner und Albertiner etabliert.

Das Arrangement hält ein halbes Jahrhundert. Nach der Niederlage der evangelischen Stände im Schmalkaldischen Krieg gegen den Kaiser verliert der Ernestiner Johann Friedrich die Kurwürde und den Großteil der östlichen Gebiete an Albert-Enkel Moritz. Damit ist die Basis der späteren Länder Sachsen und Thüringen gelegt. Zugleich trifft Johann Friedrich eine für die Zukunft wichtige Entscheidung: Da er die Universität Wittenberg verloren hat, gründen er und seine Söhne in Jena eine Hohe Schule, die vom Kaiser zur Universität erhoben wird.

Im albertinischen Teil gilt in der Regel die Primogenitur. Das heißt, nach dem Tod des Fürsten erbt der Erstgeborene alles. Dadurch bleibt das sächsische Herrschaftsgebiet zusammen und wird 1806 zum Königreich. Im ernestinischen Westen wird hingegen das Erbe mit jeder Fürstengeneration neu aufgeteilt. Das Prinzip trägt dazu bei, potenzielle Konflikte zu befrieden. Aber es lässt Thüringen eben auch zersplittern. Über die Jahrhunderte wird nahezu jede größere Stadt zur Residenz. Ob nun in Gotha, Weimar, Eisenach, Jena, Hildburghausen, Eisenberg, Römhild, Saalfeld, Meiningen, Schleusingen, Sondershausen, Rudolstadt, Altenburg, Greiz, Gera, Schleiz, Lobenstein, Ebersdorf: Überall entstehen Schlösser. Neben den ernestinischen Herzögen herrschen noch die Schwarzburger Fürsten, die Henneberger Grafen. Das Erzbistum Mainz regiert bis zur Säkularisierung über Erfurt und Teile Nordthüringens und wird von Preußen abgelöst.

Feudale Flickenteppiche sind im Deutschland des 18. Jahrhunderts nichts Ungewöhnliches. Doch das Besondere an Thüringen ist, dass dieser Flickenteppich in seiner Kleinteiligkeit bis zum Ende der Dynastien im Jahr 1918 überdauert. In der Folge entwickelt sich keine Metropole, dafür aber ein ausgeprägter Lokalpatriotismus, der Gebietsreformen erschwert und im Ergebnis dazu führt, dass es noch heute 17 Landkreise und fünf kreisfreie Städte gibt.

Gleichzeitig sorgt ausgerechnet die Kleinteiligkeit für kulturelle und weltoffene Vielfalt. Um ihre Existenz abzusichern, knüpfen die Fürstenhäuser systematisch verwandtschaftliche Bande in viele europäische Königshäuser. Insbesondere das Herzogtum Sachsen-Coburg-Gotha perfektioniert seine Heiratspolitik. Im Ergebnis stammen zu Beginn des 20. Jahrhunderts die Monarchen in England, Portugal, Bulgarien und Belgien auch aus Thüringen. Darüber hinaus gibt es enge verwandtschaftliche Beziehungen zu den Herrschern Russlands,

Rumäniens und Norwegens.[1] Das Gothaer Herzogtum hat übrigens als erstes Land 1642 die allgemeine Schulpflicht eingeführt.

Die Fürsten kompensieren ihre arg beschränkte Macht mit dem Bau umso größerer Schlösser sowie der Anlage riesiger Parks und Gärten, aber auch mit der Errichtung von Theatern und Opernhäusern sowie der Anstellung von Komponisten, Literaten, Philosophen, Naturwissenschaftlern und Künstlern aller Art. Die Dichte sogenannter Musenhöfe ist in Thüringen besonders hoch. Schon damals galt, was sich bis heute am aktuellen Landeshaushalt ablesen lässt: Kaum irgendwo anders werden Kultur und Wissenschaft so stark subventioniert wie in Thüringen.

So wird das Großherzogtum Sachsen-Weimar-Eisenach erst unter Prinz Michaels Ahnen Carl August und dessen Mutter Anna Amalia und später unter Carl Alexander und Maria Pawlowna zu einem nationalen Zentrum für Literatur, Philosophie und Musik. Die Protagonisten heißen Johann Wolfgang Goethe und Friedrich Schiller, Johann Gottfried Herder und Christoph Martin Wieland, Johann Gottlieb Fichte und Friedrich Hegel. Sie wurden geboren in Frankfurt am Main, Marbach am Neckar, Mohrungen in Ostpreußen, Oberholzheim bei Biberach an der Riß, Rammenau bei Bischofswerda und Stuttgart. Schon damals gilt: Das Personal wandert zu.

Die geistigen und künstlerischen Fachkräfte werden nicht nur durch Geld und Gunst der Fürsten angelockt, sondern auch durch die Geschichte des Landes. Sie wissen, dass Martin Luther in Erfurt studierte und auf der Wartburg die Bibel übersetzte und dass der Eisenacher Johann Sebastian Bach in Arnstadt, Weimar und Mühlhausen komponierte. Die Kraft der Reformation wirkt in Thüringen ebenso nach wie das Wunder der Fuge. »Da vernahm ich etwas von dem, wie es sein müßte in Gott, gerade bevor Gott die Welt erschaffen hat«, schreibt Goethe über Bachs Werk.[2]

Landschaft und Romantik

Was die Zuwanderer zusätzlich inspiriert, ist die Landschaft zwischen dem Thüringer Wald im Süden, dem Harz im Norden, der Rhön im Westen und dem Vogtland im Osten. Sie ist der Stoff für Grimmsche Märchen und Wagner-Opern und bildet bis heute den Kern der regionalen Identität – und der deutschen Romantik. »Hier also, in der absoluten Identität des Geistes in uns und der Natur außer uns, muß sich das Problem, wie eine Natur außer uns möglich seye, auflösen«,[3] schreibt Friedrich Schlegel. Er und sein Bruder August Wilhelm Schlegel haben sich mit ihren Frauen Caroline und Dorothea Jena, die Stadt nahe Weimar, als Lebens- und Wirkungsort gewählt. Zu ihnen stoßen Schelling und Novalis. Die Zeit um 1800 wird zum Höhepunkt der Jenaer Frühromantiker.

Die Ideen der Französischen Revolution haben längst nach Thüringen gefunden, als 1806 ihr gewaltsamer Bote erscheint. Nahe Jena schlagen Napoleons Truppen in einer Doppelschlacht das preußische Königreich und dessen Verbündete, darunter auch das Königreich Sachsen und das Herzogtum Sachsen-Weimar-Eisenach. Unter anderem damit ist das Ende des Heiligen Römischen Reichs Deutscher Nation besiegelt. Trotz Besetzung und Plünderungen sehen die Intellektuellen in dem Usurpator einen Boten der Moderne. Der Jenaer Philosophieprofessor Hegel schwärmt bei Napoleons Anblick von dessen »Weltseele«.[4] Goethe und Wieland machen dem Kaiser in Erfurt ihre Aufwartung.

Doch längst wächst Widerstand gegen die Fremdherrschaft und mit ihm die nationale Idee, einschließlich des ihr schon damals innewohnenden nationalistisch-völkischen Geistes. 1813 ziehen auch aus Jena Studenten in den Befreiungskrieg. Nach dem Sieg der antinapoleonischen Allianz in der Leipziger »Völkerschlacht« wird die Stadt zu einem Zentrum der Nationalbewegung. 1815 gründet sich als Alternative zu den bürgerlichen Landsmannschaften und adeligen Corps die gemeinsame Deutsche Urburschenschaft. Die Fahne der Burschen zeigt die Farben des Lützowschen Freikorps: Schwarz und Rot, mit goldenem Saum und Eichenzweig. Die spätere National-flagge weht 1817 zum Wartburgfest in Eisenach und 1832 zum Fest auf dem Hambacher Schloss – und hängt 1848 in der Paulskirche in Frankfurt am Main. Das erste gesamtdeutsche Parlament macht sie zu den Farben des Deutschen Bundes.

Die Märzrevolution erfasst 1848 auch Thüringen. Doch bald setzt sich die Restauration durch. Thüringen bleibt parzelliert. Als schließlich 1871 das Deutsche Reich aus 22 Fürstentümern gegründet wird, drängen sich acht davon in Thüringen.

Ende des 19. Jahrhunderts schreibt der Schweizer Schriftsteller Joseph Viktor Widmann fasziniert über ein »merkwürdiges Land, dieses kleine Thüringen«, das vom »Genius eines großen Volkes« gleich mehrfach »zum Hochsitz« erkoren wurde.[5] Er meint die Bibel-Übersetzung und das klassische Weimar, erwähnt aber lieber nicht, dass Thüringen inzwischen auch der Geburtsort der deutschen Sozialdemokratie ist. 1869 haben August Bebel und Wilhelm Liebknecht in einem Eisenacher Gasthof die Sozialdemokratische Arbeiterpartei gegründet. Sie fusioniert 1875 in Gotha mit Ferdinand Lassalles Allgemeinem Deutschen Arbeiterverein. Das 1891 in Erfurt beschlossene Programm, in dem die Partei unter anderem die Gleichstellung der Frau, den Acht-Stunden-Tag und einen unentgeltlichen Gesundheitsschutz fordert, wirkt weit bis ins 20. Jahrhundert.

In Jena, wo die Optischen Werkstätten von Carl Zeiß die besten Mikroskope der Welt produzieren, geht manches schneller. Ende der 1880er überführt Zeiss-Kompagnon Ernst Abbe seine Unternehmensanteile in die Carl-Zeiss-Stiftung. Mit den Gewinnen wird die universitäre Forschung gestützt und die betriebseigene Entwicklung neuer Produkte finanziert. Es gibt eine Betriebskrankenkasse, ab der Jahrhundertwende gilt der Acht-Stunden-Tag, und es gibt sechs Tage bezahlten Jahresurlaub.

Und dennoch: Vom thüringischen Genius Loci profitieren insbesondere Adel, Bildungsbürgertum und Industrielle. Der ländlichen Bevölkerung und dem wachsenden Proletariat bleibt er zum größten Teil versperrt. Auch wenn die kulturellen Angebote Allgemeingut wurden: Die Distanz, ja Fremdheit zwischen den kleinen Milieus der Hochkultur und dem sogenannten normalen Volk ist bis heute in vielen vormaligen Residenzstädten zu beobachten und prägt die dortigen Debatten.

Weimar – Gründung und Untergang einer Republik

Der »Thüringer Kleinstaatenjammer«[6] endet abrupt. Der Erste Weltkrieg verändert alles. Nach der deutschen Kapitulation schwappt im November 1918 die Revolution aus dem Norden nach Thüringen. Die Herzöge und Fürsten danken ab, ihre in Jahrhunderten entstandenen Residenzen vergehen.

Aus Sachsen-Weimar-Eisenach, Sachsen-Coburg-Gotha, Sachsen-Meiningen, Sachsen-Altenburg, Schwarzburg-Rudolstadt, Schwarzburg-Sondershausen sowie den Fürstentümern Reuß älterer und jüngerer Linie entstehen republikanische Freistaaten. Die meisten streben einen Zusammenschluss zum Land namens Thüringen an, aber eben nicht alle: So entscheiden sich die Bürger Sachsen-Coburgs per Volksabstimmung zum Anschluss an Bayern. Deutlich schmerzhafter aber ist: Preußen gibt seine thüringischen Gebiete einschließlich der einzigen Großstadt Erfurt nicht her.

Fast nebenbei wird das sich bildende Thüringen neuerlich zum nationalen Hochsitz. Da die Lage in Berlin zu unruhig ist, tagt ab Februar 1919 die Nationalversammlung der ersten deutschen Republik im militärisch abgeriegelten Weimar. Debattiert wird im Neubau des Theaters, vor dem auf steinernem Podest Goethe und Schiller stehen. Die Reichsregierung residiert im Schloss, in dem noch Monate zuvor der Großherzog regierte.

Die Stadt ist nicht zufällig ausgewählt. Der »Geist von Weimar«, sagt der SPD-Vorsitzende Friedrich Ebert, soll die Abgeordneten inspirieren: Aus Weimar ist seit der zweiten Hälfte des 19. Jahrhunderts ein Tempelort der Klassik geworden, mit Goethehaus und Schillerhaus, mit den Schlössern Belvedere, Tiefurt oder Ettersburg, mit Parkanlagen und Orangerie, mit Wittumspalais und Anna-Amalia-Bibliothek. Aber es regt sich auch Neues. Aus der von Henry van de Velde geleiteten Hochschule für Bildende Kunst und den Resten der Kunstgewerbeschule gründet sich das »Staatliche Bauhaus«. Direktor wird Walter Gropius. Sein Ziel ist es, Kunst und Handwerk zusammenzuführen, um neue Architektur- und Designformen zu entwickeln. Es lehren, unter anderem, Lyonel Feininger, Gerhard Marcks, Oskar Schlemmer, Paul Klee und Wassily Kandinsky.

Die erste demokratische Verfassung Deutschlands, die nach viermonatigen Beratungen von der Nationalversammlung in Weimar verabschiedet wird, verankert die Freiheit der Person, die Meinungs- und Pressefreiheit, die Versammlungsfreiheit, die Glaubens- und Gewissensfreiheit und die Gleichberechtigung von Mann und Frau. Und sie garantiert die Unverletzlichkeit der Wohnung, das Briefgeheimnis und die Freizügigkeit. Die Nationalversammlung wählt Ebert zum Reichspräsidenten. Er unterzeichnet die Verfassung während seiner Sommerfrische auf Schloss Schwarzburg nahe Saalfeld. Gut 100 Jahre, nachdem Urburschen ihre Fahne durch Jena trugen, heißt es darin: »Die Reichsfarben sind Schwarz-Rot-Gold.«

Während sich eine deutsche Republik in Thüringen konstituiert, existieren in Thüringen selbst immer noch die nunmehr freistaatlich-republikanischen Kleinstaaten, die vorerst per Staatsvertrag eine Gemeinschaft mit einem Staatsrat und einem Volksrat bilden. Im Mai 1920 tritt schließlich das für den Zusammenschluss nötige Reichsgesetz in Kraft: das Land Thüringen ist nun aus sieben Kleinstaaten gegründet, allerdings nur als eine Art Light-Variante. Erfurt, die Gebiete um Suhl, Schleusingen und Schmalkalden und das

Eichsfeld bleiben preußisch. Coburg hat sich unterdes Bayern angeschlossen.

Doch auch dieses Kleinthüringen stellt die größte deutsche Territorialreform seit einem halben Jahrhundert dar. Die sozialdemokratischen und liberalen Landesgründer sprechen von einem »demokratischen Einheitsstaat«, der »im Herzen des Reiches« erstmals »zur Tat« gereift sei.[7]

Der Jenaer Historiker Jürgen John deutet das neu konstituierte Thüringen in seinem 2009 erschienenen gleichnamigen Aufsatz als »Land im Aufbruch«,[8] als Gründungsort der deutschen Republik, des Bauhauses und eines selbstbewussten Staates. Und er warnt davor, »Weimar« als zum Scheitern verurteilte Totgeburt zu betrachten, als permanentes Krisengebilde, als »Republik auf Zeit«, wie der marxistische Historiker Wolfgang Ruge schrieb,[9] und damit als bloße Ouvertüre der NS-Diktatur: Wer »Weimar« allein als Symbol »deutscher Misere« und Irrwege sehe, folge einer einseitigen und damit falschen Negativsicht.

Sowieso sind die thüringischen Ereignisse in den Kontext der gesamtdeutschen Umbrüche einzuordnen. Die Kämpfe während des rechtsradikalen Kapp-Lüttwitz-Putsches im März 1920 wirken in der Provinz von Eisenach bis Altenburg ebenso nach wie wenig später die rechtsextremistischen Morde an Matthias Erzberger und Walter Rathenau, die Besetzung des Ruhrgebietes, der Streit um die Reparationen, die Hyperinflation oder der Putschversuch Hitlers.

Gleichwohl scheint Thüringen viele Entwicklungen vorwegzunehmen. Im Juni 1920 gewinnt die Unabhängige Sozialdemokratische Partei Deutschlands (USPD) die Landtagswahl, gefolgt vom rechtskonservativen Thüringer Landbund, der SPD und der Deutschen Volkspartei (DVP). Die Regierungsbildung misslingt. Im Landtag lässt sich keine Mehrheit bilden, vier Kabinettsvorschläge fallen nacheinander durch. Erst im November kommt es zu einer Minderheitsregierung von SPD und Deutscher Demokratischer Partei (DDP) unter

Tolerierung der USPD. Nur weil sich die KPD-Abgeordneten, die teilweise übergetretene USDP-Mitglieder sind, bei der Wahl des Kabinetts unter dem leitenden Staatsminister Arnold Paulssen (DDP) enthalten, reichen am Ende die Stimmen.

Die fragile Regierung hält nicht einmal ein Jahr. Es folgt eine SPD-Minderheitsregierung unter Tolerierung der Kommunisten, bis schließlich 1923 die SPD mit der KPD, wie im benachbarten Sachsen, eine gemeinsame Regierung der »Einheitsfront« bildet. Damit entsteht die von der Rechten verbreitete Legende vom »roten Thüringen« – die 90 Jahre später mit der Wahl des Linke-Ministerpräsidenten Ramelow gezielt reanimiert wird.

Parallel zu den Vorgängen in Mitteldeutschland sieht sich die Reichsregierung mit einem kommunistischen Aufstand unter Ernst Thälmann in Hamburg und dem dräuenden rechtsextremistischen Putsch unter Adolf Hitler in München konfrontiert. Ebert erlässt – wie in Sachsen – den sogenannten Reichszwang für Thüringen. Anfang November besetzen Reichswehreinheiten die beiden Länder, wenig später fliehen die kommunistischen Minister. Die Weimarer Rumpfregierung lässt sich unter die Kuratel Berlins stellen, um eine förmliche Reichsexekution wie in Dresden zu vermeiden.[10]

DVP, DDP und Reichslandbund reagieren auf die politische Krise mit einer Allianz: dem Thüringer Ordnungsbund. Die Parole lautet: »Links abwählen«.[11] Das Bündnis gewinnt bei den Landtagswahlen im Februar 1924 – wahlberechtigt sind knapp eine Million Menschen – 35 der 72 Sitze. Damit fehlen nur zwei Stimmen zur absoluten Mehrheit. Nach einigem Hin und Her schließt der Ordnungsbund einen Pakt mit der Vereinigten völkischen Liste, einer Tarnorganisation der nach dem gescheiterten Putschversuch verbotenen NSDAP.

Der Vorsitzende der Nazi-Organisation heißt Artur Dinter. Der bekennende Antisemit hatte 1920 das vielverkaufte Buch »Die Sünde wider das Blut« veröffentlicht. Sein Preis für die Tolerierung des konservativen Ordnungsbunds lautet: Die Landesregierung dürfe »nur aus deutschblütigen, nichtmarxistischen Männern« bestehen.[12]

Und nicht nur diese Forderung wird erfüllt. Auch der jüdische Staatsbankpräsident muss nebst mehreren Staatsanwälten und Beamten gehen. Das Bauhaus, das erst im Jahr zuvor das Musterhaus »Am Horn« eröffnet und eine große Ausstellung organisiert hat, wird schrittweise aus Weimar ins Exil nach Dessau vertrieben. Und das Redeverbot für Hitler, der noch in Festungshaft in Landsberg sitzt, hebt die Landesregierung auch schon mal prophylaktisch auf.

Thüringen wird zum Machtlabor der Nazis

Als das erste Land im Reich, das Nationalsozialisten an der Macht beteiligt, wird Thüringen zu einem ihrer Horte. Im August 1924, die NSDAP ist noch verboten, findet eine Tagung der Nationalsozialistischen Freiheitsbewegung Großdeutschlands statt. Dort droht Dinter den Mitgliedern der Reichsregierung mit dem Galgen. Nach den rechtsterroristischen Morden an Erzberger und Rathenau sowie dem Attentat auf den Reichsministerpräsidenten Philipp Scheidemann ist diese Aussage erst recht ein Aufruf zur Gewalt.

Im Juli 1926 findet in Weimar der erste Reichsparteitag der NSDAP nach der Aufhebung ihres Verbots statt. Mehr als 7000 Mitglieder reisen an. Hitler, dem fast überall in Deutschland öffentliche Reden untersagt sind, hält mehrere Ansprachen. Die Partei tagt im Theater, das seit der Verabschiedung der Reichsverfassung Deutsches Nationaltheater heißt. Dinter, inzwischen Leiter des NSDAP-Gaus Thüringen, beschwört zum »Generalappell« von SA und SS »den Beginn einer neuen Zeit«. Er ruft: »An der Stelle, wo Ebert saß, sitzt und steht heute Adolf Hitler!«[13]

In seinem Tagebuch verdoppelt Joseph Goebbels die Teilnehmerzahlen: »Unter endlosem Jubel der dichtgestauten Menschenmassen. Der Zug kommt. Mit an der Spitze. Die ganze Führerschaft, Hitler als erster, marschiert vorne. Durch ganz Weimar. Auf dem Marktplatz, fünfzehntausend SA marschieren an uns vorbei. Das Dritte Reich zieht auf.«[14]

In Weimar führt die NSDAP ihren gewalttätigen Extremismus vor. Passanten, die kein Hakenkreuz tragen, werden von SA-Leuten verprügelt, während sie Lieder mit Zeilen wie »Wir scheißen auf die Freiheit der Judenrepublik« oder »Zum Putsch, zum Putsch sind wir geboren« grölen. »Die Straßen wimmelten von Hakenkreuzlern in grauen Joppen und grauen Stürmern mit Hakenkreuz und Stahlhelm-Abzeichen«, schreibt der Schriftsteller Harry Graf Kessler.[15] Es handele sich um »eine öffentliche Verschwörung zum Zwecke eines Staatsstreichs«.

Auf dem Parteitag übergibt Hitler dem Reichsführer SS die »Blutfahne des 9.11.1923«. Die neuen Standarten- und Fahnenträger stellen sich auf die Bühne und schwören: »Dir, unserem Führer Adolf Hitler, bis zum letzten Tropfen Blut bei meiner Fahne auszuharren.«[16] Auch die Hitler-Jugend gründet sich in Weimar.

Doch vorerst bleibt der NSDAP der ganz große Erfolg verwehrt. Die Folgen der Niederlage im Ersten Weltkrieg scheinen halbwegs überwunden. Die Hyperinflation hat ihr Ende gefunden, das Ruhrgebiet ist nicht mehr besetzt, auch die Reparationszahlungen sinken. Die soziale und wirtschaftliche Lage entspannt sich, die junge Demokratie wirkt erstmals fast stabil.

Doch 1929 beginnt die Weltwirtschaftskrise, und die Unsicherheit ist wieder da. Als im Dezember der Thüringer Landtag gewählt wird, erhält die Hitler-Partei unter ihrem neuen Gauleiter Fritz Sauckel 11,3 Prozent. Als Juniorpartner des Thüringer Landbundes gelangt sie in eine Regierung. »Mit Rebellen verhandelt man nicht, man bekämpft sie!«, ruft der SPD-Abgeordnete Hermann Brill im Landtag[17] – doch vergebens.

Bis zu diesem Zeitpunkt hatte Hitler auf Fundamentalopposition gesetzt. Jetzt reist er eigens zu den Koalitionsverhandlungen nach Weimar. Er setzt durch, dass der Reichstagsabgeordnete Wilhelm

Frick, der nach dem Münchner Putsch wegen Hochverrats verurteilt wurde, zum Innen- und Volksbildungsminister ernannt wird. »Versöhnung gibt es für uns nicht! Es gibt nur eins – Rettung unseres Volkes – und wenn es sein muss durch die Erledigung unserer Gegner!«, zitiert der *Völkische Beobachter* die Ansage Hitlers.[18]

Doch die Bürgerlichen wollen die Drohung offenkundig nicht wahrhaben. Der vormalige thüringische Innen- und Justizminister Karl Riedel, der Frick weichen musste, schreibt später in seinen Memoiren, dass er trotz des ärgerlichen Totalitätsanspruchs der NSDAP »auf ehrliche Zusammenarbeit« gehofft habe. Ihm sei es darum gegangen, die Partei Hitlers »zur verantwortlichen Mitarbeit« zu gewinnen und ihr »Gelegenheit zur positiven Arbeit« zu geben.[19]

Sauckel ist stolz auf Thüringen. Der gelernte Schlosser aus Franken hat sich nach seinem gescheiterten Technikerstudium in Ilmenau vom Ortsgruppenleiter über die Gaugeschäftsführung nach oben gearbeitet. Nun will er dafür sorgen, dass das rote Thüringen ein brauner »Trutzgau« wird. Dafür habe sich der Nationalsozialismus die »erste staatliche Position buchstäblich erkämpft«.[20]

Thüringen wird zum Machtlabor der Nazis. Frick beginnt mit der Gleichschaltung, Ende März 1930 wird ein Ermächtigungsgesetz erlassen. Bald sind viele Kommunisten und Sozialdemokraten aus Ämtern oder dem Schuldienst entfernt. Linke Zeitungen werden verboten. In den Schulen sind die »Deutschen Schulgebete« Pflicht. An der Universität Jena wird das Fach »Rassenkunde« eingeführt. Für die Antrittsvorlesung von Hans F. K. Günther unter dem Titel »Die Ursachen des Rassenverfalls des deutschen Volkes seit der Völkerwanderungszeit« reisen eigens Hitler und Hermann Göring an.

Die kulturelle Hegemonie wird brutal okkupiert. Neuer Direktor der Weimarer Kunstlehranstalten ist Paul Schultze-Naumburg, der für eine rassegebundene »Deutsche Kunst« steht. Er lässt »undeutsche« oder »entartete« Kunst von Kokoschka, Feininger, Nolde, Lehmbruck, Klee oder Barlach aus dem Schlossmuseum und anderen Ausstellungen verbannen.[21] Das Ziel Fricks: Die »Verseuchung des deutschen Volkstums durch fremdrassige Unkultur, wo nötig mit polizeilichen Mitteln abzuwehren«, um einzig »... deutsche Kunst, deutsche Kultur und deutsches Volkstum zu erhalten, zu fördern und zu stärken«.[22]

Sozialdemokraten und Kommunisten leisten Widerstand. Sie liefern sich mit den Nazis Saalschlachten. Die Gewalt fordert Menschenleben. Nach knapp 15 Monaten NS-Furor wird es auch den Bürgerlichen zu viel. Im April 1931 bekommt ein Misstrauensantrag der SPD gegen Frick die Mehrheit im Landtag und der Landbund kündigt die Koalition mit der NSDAP auf.

Hitler ist empört. Er reist nach Weimar und spricht gleich auf mehreren Protestkundgebungen. Fortan ist er noch häufiger im Land unterwegs, auf dem Gauparteitag in Gera, bei Versammlungen in Altenburg und Apolda oder bei der Einweihung eines SA-Heims in Paulinzella. Thüringen bleibt sein Mustergau – und Weimar eine Art Zweitwohnsitz.

Hitlers Mustergau

Seit seinem ersten Besuch im März 1925 ist Hitler regelmäßig in Weimar. Das Hotel Elephant am Markt wird zu seinem Hauptquartier. Dank der Freundschaft mit dem Besitzer führt er hier ungestört Strategiegespräche, die er in Anlehnung an Herzogin Anna Amalia »Tafelrunden« nennt. Doch während die Fürstinmutter Dichter, Komponisten und Philosophen versammelte, treffen sich im Elephant künftige Massenmörder.

Hitler fühlt sich gut aufgenommen in Weimar; die Wahlergebnisse seiner Partei sind hier überdurchschnittlich. Zwischenzeitlich überlegt er sogar, die Parteizentrale von München nach Thüringen zu verlegen.[23] Er vergleicht die Stadt mit dem österreichischen Linz, wo er seine Jugend verbrachte. »Ich liebe nun einmal Weimar«, sagt er.[24]

Dass Friedrich Nietzsche seine drei letzten, geistig umnachteten Lebensjahre in Weimar verbrachte, ist für Hitler eine besondere Fügung. Die Schwester des Philosophen, Elisabeth Förster, ist die Witwe des Antisemiten Bernhard Förster und betreut im völkischen Sinne das Nietzsche-Archiv.

Auch sonst versuchen die Nationalsozialisten, das nationale Kulturerbe zu vereinnahmen. Zum 100. Todestag Goethes im März 1932 weist Gauleiter Sauckel an, »dass das Parteiabzeichen regelmäßig getragen wird, damit die zu der Goethewoche ankommenden Juden und Judengenossen den richtigen Geschmack von Weimar bekommen«.[25]

Thomas Mann, der auf der offiziellen Veranstaltung des Landes die Festrede hält, zeigt sich danach »eigenartig berührt«: Weimar sei »eine Zentrale des Hitlerismus«, schreibt er.[26] »Überall konnte man das Bild von Hitler und so weiter in nationalsozialistischen Zeitungen ausgestellt sehen. Der Typus des jungen Menschen, der unbestimmt entschlossen durch die Straßen schritt und sich mit dem römischen Gruß begrüßte, beherrschte die Stadt.«

Im Juli 1932 gewinnt die NSDAP die Thüringer Landtagswahl mit 42,5 Prozent. Sie liegt damit gut fünf Prozentpunkte über dem Ergebnis, das die Partei bei den gleichzeitig stattfindenden Reichstagswahlen erzielt. Die Folge ist eine der ersten von der NSDAP geführten Landesregierungen.

Vorsitzender des Staatsministeriums – und damit Regierungschef – wird Gauleiter Sauckel. Er führt fort, was der erste NS-Innenminister Frick begann und weist an, den Verwaltungsapparat endgültig von allen Sozialdemokraten, Kommunisten sowie Juden zu säubern. Gleichzeitig ruft er zum Boykott jüdischer Geschäfte auf. Thüringen steht an der Spitze der Bewegung. Das Land ist, um die Worte eines späteren AfD-Landesvorsitzenden zu paraphrasieren, eine braune Hochburg. Weimar ist der Vorbote dessen, was bald darauf in Berlin geschieht. Am 30. Januar 1933 ernennt Präsident Paul von Hindenburg Adolf Hitler zum Reichskanzler. Die Nationalsozialisten ergreifen dankbar die ihnen freiwillig überlassene Macht. Wilhelm Frick steigt zum Reichsminister des Innern auf. Die von den

Nazis begonnene »nationale Revolution« zerstört das von ihnen gehasste »Weimarer System«.

Und wieder marschieren die Thüringer Parteigenossen voran. Die Oppositionsparteien werden schneller verboten, die Enteignungen jüdischer Industrieller beginnen früher. Im März 1933 entsteht am Flugplatz Nohra das erste Konzentrationslager.[27]

Sauckel wird Reichsstatthalter des »Gau Thüringen«. Seine Herrschaft umfasst damit auch die preußischen Landesteile einschließlich der größten Stadt Erfurt. Hauptstadt bleibt aber Weimar, wo Sauckel als Regierungsgebäude das monumentale Gau-Forum errichten lässt. Das Hotel Elephant wird abgerissen und mit reichlich Marmor neu gebaut. Neben der »Führersuite« mit Zimmernummer 100 besitzt der neue Elephant einen »Führerbalkon« zur Marktseite. Darunter steht die städtische Jugend und singt: »Lieber Führer sei so nett, tritt zu uns ans Fensterbrett«.[28]

In dieser Zeit entsteht das Janusgesicht Weimars. Während man in der Stadt die »Wochen des deutschen Buchs« und die »Großdeutschen Dichtertage« feiert, wird auf dem Ettersberg das Konzentrationslager Buchenwald errichtet. Das Schloss Ettersburg, in dem sich Dichter und Denker mit dem Herzog zum Tee trafen, liegt ganz nah. Der österreichische Schriftsteller Joseph Roth schreibt wenig später: »Als man in Buchenwald, will sagen: in Ettersberg, den Wald zu roden begann, um dort für die Bewohner des Konzentrationslagers eine Küche südlich, eine Wäscherei nördlich einzurichten, ließ man allein die Eiche stehn; die Eiche Goethes, die Eiche der Frau von Stein. Die Symbolik ist niemals so billig gewesen wie heutzutage.«[29]

Thüringen steht an der Spitze der Bewegung. Schon bevor am 9. November 1938 die Synagogen brennen, melden Städte wie Vacha in der Rhön, dass sie »judenfrei« sind. Zum Beginn des Zweiten Weltkriegs im September 1939 wird Sauckel Reichsverteidigungskommissar des Wehrkreises IX und später Generalbeauftragter für den Arbeitseinsatz. Damit organisiert er die Ausbeutung und Ermordung Hunderttausender Zwangsarbeiter. Parallel dazu sorgt er dafür, dass das Euthanasieprogramm besonders strikt durchgezogen wird. Mindestens 630 Menschen sterben in Thüringer Kliniken und Heilanstalten.

Großbetriebe wie Carl Zeiss Jena werden auf Kriegsproduktion umgestellt und beschäftigen Zwangsarbeiter. Die Erfurter Maschinen- und Rüstungsfabrik »Topf & Söhne« produziert die Öfen für die Krematorien im KZ Buchenwald. Ab 1943 werden die Anlagen auch ins Vernichtungslager Auschwitz-Birkenau geliefert. Mitarbeiter des Unternehmens überwachen die Inbetriebnahme der Öfen nahe den Gaskammern.

Im zerklüfteten Jonastal bei Arnstadt treiben ab dem Herbst 1944 Zehntausende Häftlinge aus dem KZ-Außenlager Ohrdruf zwei Dutzend Stollen in den Berg. Das System soll der letzte Führerbunker Hitlers nach einem Fall Berlins werden. Im Außenlager Mittelbau-Dora bei Nordhausen, wo unterirdisch die Flugwaffen V1 und V2 produziert werden, sterben etwa 20 000 Menschen.

Ab 1940 wird Thüringen von britischen und US-amerikanischen Bombenangriffen heimgesucht, die 1945 eskalieren. Am 18. März trifft es große Teile der Jenaer Innenstadt einschließlich der Zeiss-Werke. Nordhausen wird am 3. und 4. April fast vollständig zerstört: 8800 Menschen sterben bei den mit Abstand schwersten Angriffen in Thüringen. Zwei Tage später verwüsten alliierte Bomben große Teile der Innenstadt von Gera.

Die Opfer gehören zur Bilanz der NS-Herrschaft und des von Deutschland begonnenen Weltkriegs. Allein in Buchenwald und seinen 22 Außenlagern sind in dieser Zeit bis zu 56 000 Menschen gestorben. Von den etwa 4500 Juden, die 1933 in Thüringen lebten, befinden sich 1945 noch 400 im Land.

Gauleiter Sauckel, der als Generalbeauftragter fünf Millionen Zwangsarbeiter nach Deutschland deportieren ließ, wird von den Anklägern im Nürnberger Kriegsverbrecherprozess als »der größte

und grausamste Sklavenhalter seit den ägyptischen Pharaonen« bezeichnet.[30] Er stirbt am 16. Oktober 1946 am Galgen. Am selben Tag
wird Wilhelm Frick gehängt.

Drei DDR-Bezirke

Im April 1945 fällt Thüringen nahezu kampflos an die aus Westen vor-
rückende US-Armee. Teile der Weimarer Bevölkerung werden von
Soldaten auf den Ettersberg geführt. Sie müssen im Konzentrationslager das Krematorium und die Genickschussanlagen besichtigen.
Einige brechen beim Anblick der Leichenberge zusammen.

Die Besatzer setzen den einstigen Landtags- und Reichstagsabge-
ordneten Hermann Brill als Regierungspräsidenten ein. Der Sozialdemokrat hatte nach mehreren Jahren im Zuchthaus seit 1943 im
Konzentrationslager auf dem Ettersberg gelitten und dort das »Bu-
chenwald-Manifest« mitverfasst. Es soll das Programm sein für eine
neue »Volksrepublik«. Wie nach dem Ersten Weltkrieg soll Weimar nun
auch nach dem Zweiten Weltkrieg zum Gründungsort eines neuen,
deutschen und dezidiert antifaschistischen Staates werden.[31] In die Verwaltung, die er aufzubauen beginnt, beruft er vor allem Buchenwald-
Häftlinge. Gleichzeitig treibt er die Entnazifizierung rigoros voran.

Doch da Thüringen zur sowjetischen Zone gehören soll, zieht sich
Anfang Juli die US-Armee nach Bayern und Hessen zurück, während
von Osten die Rote Armee einmarschiert. Mit dem Vertrag von Jalta
ist im Februar 1945 entschieden worden, dass Thüringen zur sowjetischen Besatzungszone gehört. Da Preußen von den Alliierten aufgelöst wird, umfasst das Landesgebiet erstmals offiziell Erfurt und das
Eichsfeld.

Mit den Amerikanern ziehen zehntausende Menschen gen Westen.
Vor allem Unternehmer, Selbstständige, Ärzte, Ingenieure oder Juristen gehen, ob nun freiwillig oder nicht. Große Teile der Rüstungsin-
dustrie und der feinmechanisch-optischen Betriebe werden zwangs-

evakuiert. Die Parole lautet: »We take the brain.«[32] Bei Zeiss in Jena verschwindet der größte Teil des Führungspersonals samt Maschinen und Patenten nach Württemberg, wo in Oberkochen ein neues Zeiss-Werk gegründet wird. Siemens & Halske in Gera transportiert 3000 Firmenangehörige und 500 Tonnen an Material per Laster und Eisenbahn nach Bayern.[33] Es ist der Beginn des ostdeutschen Exodus. Bis zum Bau der Mauer 1961 fliehen etwa drei Millionen Menschen, bis 1989 gehen noch einmal knapp 800 000 Menschen, per Ausreise, per Flucht oder per Freikauf. Mit den Grenzöffnungen in Ungarn im Sommer 1989 wächst die Abwanderung erneut extrem an. Und flaut erst ab 1991 langsam ab. Die demografischen, sozialen und ökonomischen Folgen der Abwanderung prägen Thüringen bis heute.

Nach ihrem Einmarsch im Sommer 1945 ernennen die sowjetischen Truppen den in der NS-Zeit mit Berufsverbot belegten Juristen Rudolf Paul zum Landespräsidenten. Das einstige Mitglied der DDP tritt mit der Zwangsvereinigung von SPD und KPD in die SED ein. Die neue Einheitspartei gewinnt auch die Landtagswahl im Oktober 1946 mit 49,3 Prozent. Es folgen die liberale LDP und die CDU. Das Parlament wählt Paul zum Ministerpräsidenten, der sich allerdings zunehmend an den Besatzern reibt. Im September 1947 gibt er auf und flüchtet in den Westen – was ein einmaliger Vorgang in der Geschichte Deutschlands bleibt.

Damit ist die kurze quasidemokratische Episode vorbei. Mithilfe von Marionetten-Institutionen wie dem Deutschen Volkskongress setzen die Besatzer die Führung der SED durch. Nachdem sich im Mai 1949 im Westen die Bundesrepublik Deutschland gegründet hat, wird am 7. Oktober aus der sowjetischen Zone die Deutsche Demokratische Republik. Die Teilung ist staatlich vollzogen. Und Thüringen ist auf der unglücklicheren Seite der Geschichte gelandet.

Seit 1950 wird nach Einheitslisten gewählt. Wahlen verkommen so zu bloßen Akklamationsvorgängen. 1952 unterteilt die DDR-Regierung das Land Thüringen in die Bezirke Erfurt, Gera und Suhl. Sie sind nur Verwaltungseinheiten im neuen, zentralistisch organisierten System. Die Regierung administriert über die 14 Bezirks- und mehr als 200 Kreisräte. Die eigentlichen Entscheidungen fallen jedoch ausschließlich in den Gremien der Staatspartei SED: vom Politbüro und Zentralkomitee über die Bezirksleitungen bis zu den Kreisleitungen.

Wie die Volkskammer in Ostberlin dienen die Bezirks- und Kreistage als pseudodemokratische Fassade. Dasselbe gilt für die sogenannten Blockparteien Christlich Demokratische Union (CDU), Nationaldemokratische Partei Deutschlands (NDPD), Liberaldemokratische Partei Deutschland (LDPD) und die Bauernpartei. Sie stehen wie die Freie Deutsche Jugend (FDJ), der Gewerkschaftsbund, der Kulturbund, die Volkssolidarität und sämtliche sonstigen Massenorganisationen in der »Nationalen Front« unter SED-Führung.

Die CDU soll die Christen ins laizistische DDR-System integrieren. Die Partei gilt, wie die Konrad-Adenauer-Stiftung 1990 feststellen wird, als »stalinistische Kaderpartei« und in organisatorischer und programmatischer Sicht als eine »Kopie der SED«.[34] Als Scheinparlament dient die Volkskammer, deren Mandate nach der Einheitsliste der »Nationalen Front« aufgeteilt sind.

Die damalige Domestizierung wird bis heute im politischen Kampf instrumentalisiert. Die AfD redet von der CDU als »Blockpartei« und bezeichnet die Linke als SED. Und wenn sich bei kommunalen Stichwahlen wie in Sonneberg die Parteien gegen den rechten Kandidaten verbünden, diffamiert sie diese Solidarisierung als »Nationale Front«.

Was der AfD hilft: Die einstigen Blockparteien wie CDU und FDP haben ihre Vergangenheit nie ernsthaft aufgearbeitet. Sie waren Teil der »Nationalen Front«, als in den DDR-Bezirken Betriebe enteignet und Abertausende Bauernhöfe zwangskollektiviert wurden. Und sie standen in Mitverantwortung, als Polizei und Staatssicherheit an der Grenze zur BRD – die mit 700 Kilometern in Thüringen besonders lang ist – »unzuverlässige« Menschen gegen ihren Willen umsiedelten. Der Name der Vertreibungsaktion: »Ungeziefer«.

Im Frühsommer 1953 eruptiert die Unzufriedenheit. Am 17. Juni breiten sich Unruhen von Berlin auf die südlichen Bezirke aus. Von größeren Städten wie Jena und Gera greift der Protest auf das Umland über, vereinzelt gibt es Streiks. Doch die Besatzer schlagen den Aufstand nieder. In Jena, wo die SED-Kreisleitung von Demonstranten besetzt wird, greifen die Sowjets besonders brutal durch. Einer der dort Festgenommenen, der 26-jährige Schlosser Albrecht Diener, wird als abschreckendes Beispiel hingerichtet.

Die Abwanderung beschleunigt sich. Allein der Bezirk Erfurt verliert zwischen 1950 und 1960 um die 120 000 Menschen – und das sind nur die offiziellen Zahlen der DDR-Statistik.[35] Als Reaktion lässt die SED-Führung unter Walter Ulbricht am 13. August 1961 in Berlin die Mauer errichten. Gleichzeitig verschärft die DDR überall ihre Grenzsysteme, verbreitert die Sperrzonen, errichtet neue Wachtürme, vertreibt nochmals Tausende Menschen. Einige Ortschaften und Ortsteile in unmittelbarer Grenznähe werden geschleift, durch das thüringische Dorf Mödlareuth verläuft sogar eine eigene Maueranlage. Bis 1989 kommen an der Grenze Thüringens zur Bundesrepublik 106 Menschen bei Fluchtversuchen oder Unfällen ums Leben; 14 Soldaten der Grenztruppen sterben.[36]

Der lange Grenzverlauf ist auch ein Grund dafür, dass die Thüringer Bezirke besonders straff geführt werden. Das Ministerium für Staatssicherheit ist über seine drei Bezirksverwaltungen und 32 Kreisdienststellen flächendeckend vertreten. Im Bezirk Gera etwa gibt es 1989 rund 7000 hauptamtliche und 19 000 Inoffizielle Mitarbeiter.[37] Allein an der Universität Jena sind 341 IM aktiv.[38]

Die evangelische Landeskirche geht als »Kirche im Sozialismus« den opportunistischen »Thüringer Weg«. Und sie ist von der Staatssicherheit besonders stark infiltriert. Mindestens ein Bischof und mehrere Oberkirchenräte sind als Inoffizielle Mitarbeiter registriert.[39]

Aufmarschgebiet im Kalten Krieg

Ansonsten bleiben die Thüringer Bezirke Besatzungsgebiet. Die Gruppe der sowjetischen Streitkräfte in Deutschland (GSSD) umfasst bis zu 370 000 Soldaten. In Thüringen hat die 8. Gardearmee gut 50 000 Soldaten stationiert. In Nohra sitzt eine Hubschrauberstaffel, in Jena eine Panzerdivision und in Ohrdruf eine Garde-Mot-Schützendivision.[40] Zu den größeren der 143 Standorte gehören noch Weimar, Gotha, Gera, Eisenach, Bad Langensalza, Apolda, Schlotheim, Saalfeld, Rudolstadt, Meiningen, Günzerode, Arnstadt oder Altenburg. Auch Atomsprengköpfe sind seit den 1960er Jahre stationiert.

Sowjetsoldaten und regelmäßige Militärkonvois sind Teil des Alltags. Die als Russenkasernen bezeichneten Wohnblöcke stehen am Rande vieler größerer Städte. Hinzu kommen die weiträumig abgesperrten Truppenübungsplätze. Offiziell ist die Sowjetarmee nur da, um einen möglichen NATO-Angriff abzuwehren. Inoffiziell soll sie die Herrschaft Moskaus absichern und demokratische Bestrebungen unterdrücken. Wie 1953 in der DDR geschieht dies 1956 in Ungarn und 1968 in der Tschechoslowakei.

Laut SED-Propaganda ist die Sowjetunion natürlich keine Besatzungsmacht. Sie ist Befreier, Beschützer und Bruderstaat. Die zentrale Parole lautet: Von der Sowjetunion lernen heißt siegen lernen. Und das ist ernst gemeint. Die Mitgliedschaft in der Gesellschaft für deutsch-sowjetische Freundschaft ist stark erwünscht, das Schulfach Russisch Pflicht. Die DDR verlegt die russischen Klassiker Tolstoi, Dostojewski oder Gogol, aber auch Sowjetschriftsteller wie Nikolai Ostrowski oder Tschingis Aitmatow. Klassenfahrten, Patenschaften, Städtepartnerschaften, Auslandsstipendien, Arbeitseinsätze und Brieffreundschaften sorgen für emotionale Bindungen.

In diesen Jahrzehnten bildet sich das bis heute nachwirkende Verhältnis der Ostdeutschen zur Sowjetunion, das die ebenso zwiespältige Sicht auf die USA spiegelt. Einerseits dringt die amerikanische

Popkultur über Kleidung, Musik und Fernsehserien trotz aller staatlichen Repression in die Gesellschaft ein. Andererseits verfängt die nicht völlig falsche, aber bis zur Unkenntlichkeit verzerrte Erzählung vom angloamerikanischen Imperialismus, der allein die Welt dominieren will.

Seit den 1960er Jahren ist die DDR-Gesellschaft auch wirtschaftlich durchsowjetisiert. Die Landwirtschaft und deren Betreiber sind in Landwirtschaftlichen Produktionsgenossenschaften (LPG) zwangskollektiviert. Die Volkseigenen Betriebe (VEB) werden in riesigen Kombinaten zusammengefasst. Zu den größten Kombinaten in Thüringen gehören Carl Zeiss Jena, Mikroelektronik Erfurt, Kali Sondershausen und Robotron Sömmerda. In Ilmenau entsteht das Werk für Technisches Glas, in den Suhler Simson-Werken laufen Mopeds der Typen »Schwalbe« oder »S50« vom Band. In Eisenach werden in 40 Jahren 1,6 Millionen Wartburg 311 und 353 produziert.

Der Absatzmarkt liegt hauptsächlich in der DDR und in Osteuropa. In den Staaten des Rates für gegenseitige Wirtschaftshilfe (RGW) findet der Außenhandel zu 99 Prozent per Realtausch statt; konvertierbare Währungen sind irrelevant.[41] In das NSW, das Nichtsozialistische Währungsgebiet, verkauft die DDR ihre Produkte zu Dumpingpreisen. Textilien, Obst, Gemüse, Elektrogeräte jeder Art, aber auch alte Pflastersteine aus den Altstädten werden verhökert, um an Devisen zu kommen. Das Versandhaus Quelle verkauft etwa die von Robotron in Sömmerda produzierten Nadeldrucker unter der Marke Privileg. Der berühmte Weihnachtsschmuck aus dem Waldstädtchen Lauscha geht fast vollständig in den Export.

In diesen Jahren entsteht bei den Menschen eine in Teilen irreale Vorstellung vom Westen, die noch viele Jahre nach der Wiedervereinigung nachwirken wird. Auf der einen Seite glauben viele Menschen an das vom Westfernsehen propagierte Konsumparadies sowie die Verheißung grenzenloser Freiheit und großer wirtschaftlicher Möglichkeiten. Auf der anderen Seite verfängt partiell die SED-gesteuerte

Agitation mit ihrem Zerrbild einer postfaschistischen, vom aggressiven US-Imperialismus gesteuerten BRD, in der Ausbeutung, Massenarbeitslosigkeit und Obdachlosigkeit dominieren. Eine realistische, nüchterne und differenzierte Sicht auf die westdeutsche Demokratie konnte so kaum entstehen.

Gleichzeitig wächst ein diffuses Gefühl von Zweitklassigkeit. Abend für Abend können die Menschen in der DDR im Westfernsehen eine Art Premiumleben verfolgen. Die beworbenen Produkte erhalten sie, wenn sie Verwandtschaft im Westen haben, zuweilen in Weihnachtspaketen oder sie kaufen die Schokolade oder Jeans mit den geschenkten und in Forum-Schecks umgetauschten D-Mark im Intershop. Parallel dazu sehen sie, wie Westdeutsche mit der zwangsumgetauschten DDR-Mark die Buchhandlungen und Plattengeschäfte leerkaufen. Und sie erleben auf Reisen in Osteuropa, dass die Bundesbürger in den guten Hotels absteigen, während sie als DDR-Bürger auf dem Campingplatz ihre mitgebrachten Konserven aufwärmen.

Die SED fördert ein trotziges Selbstbewusstsein. Auch wenn die offiziellen ökonomischen Daten, mit der sich die DDR an die Spitze des Ostblocks und auf Augenhöhe mit vielen westlichen Staaten rechnet, nicht stimmen und allgegenwärtiger Mangel herrscht, ist vor allem bei entsprechender politischer Anpassung ein kommodes Leben möglich. Unter dem neuen SED-Generalsekretär Erich Honecker wird massiv in Wirtschaft, Wohnungsbau und Sozialleistungen investiert. Insbesondere die Bezirksstädte wachsen. Die Einwohnerzahl von Erfurt steigt um 50 000 auf 220 000 und in Gera von 90 000 auf 135 000. In Suhl verdoppelt sie sich sogar auf 56 000. An der Peripherie der Städte entstehen riesige Neubausiedlungen aus Plattenbaumodulen, während Altstadtviertel, die den Krieg überstanden, zumeist dem Verfall preisgegeben oder abgerissen werden.

Nebenher wird Thüringen zum Zentrum des Spitzensports. Jena liefert die WM- und Olympia-Medaillengewinner in der Leichtathletik, Erfurt im Eisschnelllauf – und Oberhof im Thüringer Wald in mehreren Wintersportarten. Dass im VEB Jenapharm Dopingmittel produziert werden, die systematisch selbst an Minderjährige verabreicht werden, ist ein von der Staatssicherheit sorgsam bewachtes Geheimnis.

Die Opposition bleibt in all den Jahren schwach in Thüringen. Nur selten kommt es nach 1953 zur offenen Konfrontation mit der Staatsgewalt, so etwa 1968 in Gotha nach der Niederschlagung des Prager Frühlings, 1970 beim Besuch des SPD-Bundeskanzlers Willy Brandt in Erfurt oder 1976 in Jena nach der Ausbürgerung Wolf Biermanns.

In den Jahren von Indoktrination und Isolation entsteht eine Art kollektives ostdeutsches Selbstbewusstsein. Es changiert zwischen Autoritätsgläubigkeit und Widerstand, Stolz und Selbstzweifeln, Weltoffenheit und Xenophobie. Diese frappierende Widersprüchlichkeit ist in soziologischen Studien herausgearbeitet, doch die öffentliche Debatte dominieren bis heute Pauschalurteile. Oft genug stammen sie von Menschen, die selbst in der DDR groß wurden.

Für die einen sind viele Ostdeutsche »diktatursozialisiert« (Marco Wanderwitz)[42] oder »chronisch seelenkrank« (Wolf Biermann),[43] geprägt von »Hass auf die westlichen Werte und die Anmaßungen der Freiheit, selbst für sein Leben verantwortlich zu sein« (Ilko-Sascha Kowalczuk)[44]. Die anderen stilisieren die einstigen DDR-Bürger zu Opfern einer neokolonialen Wiedervereinigung, die unter »kollektiver Diffamierung, Verhöhnung und eiskalter Ausbootung« (Dirk Oschmann)[45] leiden oder einer westlichen Geschichtsschreibung, welche den ostdeutschen Staat als »graues Land voller hoffnungsloser Existenzen« fehlzeichnet (Katja Hoyer)[46].

Die Geschichtsprofessorin Christina Morina, die sich in Jena habilitierte, versucht einen Mittelweg zu gehen. Sie verweist darauf, dass auch die Diktatur DDR eine Demokratiegeschichte besitzt, allerdings als »Demokratieanspruchsgeschichte«, die 1989 ihren Höhepunkt findet: »Der strategische, symbolische, propagandistische – oder schlicht: simulative - Bezug auf die Demokratie im SED-Staat spielte in der

Geschichte dieses Landes (wie des Staatssozialismus insgesamt) eine zentrale Rolle. Generationen von Ostdeutschen haben sich daran in ganz unterschiedlicher Weise abgearbeitet, haben ihn akzeptiert und geglaubt, eingefordert und gelebt, kritisiert und verachtet.«[47]

Das Ende eines Experiments oder Die Friedliche Revolution

Tatsächlich ist am Ende der 1980er Jahre die Erosion des SED-Systems nicht mehr zu übersehen. Seit etwa einem Jahrzehnt lebt der Staat von seiner Substanz und immer neuen Westkrediten. Investiert wird kaum noch. Die Infrastruktur verfällt, die Maschinenparks in den Betrieben sind veraltet und überall mangelt es an allem. Auch die Umwelt ist an vielen Orten zerstört. Teile des Waldes sterben, Flüsse sind vergiftet, die Stadtluft lässt sich in den Wintern kaum atmen.

Im Mai 1989 eröffnet Gerhard Schürer als Vorsitzender der Staatlichen Plankommission einigen ausgewählten Politbüromitgliedern, dass die DDR spätestens 1991 pleitegehen wird.[48] Wenige Monate später bilanziert er, dass die DDR in der Arbeitsproduktivität »um 40 Prozent hinter der BRD« zurückliegt: »Die Verschuldung im nichtsozialistischen Wirtschaftsgebiet ist [...] gegenwärtig auf eine Höhe gestiegen, die die Zahlungsfähigkeit der DDR infrage stellt.«[49] Allein um die Zinsen zu bedienen, müsse der Lebensstandard um bis zu 30 Prozent gesenkt werden, was die »DDR unregierbar machen« würde. Schürer spricht von Außenständen in Höhe von 49 Milliarden D-Mark. Die Bundesbank wird nachträglich Schulden in Höhe von knapp 20 Milliarden D-Mark bilanzieren.

Auch wenn das Papier noch bis ins Jahr 1990 hinein geheime Verschlusssache bleibt: Die Menschen ahnen die reale Lage. Gleichzeitig gerät das DDR-System durch Michail Gorbatschows sowjetische Reformpolitik von Glasnost und Perestroika zunehmend in die Defensive.

Die SED-Spitze reagiert erratisch auf die neue Linie Moskaus. Sie verbietet sowjetische Publikationen wie den *Sputnik*, verbannt russische Filme aus den Kinos – und fälscht die Kommunalwahl im Mai 1989. Doch unter anderem in Erfurt, Jena und Weimar wird von Bürgern bei der Abstimmung mitgezählt. Ihre Ergebnisse differieren erheblich von den offiziell veröffentlichten Wahlresultaten. Die systematische Fälschung ist nicht zu leugnen – was das System zusätzlich in die Defensive bringt. Mit dem Sommer beginnt der nächste große DDR-Exodus. Zehntausende Menschen fliehen über die Tschechoslowakei und Ungarn in den Westen. Und sie besetzen die bundesdeutschen Botschaften in Prag und Budapest, um dort darauf zu warten, dass sie die Bundesregierung freiverhandelt.

Parallel dazu organisieren sich die bislang versprengten Oppositionsgruppen. Im September wird das Neue Forum gegründet, es folgen Demokratischer Aufbruch, Demokratie Jetzt und die Sozialdemokratische Partei SDP. Zentrum der thüringischen Opposition ist Jena mit der Evangelischen Studentengemeinde und einigen Umweltgruppen.

Auch in den Blockparteien beginnt es vorsichtig zu rumoren. Gottfried Müller, der Chefredakteur der regionalen Kirchenzeitung *Glaube und Heimat*, verfasst Anfang September gemeinsam mit dem Oberkirchenrat – und MfS-Mitarbeiter – Martin Kirchner den »Brief aus Weimar«, der angesichts der »massenhaften Auswanderung« vorsichtige Reformen innerhalb der CDU fordert.

Müller und Kirchner suchen Mitunterzeichner in der Blockpartei. Nach mehreren Absagen finden schließlich zwei Frauen den Mut. Neben der Synodalen Martina Huhn unterschreibt Christine Lieberknecht, sie ist Pastorin in Ramsla bei Weimar. Der Brief findet daraufhin rasche Verbreitung.

Die ersten großen Demonstrationen in der DDR finden ab dem 2. Oktober in Leipzig, Berlin und Dresden, aber auch im vogtländischen Plauen statt. Abgesehen von einer spontanen Demonstration am 7. Oktober in Ilmenau beginnt in Thüringen der Massenprotest erst Ende Oktober. In Jena demonstrieren 40 000 Menschen, in Nordhausen sind es 25 000, in Friedrichroda, Sondershausen, Eisenach oder Heiligenstadt 5000 bis 10 000.[50]

Anfang November treten die Vorsitzenden der SED-Bezirksleitungen Gera und Suhl zurück. Nachdem am 9. November in Berlin die Mauer gefallen ist, gibt auch der Erfurter Parteichef auf. Die Grenzen in Thüringen werden ab dem 10. November geöffnet. Bei Eisenach und Sonneberg bilden sich kilometerlange Staus aus qualmenden Zweitaktern. Die SED formt in Ostberlin eine Übergangsregierung der Blockparteien unter Hans Modrow, ein Vize-Regierungschef wird für die CDU Lothar de Maizière.

Am 4. Dezember setzt sich Thüringen dann doch kurzzeitig an die Spitze der revolutionären Bewegung. In Erfurt wird die erste Stasi-Bezirksverwaltung besetzt. Am selben Tag findet in Ostberlin der DDR-Parteitag der CDU statt. Die Partei will jetzt neu und demokratisch sein. Die Erstunterzeichner des »Weimarer Briefs« schaffen es nahezu komplett in die Spitze. Gottfried Müller wird ein Stellvertreter des Vorsitzenden de Maizière, Martin Kirchner ist nun Generalsekretär. Christine Lieberknecht gehört dem Vorstand an.

3
Stolpern in die Demokratie

Erfurt, 20. Februar 1990. Es ist ein besonders milder und sonniger Wintertag.[1] Die Einkaufsstraßen der DDR-Bezirksstadt Erfurt wimmeln von Menschen. Vor den Geschäften bilden sich Schlangen: Es ist frische Westware eingetroffen. In den Straßen parken zwischen den Trabbis, Wartburgs, Ladas und Škodas einige Opel, Fiat und BMW.

Die Fassaden der alten Häuser auf der Krämerbrücke, am Fischmarkt und in der Marktstraße sind bunt getüncht. Doch die Farbe kann den prekären Zustand der Bausubstanz kaum verbergen. Auf dem Domplatz steht eine große Bühne, an ihrer Seite haben die CDU und die parteinahe Konrad-Adenauer-Stiftung Stände errichtet. Die Passanten nehmen alles mit, was ihnen angeboten wird, Broschüren, Aufkleber, Kugelschreiber, Anstecker, Bücher, Zeitungen.

Es herrscht Wahlkampf. Am 18. März soll erstmals die Volkskammer der DDR in freien, gleichen und geheimen Wahlen bestimmt werden. Die Parteien, ob nun gewendet oder neu gegründet, haben die Innenstadt mit Plakaten zugeklebt. Neben der CDU dominieren die Deutsche Soziale Union (DSU) und der Demokratische Aufbruch (DA). Erst wenige Tage zuvor haben die drei Parteien die SED-PDS-geführte Regierung verlassen und treten gemeinsam als Allianz für Deutschland auf.

Inzwischen sind Mauer und Grenzen seit einem Vierteljahr offen. Millionen Ostdeutsche haben im Westen die 100 oder 150 D-Mark Begrüßungsgeld abgeholt. Hunderttausende sind gleich dortgeblieben oder pendeln zum Arbeiten in die Bundesrepublik. Die Mehrheit jener, die in der DDR ausharren, wartet nun ungeduldig darauf, auch ohne Umzug Bundesbürger zu werden, mit allen Rechten und der zugehörigen Währung. »Kommt die D-Mark, bleiben wir – kommt sie nicht, gehen wir zu ihr!«, wurde auf den späten Montagsdemonstrationen gerufen.

Die Wiedervereinigung ist das alles beherrschende Thema des Wahlkampfs. Doch nicht nur die SED-PDS, sondern auch größere Teile der SPD und der Bürgerbewegungen warnen vor Eile. Sie präferieren eine eigenständige, demokratisierte und föderal mit der BRD verbundene DDR. Und sie warnen vor den Folgen einer zu schnellen Vereinigung für das Wirtschafts- und Sozialsystem.

Die Allianz für Deutschland, die in Erfurt ihren Wahlkampf eröffnet, verspricht hingegen eine Turboeinheit ohne Risiken und Nebenwirkungen. Als Hauptredner ist Helmut Kohl angekündigt, Bundeskanzler und CDU-Vorsitzender. Immerhin, seine Partei finanziert den Wahlkampf der Allianz, die sogar alte bundesrepublikanische Slogans recycelt. Die DSU wirbt mit »Freiheit statt Sozialismus«, die CDU mit »Nie wieder Sozialismus«. Dass die DDR-CDU noch wenige Monate zuvor der SED untertan war, wird ebenso verdrängt wie der Verdacht, dass die Partei mit Zuträgern des Ministeriums für Staatssicherheit durchsetzt ist.

Tatsache ist: Parteichef Lothar de Maizière wurde als Inoffizieller Mitarbeiter »mit Feindberührung« geführt. Sein Generalsekretär, der Eisenacher Oberkirchenrat Martin Kirchner, hat über Jahrzehnte als Inoffizieller Mitarbeiter »im besonderen Einsatz« mit Majorsgehalt Kirche und CDU infiltriert. Auch der Thüringer Landesvorsitzende, Uwe Ehrich, arbeitete als Vizedirektor der Wartburg-Stiftung der Stasi zu. Doch das weiß bislang nur die Staatssicherheit. An diesem 20. Februar stehen die drei Männer auf der Bühne in Erfurt neben dem DA-Vorsitzenden Wolfgang Schnur. Der Berliner Rechtsanwalt arbeitet sogar immer noch als IM für das neue »Amt für Nationale Sicherheit«.

Inzwischen hat sich der Platz, den die Abendsonne samt Dom und Severikirche in rötliches Licht taucht, vollständig gefüllt. Aus den Fenstern der Häuser schauen neugierig die Anwohner, selbst auf den Dächern haben sich Dutzende Waghalsige postiert. Insgesamt sind es wohl 100 000 Menschen, die den Kanzler sehen wollen. Hunderte schwarz-rot-goldene Fahnen werden geschwenkt.

Auch Gegner Kohls haben es auf den Platz geschafft. »Helmut, Helmut mir graut vor Dir« steht auf einem Transparent. »Kommt Kohl, kommt Rat, kommt Attentat« auf einem anderen. Aber die Mehrheitsmeinung steht übermächtig gegen sie. Die Menge skandiert »Rote raus! Rote raus! Rote raus!« oder singt »Nieder mit dem roten Pack, nieder mit dem roten Pack!«. Am Rande des Platzes kommt es immer wieder zu Rangeleien, die Polizei wirkt komplett überfordert. In ihrer Rohheit erinnern die Szenen an das Thüringen der Weimarer Republik. Aber sie künden auch von kommenden Ereignissen.

Dann ist der Kanzler da. Während die Blasmusik aufspielt, zwängt sich Kohl, umringt von Leibwächtern, durch die Masse. »Helmut! Helmut!«-Rufe branden auf, durchmischt von Pfiffen und Buhs. Schließlich steht der Kanzler auf der Bühne. »Liebe Mitbürger aus dem Thüringer Land«, ruft er. »Ich bin dankbar, dass uns diese geschichtliche Stunde geschenkt wurde.«

Der promovierte Historiker Kohl weiß um die Bedeutung des Ortes. Mit Bedacht, sagt er, habe er Erfurt als seinen Wahlkampfauftakt gewählt. Die Stadt liege »mitten in Thüringen, mitten in Deutschland und mitten in Europa« und gebe die »deutsche Geschichte in so besonderer Weise« wieder: von Bonifatius, dem »Apostel der Deutschen«, über Luther bis Goethe. »Hier«, ruft er, »muss man nicht begründen, dass wir Deutschen ein Volk sind! Wir wollen ein Deutschland und wir sind ein Deutschland!« Die Sprechchöre echoen: »Deutschland einig Vaterland!«.

Kohl setzt fort: »Ja, wir haben einen schwierigen Weg vor uns. Aber wir werden ihn gemeinsam schaffen.« Es gehe um eine schnelle Währungs-, Wirtschaft- und Sozialunion, es »drängt die Zeit«. Die Menschen verließen täglich zu Zehntausenden die DDR: »Aber wir wollen, dass sie hierbleiben.«

Der Kanzler schmeichelt den Menschen. »Sie sind nicht schuld an der Misere«, ruft er. »Es war ein wahnwitziges Regime, das Sie um die Früchte Ihrer Arbeit betrogen hat. Sie sind genauso fleißig, genauso intelligent und genauso einsatzbereit wie die Menschen in der Bundesrepublik.« Und dann gibt er das Versprechen ab, das ihn den Rest seines Lebens verfolgen wird und das mit der Enttäuschung von Millionen Menschen untrennbar verbunden ist. »Ich bin sicher«, sagt er, »wenn Sie mit einer harten D-Mark kaufen können, was Sie wollen, wenn Sie frei über Ihr Leben entscheiden können, wenn Sie Ihr persönliches Glück finden können, wie Sie dies wollen, dann wird auch dieses Land der DDR, dann wird dieses Thüringen und diese alte Stadt Erfurt genau wie alle anderen Städte in der Bundesrepublik Deutschland ein blühendes Gemeinwesen werden.«

Die Revolution frisst ihre Kinder

Am 18. März 1990 gewinnt die CDU die Volkskammerwahl mit großem Abstand. Während die frühere Blockpartei in der gesamten DDR auf 40,8 Prozent kommt, erreicht sie in Thüringen die absolute Mehrheit. Im Bezirk Gera sind es 48,9 Prozent, im Bezirk Suhl 50,6 Prozent und im Bezirk Erfurt 56,3 Prozent. Gemeinsam mit DSU und DA liegt die Allianz für Deutschland bei 60 Prozent – und dies, obwohl kurz vor dem Wahltag DA-Chef Wolfgang Schnur als Agent der Staatssicherheit enttarnt worden war.

Kurz nach der Wahl wird bekannt, dass die SPD mit Ibrahim Böhme von einem vormaligen Stasi-Mitarbeiter geführt wurde. Aber auch vor dieser Enthüllung fällt ihr Ergebnis deutlich schlechter aus als prognostiziert. In Thüringen liegt die SPD sogar deutlich unter 20 Prozent. Auch die SED, die sich jetzt PDS nennt, schneidet unterdurchschnittlich ab. Während sie republikweit 16,4 Prozent erreicht, sind es im Bezirk Erfurt nur 9,9 Prozent.

Das Bündnis 90, in dem sich Bürgerbewegungen wie das Neue Forum und Demokratie Jetzt zusammengeschlossen haben, erreicht DDR-weit nur etwa zwei Prozent. Die Revolution hat ihre Kinder gefressen – und das einst rote, dann braune und dann wieder rote Thüringen ist plötzlich schwarz. Auch die Kommunalwahlen am 6. Mai 1990 gewinnt die CDU mit mehr als 40 Prozent; die SPD kommt nicht einmal auf die Hälfte davon. Im Ergebnis stellt die Union alle 34 Landräte und die einzige Landrätin und, bis auf eine liberale Ausnahme in Jena, sämtliche Oberbürgermeister.

Gleichzeitig besetzt die CDU als stärkste Partei die ersten Ämter der sich langsam als Land wiederbildenden Region. Da die Bezirkstage seit der Kommunalwahl nicht mehr existieren, wird die Verwaltung von drei Regierungsbevollmächtigten aus der Union geführt. Zum Vorsteher für den größten Thüringer Bezirk Erfurt ernennt Ministerpräsident de Maizière seinen Parteivorstandskollegen Josef Duchač.

In Konkurrenz zu den Runden Tischen, die Bürgerbewegungen und SPD dominieren, lädt CDU-Landeschef Ehrich zum »Politisch Beratenden Ausschuss zur Bildung des Landes Thüringen« und wird sein Vorsitzender. Doch kurz darauf holt ihn seine Vergangenheit ein. Im Sonderausschuss der Volkskammer, der sich unter Vorsitz von Joachim Gauck um die Abwicklung der Staatssicherheit kümmert, ist sein Name auf den IM-Listen aufgetaucht.

Ehrichs Stellvertreterin Christine Lieberknecht nutzt gemeinsam mit anderen Vorstandsmitgliedern und Abgeordneten den Fund, um den Vorsitzenden zum Abgang zu nötigen.[2] Dass der Mann beteuert, nur dienstlich in der Wartburg-Stiftung mit der Staatssicherheit Kontakt gehalten zu haben, lässt sich nicht überprüfen. Seine Akte gilt als nicht auffindbar. Die öffentliche Demütigung bleibt ihm allerdings erspart: Offiziell tritt Ehrich aus gesundheitlichen Gründen ab. Mit dieser Sprachregelung kann auch die Partei den Stasi-Makel vermeiden.

Später wird sich herausstellen, dass Ehrich eher Kontaktperson denn aktiver Mitarbeiter war. Er ist jedenfalls kein Wolfgang Schnur, kein Ibrahim Böhme – und erst recht kein Martin Kirchner. Der CDU-Generalsekretär, der inzwischen in der Volkskammer sitzt, wird bald mit unwiderlegbaren Beweisen enttarnt und seines Amtes enthoben.

So oder so wird beim Thema Stasi nicht differenziert. Im Gegenteil. Der bloße Verdacht reicht, um eine gerade begonnene Karriere wieder zu beenden. So tritt der Thüringer SPD-Vorsitzende Wilfried Machalett vorsorglich zurück, ohne dass die internen Stasi-Vorwürfe öffentlich werden. Sein Nachfolger Bernd Brösdorf wird, nachdem nur Gerüchte wabern, von der Schiedskommission der Landespartei eilig ausgeschlossen. Dass er wenige Monate später rehabilitiert werden muss, nimmt kaum jemand wahr. In ihrer Not importiert die skandalgeschüttelte SPD den nordrhein-westfälischen Fraktionschef Friedhelm Farthmann als Spitzenkandidaten. Er hat keine Stasi-Akte.

Dass jeder Fall einzeln zu betrachten ist, dass oft interessegeleitet denunziert wird und dass in der DDR die SED-Leitungen die Staatssicherheit befehligten: Dies alles wird zumeist ignoriert. Die Stigmatisierung wirkt umso ungerechter, da in anderen Fällen weggeschaut wird. So bugsiert die CDU ungeachtet ihrer Vergangenheit als Blockpartei Mitglieder in führende Positionen. So übernimmt Jörg Schwäblein, der im Erfurter Bezirkstag saß, von Ehrich den Vorsitz des Beratenden Ausschusses und das frühere Kreisratsmitglied Josef Duchač gilt als Landesvorsitzender gesetzt.

Die Absprachen sehen vor, dass Duchač als neuer Parteichef automatisch für Platz eins der Landesliste und als Ministerpräsidentenkandidat nominiert ist. Aber dann kommt auf dem Landesparteitag im Sommer 1990 plötzlich die Demokratie dazwischen: Duchač unterliegt dem populistisch polternden Volkskammerabgeordneten Willibald Böck – und muss sich bei der folgenden Listenabstimmung hinter dem neuen Landeschef auf Platz zwei einordnen.

Doch Stellvertreterin Lieberknecht, die nach Ehrichs Rücktritt die Landespartei kommissarisch geführt hatte, traut Böck das Ministerpräsidentenamt nicht zu. Sie beruft eigenmächtig eine Sitzung des Landesvorstands ein, um das Votum des Parteitags abzuändern. Böck erfährt nur über Umwege von dem Treffen. Als er verspätet erscheint, wird er zum Verzicht auf die Spitzenkandidatur genötigt: Duchač sei seriöser, erfahrener – und wählbarer. Böck beugt sich.

In der Öffentlichkeit stellt er den Verzicht als seine Entscheidung dar. Dass der Vorstand damit die Entscheidung des höchsten Parteiorgans umdreht, wird öffentlich kaum hinterfragt und von der Basis hingenommen. Das Ergebnis dieses zutiefst undemokratischen Akts: Auf den Wahlzetteln im Oktober steht Böcks Name an erster Stelle, aber von den Plakaten lächelt Duchač.

Einheit ohne Vereinigung

Seit dem 1. Juli 1990 wird mit D-Mark bezahlt. Gemäß des »Vertrags über die Schaffung einer Währungs-, Wirtschafts- und Sozialunion zwischen der Bundesrepublik Deutschland und der Deutschen Demokratischen Republik« sind 25 Milliarden D-Mark – das entspricht 600 Tonnen Banknoten und 400 Tonnen an Münzgeld – in Richtung Osten transportiert worden. Nun ist der real existierende Sozialismus endgültig durch den sozialmarktwirtschaftlichen Kapitalismus abgelöst. In diesem Moment, den viele herbeigesehnt und -demonstriert hatten, beginnt aber auch die erste Phase der Transformation.

Dass sich die Preise für viele Lebensmittel verdreifachen, ist noch eine geringere Folge. Denn der Umtauschkurs von eins zu eins – für größere private Bankguthaben von eins zu zwei – hat die Mehrzahl der DDR-Unternehmen plötzlich unwirtschaftlich gemacht. Das tatsächliche Wertverhältnis von DDR-Mark und D-Mark ist bestenfalls eins zu vier. Aber auch die Löhne müssen nun eins zu eins ausgezahlt werden.

Damit explodieren die Produktionskosten. Vor allem die Kunden in Osteuropa und der Sowjetunion können die neuen Valuta-Preise nicht zahlen. Selbst die DDR-Bürger kaufen jetzt, da es in den Läden die Produkte aus der Westwerbung gibt, keine einheimischen Waren mehr. Fernseher, Kühlschänke, Schokolade, Bier, Cola, selbst Milch und Käse werden aus der Bundesrepublik importiert.

»Die Währungsunion versetzte der ostdeutschen Wirtschaft den Todesstoß«, sagt Christa Luft 2023 vor dem Treuhand-Untersuchungs-ausschuss.[3] »Ahnung spielte keine Rolle. Macht spielte eine Rolle.« Natürlich ist ihre Sicht parteiisch: Die SED-Genossin hatte in der DDR eine steile Hochschulkarriere absolviert und amtierte in der Modrow-Regierung als Wirtschaftsministerin. Doch ihre Einschätzung wird auch von westlichen Finanzökonomen geteilt. »Der Wechselkurs, zu dem die Ost-Mark gegen die West-Mark getauscht wurde, entsprach mit Sicherheit nicht den damaligen ökonomischen Realitäten«, beschreibt Bundesbankpräsident Karl Otto Pöhl die »beispiellose Schock-therapie« im Rückblick.[4]

Derlei Einsprüche verhallen auch 1990. Der erste und wichtigste Grund ist: die Abwanderung. Pro Monat ziehen etwa 100 000 Menschen von Ost nach West. Der Exodus ist programmiert: Da die DDR nie von der Bundesrepublik anerkannt wurde, gelten alle Ostdeutschen automatisch als Bundesbürger. Sie müssen sich in der Bundesrepublik nur ihren grünen Pass abholen. Der zweite Grund ist machtpolitisch: Im Oktober sollen die ostdeutschen Landtage gewählt werden. Die Wahl des ersten Bundestags des wiedervereinigten Deutschlands ist für Anfang Dezember terminiert. Auch deshalb puffert die Bundesregierung die Währungsunion mit großzügigen Milliardensubventionen und Übergangsregelungen ab.

Mit dem 1. Juli beschleunigt sich auch die Privatisierung. Bereits die Modrow-Regierung hatte damit begonnen, die Volkseigenen Be-

triebe mittels einer Treuhandanstalt in Kapitalgesellschaften umzu-
wandeln. Inzwischen gehören der Staatsholding etwa 8500 Betriebe
mit mehr als vier Millionen Beschäftigten. Und die Volkskammer
hat der Treuhand per Gesetz die Blankovollmacht zur »Privatisierung und Reorganisation des volkseigenen Vermögens« ausgestellt –
wobei »Reorganisation« auch Zerschlagung oder Abwicklung heißen kann.

Auch die SED, die sich jetzt nur noch PDS nennt, versucht, sich in
den Kapitalismus hinüberzuretten. Ein Großteil ihrer zuvor zwei Millionen Mitglieder ist ausgetreten. Nun beginnt die Partei, ihr von
DDR-Bürgern erwirtschaftetes Vermögen in Höhe von 6,2 Milliarden
DDR-Mark – plus vieler Immobilien und Betriebe – beiseitezuschaf-
fen. Ein dreistelliger Millionenbetrag verschwindet in obskuren Kanälen. Am Ende aber wird die Partei nur ihre zwei Verlage und einige
wenige Immobilien, darunter ein Ferienheim im Thüringer-Wald-Dorf
Elgersburg, behalten dürfen.

Als Parteivorsitzender amtiert seit Dezember 1989 Gregor Gysi.
Der 42 Jahre alte Jurist ist ein schillernder Mann. Als Sohn des hohen
Kulturpolitikers Klaus Gysi war er einer der wenigen Rechtsanwälte
in der DDR mit Einzelzulassung. Er arbeitete dabei eng mit seinen
Berliner Kollegen Lothar de Maizière und Wolfgang Schnur zusam-
men und vertrat Regimekritiker. Auch ihm lässt sich in den Akten des
Ministeriums für Staatssicherheit eine IM-Registratur zuordnen.
Doch wie de Maizière dementiert auch Gysi kategorisch. Eine aktive
Zusammenarbeit lässt sich bis heute nicht gerichtsfest nachweisen.

Pünktlich zur Währungsunion wird der Thüringer Verband der
PDS gegründet. Die erste Landesvorsitzende heißt Gabi Zimmer. Die
studierte Dolmetscherin für Russisch und Französisch hatte zuletzt
im Jagd- und Sportwaffenwerk Suhl gearbeitet – erst als Redakteurin
der Betriebszeitung, dann als Mitglied der SED-Leitung und schließlich ab November 1989 als Parteisekretärin. Die Frau ist eine typische
Vertreterin der neuen PDS-Führungsgeneration: ein Kader aus der

zweiten Reihe, der für das SED-Unrecht nur bedingt mitverantwortlich zu machen ist.

Bodo Ramelow findet schnell Kontakt zur PDS, wenn auch vorerst bloß in seiner Funktion als Gewerkschafter. Die bisherige Staatspartei beschäftigt auch in Thüringen noch Tausende Mitarbeiter, für die der HBV-Funktionär Tarifvereinbarungen und Sozialpläne aushandelt. So müssen etwa die früheren SED-Bezirksverwaltungen mit Fuhrpark und Betriebskantinen aufgelöst werden.

Die PDS bildet mit Teilen der Bürgerbewegung eine Art unfreiwillige Querfront, um das Tempo der Vereinigung abzubremsen. Auch SPD-Kanzlerkandidat Oskar Lafontaine warnt: »Ich habe ja immer wieder gesagt, ökonomische Gesetze gelten auch in der DDR. Wer sie ignoriert, muss dann die Folgen verantworten.«[5] Der Saarländer hat nicht nur wirtschaftspolitische Bedenken, er fremdelt grundsätzlich mit dem Osten. »Von Lothringen habe ich mehr Ahnung als von Thüringen«, sagt er.[6]

Doch die Mehrheit der Bevölkerung der DDR hat sich festgelegt: Sie will die rasche Einheit. Die früheren Besatzungsmächte geben nach einigem diplomatischen Fingerhakeln den Weg frei. Am 12. September wird der Zwei-plus-Vier-Vertrag unterzeichnet. Mit ihm erkennen BRD und DDR die Grenzen nach 1945 an. Gleichzeitig verzichten die vier früheren Besatzungsmächte auf ihre Vorbehaltsrechte. Damit können am 3. Oktober die Länder Thüringen, Sachsen, Sachsen-Anhalt, Mecklenburg-Vorpommern und Brandenburg Teil der Bundesrepublik Deutschland werden.

Formal handelt es sich bei der Wiedervereinigung Deutschlands um einen Beitritt. Grundlage ist Artikel 23 des Grundgesetzes; mit dem schon das Saarland 1956 beitrat. Die verfassungsrechtliche Interpretation von Bürgerbewegten, Linken oder Grünen, dass laut Artikel 146 mit dem Vollzug der Einheit das Grundgesetz durch eine vom Volk verabschiedete Verfassung ersetzt werden müsse, findet kaum Widerhall.

Die Einheit auf Augenhöhe fällt aus. 30 Jahre später werden 83 Prozent der Ostdeutschen sagen, dass die Wiedervereinigung unvollendet sei.[7] »Natürlich erhielten alle Ostdeutschen die Staatsbürgerschaft und das Wahlrecht, aber sie lebten nun in einer Ordnung, die sie nicht mitgestaltet haben und auch erst noch verstehen lernen mussten«, sagt die Historikern Christina Morina 2023 in einem Interview.[8] »Das ist ein Effekt, der übrigens auch auf eingebürgerte Einwanderer zutrifft: Man kann formal alle Rechte haben, aber doch noch weitgehend ausgeschlossen bleiben.«

Doch derlei Bedenken sind 1990 bestenfalls Minderheitsmeinung. Ab dem 3. Oktober gelten auch in Ostdeutschland das Grundgesetz und die meisten anderen Gesetze. Die komplizierten, intransparenten und kaum öffentlich debattierten Übergangsregelungen und Abweichungen regelt der am 20. September von Bundestag und Volkskammer ratifizierte Einheitsvertrag.

Mit der Einheit existiert auch Thüringen wieder offiziell. Mit seinen 2,5 Millionen Einwohnern auf 16 171 Quadratkilometern gehört es zu den kleineren, ländlich geprägten Bundesländern. Doch mit vier Stimmen im Bundesrat besitzt es dasselbe föderale Gewicht wie Sachsen oder Rheinland-Pfalz – und hat eine Stimme mehr als Hamburg, Bremen, Mecklenburg-Vorpommern und das Saarland. Die Grenzen des Landes umfassen die bisherigen Bezirke Erfurt, Gera und Suhl, dazu die Landkreise Altenburg und Schmölln aus dem Bezirk Leipzig und den Landkreis Artern vom Bezirk Halle. Noch ist nicht über die Hauptstadt entschieden, aber sehr viel spricht diesmal für Erfurt.

Thüringen gehört jetzt zu den »neuen Ländern« – im Gegensatz zu den »alten Ländern« der früheren Bundesrepublik. Dass Thüringen eine über Jahrhunderte gewachsene Identität besitzt, dass es nie formal aufgelöst wurde und dass es somit älter ist als Bindestrichländer wie Nordrhein-Westfalen oder Rheinland-Pfalz: Dies alles interessiert im Westen nur wenige. Der Begriff »neue Länder« wird neben »Beitrittsgebiet« und »ehemalige DDR« zum Synonym für Ostdeutschland. Die vier Jahrzehnte eigener Staatlichkeit gelten als geschichtlicher Unfall, als etwas, das ökonomisch, politisch, aber auch kulturell unterlegen war. Die DDR wird orientalisiert. So ahistorisch eine Analogie auch sein mag: Die Abwertung vieler Biografien führt bei den Betroffenen zu einem Gefühl der Kolonisierung.

Der erste Thüringer Landtag: eine Laienspieltruppe

Im Herbst 1990 überwiegt der Optimismus. Am 14. Oktober sind gut zwei Millionen Berechtigte zur Wahl des Thüringer Landtags aufgerufen. Die SPD versucht sich an einer Negativkampagne: »Duchač – ein Mann mit Vergangenheit, aber ohne Zukunft« plakatiert sie. Aber die Taktik geht völlig am Ziel vorbei. Die Menschen wählen nicht Duchačs, sondern Kohls CDU, die in Thüringen am Ende alle 44 Direktmandate gewinnt. Mit 45,4 Prozent der Zweitstimmen fehlt ihr für die absolute Mehrheit im Landtag ein Sitz. Die SPD hat mit ihrem NRW-Import Fahrtmann, der nach dem Wahlabend nicht mehr in Thüringen gesehen wird, nicht einmal die Hälfte erhalten. Die PDS liegt bei knapp zehn Prozent. Für die Bürgerrechtler von »Neues Forum« und »Demokratie Jetzt« reicht es, gemeinsam mit den Grünen, gerade so für die kleinste Fraktion.

Auch die FDP ist mit 9,3 Prozent im Parlament. Als Bonner Koalitionspartner steht sie in Erfurt gerne für die CDU bereit. Dank ihrer neun Mandate ist die schwarz-gelbe Mehrheit komfortabel. Am 25. Oktober 1990 konstituiert sich der Landtag in Weimar. In ebenjenem Theater, in dem die erste deutsche Republik ihre Verfassung verabschiedet und die NSDAP ihre Wiederauferstehung zelebriert hatte, wird der Christdemokrat Gottfried Müller zum Landtagspräsidenten gewählt.

Zwei Wochen später tagt das Parlament regulär in Erfurt – in einem Saal, in dem bis Anfang 1990 der sozialistische Bezirkstag saß.

Dessen einstiges Mitglied Jörg Schwäblein amtiert nun als CDU-Fraktionschef. Josef Duchač wird mit fast allen Stimmen der CDU-FDP-Koalition zum Ministerpräsidenten gewählt. CDU-Landeschef Böck hat sich den Posten des Innenministers gesichert. Darüber hinaus beruft der Regierungschef mehrere Ingenieure, einen vormaligen Schweinemastanlagen-Leiter und einen Arzt ins Kabinett. Die bisherige Pastorin Lieberknecht wird mit gerade einmal 32 Jahren zur Kultusministerin ernannt. Die einzigen aus der DDR stammenden Regierungsmitglieder ohne Blockparteivergangenheit sind Finanzminister Klaus Zeh vom Demokratischen Aufbruch und der liberale Umweltminister Hartmut Sieckmann.

»Ich war darauf vorbereitet«, wird der erste Ministerpräsident Thüringens drei Jahrzehnte später sagen.[9] »Ich wollte das.« Josef Duchač hat eine typische DDR-Nachkriegsbiografie. 1938 als Kind von Sudetendeutschen geboren, wurde er mit der Familie nach Kriegsende aus der Tschechoslowakei vertrieben und wuchs in Gotha auf. Er studierte Chemie und arbeitete sich als Ingenieur in den VEB Gummiwerken Waltershausen zum Betriebsleiter hoch. Der CDU gehörte er seit 1957 an. »Ich kannte viele Gläubige, die teilweise noch aus der alten Zentrum-Partei vor der Nazizeit kamen, und nun versuchten, in der CDU ein wenig unser Leben in der DDR mitzugestalten. Das wollte ich auch.«

Duchač besitzt Ehrgeiz. Seine Anpassung an die realsozialistischen DDR-Verhältnisse, sein Eintritt in eine Blockpartei, die Übernahme diverser Funktionen: Dies alles sollte ihm eine Karriere ermöglichen. »Ich war Mitläufer«, sagt er.[10] Doch der finale Aufstieg blieb ihm in der DDR verwehrt. »Dann war die Stelle des Betriebsleiters zu besetzen, doch man teilte mir mit, dass dafür nur ein SED-Genosse infrage käme.« Nur aus Ärger darüber, sagt er, sei er 1986 in den Rat des Kreises gewechselt. In der Konsequenz dieser Entscheidung ließ er sich im Mai 1989 für den Kreistag aufstellen, als Kandidat der Nationalen Front. Und er rief sogar zur Teilnahme an der Kommunalwahl auf: Sie sei »staatsbürgerliche Pflicht«.[11] Josef Duchač verteidigt heute seine damalige Haltung. Er habe nicht glauben wollen, dass die Wahlergebnisse manipuliert wurden: »Ich hatte ja viel mit den Bürgermeistern und sonstigen Verantwortlichen zu tun, von denen traute ich niemandem eine Fälschung zu.«

Duchač fand schnell in die neue Zeit. Wieder lief er mit. Mitte Oktober 1989 nahm er, eher zufällig, an einer Montagsdemonstration in Leipzig teil. Ein Jahr später ist er Ministerpräsident. Was ihn und seine Minister eint, ist die komplette Ahnungslosigkeit, wie ein Land zu regieren ist. Das Kabinett ist, wie die Zeitungen treffend schreiben, eine »Laienspieltruppe«. Es zeigt sich, was die Thüringer Landespolitik bis heute prägt: Das Reservoir an gleichermaßen unbelasteten, qualifizierten und machtbewussten Menschen ist nach mehr als einem halben Jahrhundert Diktatur ziemlich klein.

Die einzigen Profis hat die hessische CDU geschickt. Der einstige Wiesbadener Oberbürgermeister Hans-Joachim Jentsch wird Justizminister und Ex-Landtagspräsident Jochen Lengemann Minister für besondere Aufgaben. Auf der Ebene der Staatssekretäre und Abteilungsleiter gibt es dagegen fast ausschließlich Westimporte. Die Gesetzentwürfe, die der Landtag im Akkord beschließt, werden von Westbeamten verfasst und folgen in aller Regel den Vorlagen aus Hessen, Rheinland-Pfalz oder Bayern.

Auch baulich ist die Landesregierung ein Provisorium. Die Staatskanzlei von Duchač sitzt im Hochhaus der ehemaligen Bezirksverwaltung Erfurt, gleich neben dem Landtagsgebäude. Der Rest der Ministerien verteilt sich in der Stadt. Das Umweltressort kommt im Haus der Wasserwirtschaft unter und das Agrarministerium im Meliorationskombinat. Kultusministerin Lieberknecht teilt sich mit zwei Kabinettskollegen das vormalige Kreisamt der Volkspolizei.

Kundige Beamte sind ebenso rar wie Telefonleitungen, Kopiermaschinen oder Faxgeräte. Dennoch sollen Landtag, Regierung und Verwaltung jetzt binnen weniger Monate das bewältigen, wofür westdeutsche Länder Jahrzehnte benötigten: rechtliche Grundlagen schaffen, Behörden aufbauen, Hochschulen und Schulen reformieren. Nebenbei sind noch die gebeutelte Wirtschaft zu retten, die Massenarbeitslosigkeit aufzuhalten und die Abwanderung auszubremsen. Gleichwohl erhöhen Kohl und seine Partei die Erwartungen sogar noch. Schließlich ist Bundestagswahlkampf. Die Thüringer CDU kann am 2. Dezember 1990 ihr Landtagswahlergebnis sogar noch ausbauen und stellt damit alle direkt gewählten Bundestagsabgeordneten im Land.

Ossis gehen, Wessis kommen

Doch die Entscheidungen fallen zumeist nicht in Thüringen. Mit dem Beitritt zum Bundesgebiet hat das Land nicht bloß das rechtliche, soziale und ökonomische System des Westens übernommen, sondern auch dessen sämtliche Institutionen – von denen sich keine einzige im Osten befindet. Bundestag, Bundesregierung und Bundesrat sitzen in Bonn. Das Bundesverfassungsgericht befindet sich in Karlsruhe und die Bundesbank in Frankfurt am Main. Auch alle Bundesbehörden operieren von Westdeutschland aus.

Gleichzeitig beginnt ein Elitenaustausch, für den es in der Geschichte kein Beispiel gibt. Ob nun in Ministerialverwaltungen und großen Unternehmen, in Gerichten und Staatsanwaltschaften, in Zeitungsverlagen und im Rundfunk, in Universitäten und Hochschulen: Das Personal des größeren, reicheren und erfolgreicheren Teils von Deutschland übernimmt die Führung des kleineren Teils. Und dabei bleibt es auch. Noch ein knappes Vierteljahrhundert später sind gerade einmal acht der 33 Abteilungsleiter in den Thüringer Ministerien gebürtige Ostdeutsche.[12] Nach über dreißig Jahren stammt nur die Hälfte des Spitzenpersonals der Ministerien und nachgeordneten Behörden aus Ostdeutschland. Im Justizbereich ist es aktuell sogar bloß ein knappes Viertel.[13]

Gleichzeitig pumpt die Bundesrepublik Abermilliarden D-Mark in Banken, Unternehmen und Sozialkassen im Beitrittsgebiet. Bis zum Jahr 2020 werden 1,6 Billionen Euro von West gen Ost transferiert. Darüber hinaus erhält der Osten viele Milliarden aus europäischen Struktur- und Sozialfonds, die wiederum zum größeren Teil aus dem Etat des EU-Mitgliedlands Deutschland stammen. Für die Zuwendungen und Hilfen erwarten die Westdeutschen Dankbarkeit. Nur wenige reflektieren ihre privilegierte Situation. Ihr Respekt gegenüber dem Osten beschränkt sich auf die Legende der friedlichen Revolution und besitzt oft genug eine hörbar paternalistische Note.

Die Wiedervereinigung markiert den Beginn eines gegenseitigen Missverständnisses. Denn die meisten Ostdeutschen schätzen die neuen Freiheiten. Sie genießen die Vorteile des Rechtsstaats, die Öffnung zur Welt, den Zuwachs an Konsum und Wohlstand. Und ja, sie sind dankbar dafür.

Was viele aber auch erfahren müssen, ist der Verlust ihres Arbeitsplatzes und – wichtiger noch – ihres bisherigen Status. Sie hatten einen respektierten Beruf, waren Brigadier, Hebamme, Ingenieur, Funktionär, Dozentin, Facharbeiter oder Chefsekretärin mit einem sicheren Auskommen. Jetzt müssen sie umschulen, in den Westen pendeln oder umziehen, um ihre schiere Existenz zu erhalten. Sie erleben, dass ihre Abschlüsse nicht oder nur bedingt anerkannt werden und dass sie als mutmaßliche Mitläufer unter Generalverdacht stehen.

Dagegen steht die Ignoranz vieler Westdeutscher, die das Reden über Abwertung und Diskriminierung als Jammern abtun. Sie wissen nicht einmal, dass der 1991 eingeführte Solidaritätszuschlag nicht direkt an den Osten überwiesen wird, sondern erst einmal im Gesamthaushalt des Bundes aufgeht – und dass der Beitrag selbstverständlich auch von allen ostdeutschen Steuerzahlern zu entrichten ist.

Währenddessen wird kaum thematisiert, wie sehr der Westen von der Vereinigung profitiert. Die Bundesrepublik überwindet 1990 ihre lähmende Rezession, weil im Osten ein schier unersättlicher Absatz-markt entsteht. Die neuen Bundesbürger setzen den größten Teil ihrer D-Mark in Westprodukte um, in Autos, Kühlschränke, Fernsehgeräte, Baumaterialien, Lebensmittel. Während der Osten in die Wirtschafts-krise rutscht, beginnt im Westen der Wiedervereinigungsboom.[14] Hinzu kommt, dass dort die Lücken im Arbeitsmarkt mit gut ausge-bildeten und hochmotivierten Fachleuten aus dem Osten geschlossen werden. Sie arbeiten für Einstiegsgehälter in der Industrie, im Hand-werk oder im Dienstleistungssektor.

Allein 1989 und 1990 ziehen etwa 800 000 Menschen aus der DDR in den Westen. Es geht vor allem der junge, gebildete und mobile Teil. Insgesamt verlassen in den ersten drei Jahrzehnten nach 1990 etwa 3 680 000 Menschen Ostdeutschland Richtung Westen.[15] In die Gegen-richtung zieht es 2 450 000 Westdeutsche, von denen wiederum viele Führungspositionen in Politik, Verwaltung und Wirtschaft überneh-men. Sie siedeln sich eher in städtischen als in ländlichen Regionen an. Unterm Strich beträgt der ostdeutsche Wanderungsverlust gut 1,2 Millionen Menschen. In Thüringen sind es 310 000.

»In der ostdeutschen Wirtschaft muss auch mal Blut fließen«

Nicht nur dass viele jungen Frauen gen Westen gehen: Die Zahl der Geburten pro Frau halbiert sich binnen weniger Jahre.[16] Agrargenos-senschaften, die sich aus den LPG gebildet hatten, gehen pleite. Die Treuhand zerteilt, privatisiert oder schließt die einstigen Kombinate und VEB im Akkord.

Noch im Vereinigungsjahr 1990 sinkt in Ostdeutschland die Zahl der abhängig Erwerbstätigen um 1,6 Millionen oder 18 Prozent. In Thüringen ist der Rückgang mit 21 Prozent am höchsten.[17] Im Durch-schnitt des Jahres 1991 werden dann etwa 150 000 Arbeitslose in Land registriert. Doch die Zahlen überdecken die Tiefe des Einschnitts.

Denn zusätzlich zu den Arbeitslosen befinden sich rund 80 000 Menschen in Arbeitsbeschaffungsmaßnahmen,[18] weitere 167 000 haben eine Weiterbildung beginnen müssen.

»In der ostdeutschen Wirtschaft muss auch mal gestorben werden«, sagt Anfang 1991 der Staatssekretär im Bundesfinanzministerium, Horst Köhler, im Präsidialausschuss der Treuhandanstalt. »Da muss auch mal Blut fließen.«[19] In Thüringen sieht das dann so aus: Die Eisenacher Wartburg-Werke entlassen 5000 ihrer 7000 Mitarbeiter. Robotron Sömmerda baut die Hälfte seiner 13 000 Mitarbeiter ab. Bei Carl Zeiss werden 15 000 Menschen arbeitslos.

Dabei ist der finale Einschlag politisch verzögert worden. Mit dem 1. Juli 1991 laufen sowohl der tariflich vereinbarte Kündigungsschutz für die Beschäftigten der früheren DDR-Betriebe als auch die im Einigungsvertrag festgelegte Warteschleife für ehemalige Staatsbedienstete aus. Der Stichtag bedeutet darüber hinaus automatisch das Aus für alle Kurzarbeiter, die jetzt auf »Null-Stunden« gesetzt werden.[20] Spätestens jetzt laufen die Arbeitsämter über.

Ministerpräsident Duchač wirkt hilflos. Er muss dabei zusehen, wie westdeutsche Unternehmer die Betriebe billig von der Treuhand kaufen – und sie dann dichtmachen. Von einem Fall wird er später erzählen: »Es gab die vertragliche Verpflichtung, eine gewisse Zahl an Arbeitsplätzen zu erhalten. Aber daran hat sich der neue Besitzer nicht gehalten, er hat einfach alle Leute entlassen.« Also habe er, der Regierungschef, in dem Unternehmen angerufen und sich empört. Doch der Geschäftsführer antwortete nur: »Die Vertragsstrafe ist für mich billiger, als die Arbeitsplätze zu erhalten. Ich habe bei mir im Stammwerk so viele freie Kapazitäten, ich mache das bisschen, was ihr hier produziert, lieber selber.«[21]

Neue Klein- und Kleinstfirmen entstehen vor allem im Handel- und Dienstleistungsbereich. Aber auch hier sind es hauptsächlich westdeutsche Ketten, die Supermärkte oder Filialen eröffnen sowie die alten Konsum- und HO-Läden übernehmen oder verdrängen.

Das Autogeschäft boomt: Jede Kleinstadt verfügt plötzlich über mehrere Fahrschulen und Gebrauchtwagenhändler. Dass in Deutschland 1991 etwa 1,2 Millionen Autos mehr verkauft werden als im Jahr zuvor,[22] liegt insbesondere an den Ostdeutschen.

Die ostdeutsche Gesellschaft teilt sich in Gewinner und Verlierer. Mobile, eher jüngere Ostdeutsche mit einer kaum kompromittierten Vergangenheit und einer westkompatiblen Ausbildung haben die besten Chancen – und nutzen sie oft auch. Deutlich weniger Optionen besitzen Menschen jenseits der 50, die Jahrzehnte in einem VEB arbeiteten, womöglich in der SED waren und nicht so einfach den Ort wechseln können. Sie sind auch auf dem westdeutschen Arbeitsmarkt nicht gefragt.

Die Gewinner-, aber auch die Verlierergeschichten werden sich auf die nächsten Generationen übertragen. Kinder erfahren die Arbeitslosigkeit von Mutter und Vater als eigenes Trauma. Nach den Jahren von Diktatur, Indoktrination und Mangel beginnt nun für viele Junge eine Zeit der Unsicherheit, mit Umzugen, ständig wechselnden Unterrichtsplänen und Lehrern – und Eltern, die damit beschäftigt sind, sich auf die neue Zeit einzustellen. Nicht nur an den Schulen herrscht Anarchie, die zu Gewalt und Ausgrenzung führt.

Das kollektive Enttäuschungsgefühl wird lange nachwirken. Zumindest für jene, die Arbeitsplatz oder Status einbüßten, ist das von Helmut Kohl gegebene Glücksversprechen schon bald gebrochen. Als der Kanzler Anfang April 1991 Erfurt besucht, gibt es neben Zuspruch vor allem viel Protest. Eier werden auf Kohl geworfen. Wenige Woche später, bei einem Auftritt in Halle, treffen sie ihn.

Immerhin können Duchač und Kohl einen wichtigen Erfolg für Thüringen verkünden. Sie haben General Motors mit viel Fördergeld dazu gebracht, in Eisenach ein Opel-Werk zu bauen. Der Betrieb gibt ab 1992 etwa 2000 verbliebenen Wartburg-Beschäftigten Arbeit und wird Zulieferindustrie anziehen. Als wichtige Entscheidung erweist sich auch der Import von Lothar Späth. Der Ex-Politiker, der in Baden-Württemberg wegen einer Reiseaffäre als CDU-Ministerpräsident zurückgetreten war, erhält von der Treuhand 3,6 Milliarden D-Mark, um Carl Zeiss in Jena zu sanieren. Die erstaunlich hohe Summe ist schnell ausgegeben: Mit 990 Millionen D-Mark werden Altschulden beglichen, 800 Millionen gehen in Abfindungen und Sozialpläne – und 600 Millionen an Zeiss Oberkochen, damit der Westkonzern in der Jenaer Zweigstelle 2800 Arbeitsplätze erhält.[23] Aus den Resten des Altwerks und strategischen Zukäufen formt Späth die Jenoptik AG, die neben der Universität den Kern für die ostdeutsche Boom-Stadt Jena bilden wird – aber das kann nichts daran ändern, dass am Ende mehr als zwei Drittel der einst 32 000 Zeissianer ihre Arbeit verloren haben.

Bis heute ist Jenoptik mit weltweit 4500 Mitarbeitern und einem Jahresumsatz von etwa einer Milliarde Euro das einzige ostdeutsche Unternehmen im M-Dax. Die anderen großen Unternehmen im Beitrittsgebiet haben ihre Zentralen im Westen – was dort, so besagt eine Studie, zu einer hohen Konzentration des bisherigen ostdeutschen Eigentums am produktiven Vermögen führt.[24] Und: Vermögen bedeutet Kontrolle.

Während die Profite und Steuereinnahmen größtenteils im Westen landen, verlieren nach 1990 vier von fünf Ostdeutschen ihren Job oder wechseln ihren Arbeitsplatz. Wenn sie denn neue Stellen finden, dann eher in kleinen Firmen im Dienstleistungssektor, im öffentlichen Dienst – oder im Westen. Hatten in der DDR noch drei Viertel der Beschäftigten in Großbetrieben gearbeitet, ist es 1992 nur noch eine kleine Minderheit.[25]

Überforderung eines Ministerpräsidenten

Das Kabinett Duchač taumelt durch die Nachwendezeit. Die FDP tauscht im September 1991 spontan ihren überforderten Wirtschaftsminister aus. Innenminister Böck wird von einer Serie an Polizeiskandalen heimgesucht. Und Kultusministerin Lieberknecht muss das DDR-Schulsystem binnen eines halben Jahres komplett umstellen. Nebenher entlässt sie Hunderte Pädagogen, die als politisch belastet gelten.

Hunderttausende Schülerinnen und Schüler, die bislang bis zur 10. Klasse gemeinsam lernten, um dann an Berufsschulen oder Erweiterte Oberschulen zu wechseln, beginnen das Schuljahr 1991 an neuen Grundschulen, Regelschulen oder in Gymnasien und sehen sich einer völlig neu zusammengewürfelten Besetzung von Lehrern gegenüber. Die Klassen in den Regelschulen sind halbleer, weil die meisten Eltern versuchen, ihre Kinder in den Gymnasien unterzubringen, obwohl dort das neue Kurssystem die Verwirrung komplettiert. Der Protest wächst. Lehrer, Schüler und Eltern demonstrieren gemeinsam vor dem Landtag, die Opposition aus SPD und PDS stellt gleich mehrere Entlassungsanträge gegen Lieberknecht.

Auch der Ministerpräsident gerät in die Defensive. Immer mehr Zeitungs- und Fernsehredaktionen beginnen über Duchačs DDR-Vergangenheit zu berichten – und zu richten. Thematisiert wird nicht nur seine einstige Funktion im Rat des Kreises und die Propagandarede zu den Kommunalwahlen 1989. Es geht auch um seine Auftritte mit einer Folkloretruppe in einem Heim des Ministeriums für Staatssicherheit.

Nicht alles daran ist falsch. Ja, es stimme, sagt Duchač in einer Debatte des Landtags, er sei mit einer Volksmusik-Gruppe im sogenannten Stasi-Heim »Magnus Poser« in Friedrichroda aufgetreten. »Ich kann nicht mehr mit Sicherheit sagen, wie viele Male, da ich es nicht regelmäßig gemacht habe. Aber nach einiger Zeit wurde ich dann zu dem Heimleiter bestellt und dann wurde mir Hausverbot erteilt, und das erscheint mir wichtiger als die Tatsache, dass ich mit dem Ensemble dort ein paar Mal aufgetreten bin. Ich durfte dann dort nicht mehr rein.«[26] Doch mit dieser Differenzierung dringt er nicht durch. Fortan nennt ihn »Der Spiegel« nur noch den »Stasi-Clown«. Der Name bleibt bis heute an ihm kleben.

Es trifft nicht nur Duchač. Im Sommer tritt der Sachsen-Anhalter Ministerpräsident Gerd Gies zurück. Im Herbst gibt Lothar de Maizière sein Amt als Vizebundesparteichef nebst Bundestagsmandat ab. Auch der sächsische Landesparteichef Klaus Reichenbach, der in der DDR im Hauptvorstand der Blockpartei saß, scheidet aus seinen Ämtern.

Auf dem Dresdner CDU-Bundesparteitag im Dezember 1991 wird Duchač von den wenigen Ex-Bürgerrechtlern der Partei, unter anderem Innenminister Heinz Eggert, wegen der »Clowns-Affäre« attackiert. Es liegt in der Luft: Duchač wird bald Vergangenheit sein. Die Zukunft gehört anderen: Neben Bundesfamilienministerin Angela Merkel wird Christine Lieberknecht anstelle von de Maizière und Reichenbach ins Bundespräsidium gewählt. Die beiden Frauen verbindet Alter, Intelligenz, Machtinstinkt, aber auch ihre DDR-Vergangenheit als Pastorentöchter mit FDJ-Funktionen.

Derweil sondieren in Dresden mehrere Thüringer CDU-Funktionäre die Nachfolge Duchačs. Landesparteichef Böck, der einen westdeutschen Patriarchen wie den sächsischen Ministerpräsidenten Kurt Biedenkopf sucht, spricht Bernhard Vogel an. Der Ex-Regierungschef von Rheinland-Pfalz, der 1988 von der eigenen Landes-CDU gestürzt wurde, amtiert inzwischen als Vorsitzender der Konrad-Adenauer-Stiftung. Ob er sich vorstellen könne, noch einmal Ministerpräsident zu werden, fragt ihn nun Böck.

Vogel ist knapp 60 und hat mit seiner politischen Karriere abgeschlossen. Zudem kann er ganz persönlich nachvollziehen, wie sich Duchač fühlen muss. Andererseits: Er könnte sein Image als Gescheiterter korrigieren. Und er ist Berufspolitiker genug, um keine Option auszuschließen. Deshalb ist seine Antwort an Böck kein Ja – aber auch kein definitives Nein.

Der Putsch

Duchačs Unterstützung im Erfurter Landtag erodiert. Allein der Kanzler, der unbedingt Neuwahlen in Thüringen verhindern will, scheint noch offensiv zum Ministerpräsidenten zu halten: Er ermuntert ihn in mehreren Gesprächen zum Durchhalten.

Dann ist Weihnachten. Zwischen den Feiertagen treffen sich die Abgeordneten und Kabinettsmitglieder der CDU in diversen Runden, um die Nachfolge zu planen. Der Ministerpräsident wiederum plant seine Selbstbefreiung. Er hat vor, Lieberknecht in ein neues Familienministerium abzuschieben und den Eichsfelder Landtagsabgeordneten Dieter Althaus zum Schulminister zu machen. Seinen aus Hessen importierten Staatskanzleiminister Lengemann will er entlassen.

Doch bevor er handeln kann, stehen die Pläne in der Zeitung.[27] Duchač versucht ein Dementi, aber seine Gegner sind alarmiert. Nachdem der Ministerpräsident zur Agrarausstellung »Grüne Woche« nach Berlin abgereist ist, entschließen sich Lieberknecht und Lengemann zum taktischen Rücktritt – und überreden Finanzminister Zeh, es ihnen gleichzutun.

Die Nachricht vom Putsch erreicht den Ministerpräsidenten mit einiger Verspätung in Berlin.

Er lässt sich nach Erfurt fahren, doch es ist zu spät. Die Minister treten zurück, danach verliert er die Vertrauensabstimmung in der Fraktion. Noch am Abend des 23. Januar unterzeichnet Duchač seine Rücktrittsurkunde. Danach ruft er den Kanzler an, der zu ihm sagt: »Das macht man nicht.«[28]

Kohl fürchtet den Machtverlust der CDU. Die SPD bereitet einen neuen Misstrauensantrag gegen die gesamte Landesregierung vor – und die FDP stellt dem größeren Partner ein Ultimatum. Bis zur nächsten regulären Landtagssitzung, dekretiert sie, habe die CDU einen für die Liberalen akzeptablen Kandidaten zu nominieren. Ansonsten müsse das Parlament aufgelöst werden.

Die CDU sucht nun immer verzweifelter nach einem vorzeigbaren Westprofi. Lieberknecht versucht Justizminister Jentsch zu überreden, aber der will nicht. Fraktionschef Schwäblein fährt nach Göttingen, um Bundestagspräsidentin Rita Süßmuth zu überzeugen. Andere in der Landespartei reden mit Bundesumweltminister Klaus Töpfer und Ex-Parteigeneralsekretär Heiner Geißler. Und Böck telefoniert mit Vogel.

Auch der Kanzler hat einen Favoriten. Er will den Mainzer Ex-Minister Rudolf Geil nach Erfurt schicken. Töpfer und Süßmuth kann er nicht leiden – und Geißler hasst er. Schließlich hatten alle drei auf dem Bremer Parteitag 1989 gegen ihn konspiriert. Und Bernhard Vogel? Kohl hatte ihm schon 1976 nicht zugetraut, das Amt des Ministerpräsidenten in Mainz zu übernehmen. Und er stellt ganz grundsätzlich seine Autorität infrage.[29] Vogel rekapituliert das entscheidende Gespräch mit Kohl so: »Wir waren uns beide einig, dass ich das nicht machen sollte. Ich hatte meine Aufgabe an der Spitze der Stiftung, die mit dem Fall der Mauer noch einmal deutlich größer geworden war.«[30]

Am Montag, dem 27. Januar 1992, versammeln sich die Thüringer Protagonisten Böck, Lieberknecht und Schwäblein im Kanzleramt in Bonn. Auch der geschäftsführende Ministerpräsident Duchač ist angereist. Kohl versucht schon seit einer Weile vergeblich, für Rudi Geil zu werben, als die Chefsekretärin Juliane Weber noch einen Gast ankündigt: Rita Süßmuth warte im Vorzimmer.

Kohl wirkt sauer. »Wie kommt die denn hierher«, fragt er in die Runde.[31] Landtagsfraktionschef Schwäblein muss zugeben, Süßmuth herbeigebeten zu haben. »Wer sie bestellt hat, schickt sie auch wieder weg«, befiehlt der Kanzler. Er hat nun genug von dem Thüringer Personaldurcheinander: »Kinder, das wird alles nichts, ich rufe den Bernd an.«

Das Telefonat verändert die Thüringer Geschichte. Vogel wird dem Land eine Dekade der Stabilität bringen und die Landes-CDU bis in die Gegenwart prägen. Die Phase wird gleichwohl zu kurz sein, um eine starke Mitte zu schaffen und die Polarisierung aufzulösen.

Aber das weiß Bernhard Vogel im Januar 1992 alles nicht. Er befindet sich in München bei einer Tagung der CSU-nahen Hans-Seidel-Stiftung. Es ist um die Mittagszeit, er löffelt gerade seine Suppe in einer Schankwirtschaft, als dort das Telefon klingelt. Das Kanzleramt ist dran. Eine Kellnerin ruft den Gesuchten laut aus: »Hoast hia oana Vogel?«

4
Vogels großes Abenteuer

Speyer, 6. Dezember 2022. In der Krypta der Domkirche St. Maria und St. Stephan liegen ein halbes Dutzend Kaiser und Kaiserinnen beieinander, der Konrad, drei Heinriche, die Bertha und die Gisela, dazu einige Könige und Bischöfe.

Zehn Fußminuten entfernt, in einem Park nahe dem Hauptbahnhof, steht hinter einem Gitter ein schlichtes Holzkreuz. Hier ist Helmut Kohl beerdigt. Das Grab des Kanzlers der Einheit, des Vaters des Euro und des Hüters schwarzer Parteikassen ist ein Politikum. Die Frau, die Kohl nach dem Suizid von Frau Hannelore heiratete, liegt noch immer im erbitterten Streit mit den Söhnen des Ex-Kanzlers.

Unweit von Krypta und Kanzlergrab, in einem ruhigen Wohngebiet Speyers, lebt der Mann, der Kohl einst ein politischer Wegbegleiter war und auch ein Freund. So wie der eine das geeinte Deutschland repräsentiert, so steht der andere für die föderale Fusion. Als der einzige Ministerpräsident, der sowohl ein westdeutsches als auch ein ostdeutsches Bundesland regierte, sieht er sich selbst als »ein Unikat«.[1]

Kaum ist die Klingel über der Inschrift »DR. B. VOGEL« gedrückt, öffnet sich die große, schmiedeeiserne Tür. Da steht der doppelte Regierungschef a.D.: »Aber kommen Sie doch herein!«[2] Bernhard Vogel trägt ein graukariertes Hemd zur weiten Anzughose. Auf der Stirn, unterhalb des weißen Haars, ist eine Wunde zu sehen. Ach, sagt er, nur ein kleiner Sturz in der Wohnung, »ich bin ja leider keine 80 mehr«. Er lacht.

Das Wohnzimmer wird vom Flur durch ein Bücherregal getrennt, dessen Inhalt wiederum dem Kanon der alten Bundesrepublik folgt: Böll, Grass, Frisch. An den Wänden hängen Ölgemälde und alte Landkarten. Teurer Porzellannippes steht herum, Putten, Soldaten, Blumenmädchen, vor allem aber Engel.

Vogel ist Katholik. Mit Mitte 30 leitete er den Deutschen Katholikentag, später amtierte er als Präsident des Zentralkomitees der deutschen Katholiken. Er betrachtet seine Arbeit für die Demokratie als Christenwerk. In einer Rede im Kloster Eberbach sagte er einmal: »Der Sieg des gesunden Menschenverstands und der Sieg christlicher Werte führten zum Sieg des bürgerlichen Gesellschaftsmodells.«[3]

Auf dem Glastisch im Wohnzimmer liegt ein Adventskranz mit dicken roten Kerzen. Es ist Nikolaus, wenige Tage vor Vogels neunzigstem Geburtstag. An jedem 6. Dezember, sagt er, müsse er immer an die Luftangriffe 1944 in Gießen denken. Elf Jahre war er damals alt. »Ich erinnere mich, wie wir eng aneinandergeschmiegt im Dunkeln saßen. Wir fürchteten, verschüttet zu werden.«

Doch Vogel überlebte. Nach seinem Studium der Politikwissenschaft und einer Promotion in Heidelberg bei Dolf Sternberger trat er in die CDU ein, engagierte sich in der Kommunalpolitik und wurde 1965 in den Bundestag gewählt. Nur zwei Jahre später aber beorderte der rheinland-pfälzische CDU-Landeschef Helmut Kohl, der bald darauf auch das Amt des Ministerpräsidenten übernahm, den Abgeordneten wieder aus Bonn zurück. In Mainz wurde ein Kultusminister gebraucht. »Wenn jemand wie Kohl mich auffordert – ja, dann sollte man nicht das Hasenpanier ergreifen«, sagt Vogel. Als sein Förderer 1976 den Bundesparteivorsitz übernahm und als Kanzlerkandidat antrat, wurde er sein Nachfolger.

Parallel dazu, auch das gehört zum Unikat Vogel, stieg sein älterer Bruder Hans-Jochen zum wichtigsten Sozialdemokraten der Republik auf. 1983 trat der erfolglos als Kanzlerkandidat gegen Kohl an, führte danach die SPD-Fraktion im Bundestag und die Partei. Die Gebrüder

Vogel repräsentierten damit das Modell der pluralen Demokratie, die Wettbewerb und Kooperation vereint. Was sie noch am stärksten trennte, war ihre Haltung zum Sozialismus – und zur DDR. Unter Hans-Jochen Vogel hatte die SPD im Sommer 1987 ein gemeinsames Papier mit der SED vorgestellt. Darin wurde die deutsche Teilung hingenommen: »Unsere Hoffnung kann sich nicht darauf richten, dass ein System das andere abschafft. Sie richtet sich darauf, dass beide Systeme reformfähig sind.«[4]

Bernhard Vogel hingegen attackierte die Ostberliner Führung hart. Die DDR reagierte, indem sie ihn Anfang der 1980er Jahre an der Einreise hinderte. Doch die Sanktion hielt nur kurz, mehrfach gelangte Vogel auch nach Erfurt und Weimar, wo er im Hotel »Elephant« übernachtete. Die Staatssicherheit führte minutiös Protokoll und stellte fest, dass er ein »Arbeitstier« sei und nur »vier bis fünf Stunden Schlaf täglich« benötige.[5]

1987 besuchte Vogel dann doch, so wie viele andere, Erich Honecker in Ost-Berlin. Im selben Jahr begann seine Position daheim in Mainz zu erodieren. Zuvor hatte er bei zwei Wahlen die absolute Mehrheit der CDU verteidigen können. Nun musste er nach der Landtagswahl 1987 seine Macht mit der FDP teilen. Im Ergebnis entwickelte sich eine innerparteiliche Revolte, die zu seiner Abwahl als Landesvorsitzender führte. In der Folge trat er als Ministerpräsident zurück. Seine berühmten letzten Worte: »Gott schütze Rheinland-Pfalz!« Auch mehr als drei Jahrzehnte später, am Kaffeetisch in Speyer, hallt die Demütigung noch nach. »Es war mein persönlicher Tiefpunkt«, sagt Vogel. »Ich brauchte sehr lange, um aus diesem Tal wieder herauszufinden.«

Dann kam Thüringen. »Ich empfand es als meine Pflicht, mich dieser Aufgabe zu stellen«, sagt er. Und ja, auch das, er empfand »etwas Genugtuung«. Er habe sich gesagt: »Die CDU in Rheinland-Pfalz wollte dich nicht mehr als Ministerpräsident – dann wirst du es eben in einem anderen Land.«

Affären und Rücktritte

Am 27. Januar 1992 lässt sich Bernhard Vogel von München nach Erfurt fahren. Es ist schon dunkel, als ihn der Thüringer CDU-Vorsitzende Willibald Böck mit Fraktionschef Jörg Schwäblein an der Autobahnausfahrt Erfurt-Ost erwartet. Sie lotsen den künftigen Ministerpräsidenten ins Gästehaus der Landesregierung. Die Villa protzt äußerlich mit barocken Verzierungen und Türmchen, verströmt aber im Innern realsozialistische Tristesse. Vogel hatte eigentlich nur eine Tagesreise geplant und nicht einmal eine Zahnbürste dabei.

Gegen Mitternacht wird er in die Sondersitzung der Fraktion gebeten. Er stellt sich kurz vor und wird nahezu einstimmig nominiert. Auch die FDP erklärt sich einverstanden. Damit steht die Mehrheit im Landtag. Am 5. Februar 1992 ist Bernhard Vogel zum thüringischen Ministerpräsidenten gewählt.

»Es war ein Abenteuer«, sagt Vogel,[6] dessen Ausmaß er »Gott sei Dank« nicht gekannt habe: »Sonst wäre ich es vielleicht nicht eingegangen.« Denn noch sieht sich der neue Regierungschef ausdrücklich als Mann des Übergangs bis zur Landtagswahl 1994. Sein Kabinett verändert er in etwa so, wie es Duchač vorhatte: Er ersetzt den Hessen Lengemann durch Franz Schuster, einen Vertrauten aus der Adenauer-Stiftung. Und er schiebt Lieberknecht in ein neu geschaffenes Europa- und Bundesratsressort ab.

Neuer Kultusminister wird der frühere Physik- und Mathematiklehrer Althaus. Der Mann ist, so wie seine Amtsvorgängerin, erst 33 Jahre alt und war schon vor der Wende CDU-Mitglied. Auch er hatte sich in der DDR angepasst. Als stellvertretender Schulleiter der Dorfschule im eichsfeldischen Geismar zeichnete er für die Organisation der Wehrerziehung mitverantwortlich. Ab 1988 saß er für die CDU im Bezirksausschuss für die sozialistische Jugendweihe. Und noch im Frühjahr 1989 wurde er für seine »hervorragenden Leistungen bei der kommunistischen Erziehung in der Pionierorganisation Ernst Thäl-mann« ausgezeichnet.

Doch Althaus ist, so wie Vogel, römisch-katholisch und ein regel-mäßiger Kirchgänger. Und er hat sich besonders schnell und konse-quent gewendet. Im Oktober 1989 organisierte er die erste Demonstra-tion in Heiligenstadt mit, saß am Runden Tisch und wurde Anfang 1990 zum Kreisschulrat berufen. Von da an gab es keine FDJ, Jugendweihe, Staatsbürgerkunde und Wehrlager mehr. Im Oktober 1990 wurde Alt-haus in den Landtag gewählt. Sein Erststimmenergebnis war Thürin-genrekord: 71,6 Prozent.

Zwischen Vogel und ihm wächst bald eine strategische Freund-schaft. Dem Ministerpräsidenten steht sein rheinland-pfälzisches Trauma und der Sturz von Duchač vor Augen, weshalb er seinen Kul-tusminister zu einem möglichen Nachfolger aufbaut. Rasch wird Alt-haus zum stellvertretenden CDU-Landesvorsitzenden gewählt, wofür erneut Lieberknecht weichen muss.

Neben Staatskanzleiminister Schuster bringt Vogel nur noch den neuen Regierungssprecher mit. Sein Motto: »So viele Westdeutsche wie nötig, aber so viele Ostdeutsche wie möglich.«[7] Gleichwohl setzt sich der Elitenaustausch ungebremst fort. Doch nun ist allein Rhein-land-Pfalz Referenzmodell für den Aufbau der Thüringer Verwaltung. Hessen und Bayern haben ausgedient.

Vogel erfüllt größtenteils die Erwartungen. Doch die politische Lage bleibt fragil. Ab Mai 1992 gerät der CDU-Chef und Innenminister Willibald Böck in Verdacht, illegale Spenden in fünfstelliger D-Mark-Höhe angenommen zu haben. Das Geld soll von einem hessischen Unternehmer stammen, der an Konzessionen für die neuen Raststät-ten an den Thüringer Autobahnen interessiert ist. Die Staatsanwalt-schaft ermittelt zudem gegen Böck wegen des Verdachts der Vorteils-nahme und Bestechung.

Kurz darauf wird bekannt, dass auch der Gesundheitsminister seinen Dienstwagen an einen Parteikollegen für einen Freundschaftspreis verkauft hatte. Ein früheres Erfurter Hotel, das sich einst in Volkseigentum befand, vermittelte er an einen früheren Stasi-Spitzel.

Beide Minister treten im August 1992 auf Drängen Vogels zurück, Böck muss auch den Parteivorsitz abgeben. Neuer Innenminister wird Vogels Import Schuster. Auf einem Sonderparteitag im Januar 1993, zu dem eigens Kohl anreist, muss Vogel schließlich das tun, was er unbedingt vermeiden wollte: Er übernimmt nun auch den Vorsitz der Thüringer CDU. Damit ist er, wohl oder übel, der designierte Spitzenkandidat für die Landtagswahl 1994. Das Abenteuer geht weiter.

Aufbau, Abbau, Umverteilung

Der Aufbau aber auch. Denn auch infrastrukturell wurde Thüringen von der DDR als eine Art Entwicklungsland zurückgelassen. Die Bausubstanz, die Straßen, das Bahnnetz, die Wasserversorgung und die Abwasserkanäle, sofern sie denn existieren: Das meiste ist marode. Es fehlt immer noch an Telefonanschlussen, das Mobilfunknetz ist bloß punktuell empfangbar. Geschäftsleute reisen für Telefonkonferenzen über die Grenze nach Hessen. Selbst Regierungsmitglieder müssen sich auf eine Anhöhe bei Erfurt fahren lassen, um empfangsbereit zu sein.

Die Massenentlassungen beschleunigen sich. Vogel, der nach 1945 in Rheinland-Pfalz erlebte, wie sich auf den Trümmern des Krieges die soziale Marktwirtschaft etablierte, beginnt zu realisieren, dass die Lage in Thüringen noch komplizierter ist. »Ich musste begreifen: Neubau ist einfacher als Umbau.«[8]

Für den Umbau der Wirtschaft ist die Treuhand zuständig. Sie eröffnet in Thüringen drei Bezirksniederlassungen. In Erfurt steht Volker Großmann an der Spitze, der zuvor als Geschäftsführer in westdeutschen Handelskonzernen arbeitete. Aus seiner Sicht war Kohls Versprechen blühender Landschaften »ein schwerwiegender Fehler.[9] Denn es stellte ihn nun vor eine »eigentlich unlösbare Aufgabe«:

Großmann soll binnen Monaten tausende Betriebe, Immobilien, Verkaufsstellen, Gaststätten und Hotels privatisieren, reprivatisieren, hoheitlich zuordnen – oder liquidieren.

Nebenbei wird das einstige Volkseigentum umverteilt. Es geht zu 85 Prozent an Westdeutsche und zu zehn Prozent an internationale Investoren.[10] Nur knapp fünf Prozent bleiben Ostdeutschen. Ein früher Nutznießer der Treuhand heißt übrigens Thomas Kemmerich. 1965 in Aachen geboren, absolvierte er 1989 in Bonn sein Jura-Staatsexamen und kam 1990 nach Erfurt. Nach einem Versuch als Unternehmensberater bastelt er sich hier aus den Resten des Dienstleistungskombinats eine Friseurkette zusammen und nennt sie »Masson«. Das klingt nach Paris. Seine Angestellten aber können sich derlei Weltläufigkeit wohl kaum leisten. Kemmerich zahlt ihnen nur Niedriglöhne. Noch gut 20 Jahre später, als er bereits für die FDP im Landtag sitzt, zahlt er als Einstiegsgehalt gerade einmal 6 Euro Stundenlohn. Mehr, sagt er, sei »betriebswirtschaftlich einfach nicht möglich«.[11]

Immerhin sorgt Kemmerich für Arbeit. Mehr als drei Millionen Ostdeutsche verlieren bis 1994 ihre Jobs. In Thüringen wird die Glasindustrie, die vor 1990 mehr als 12 000 Menschen beschäftigte, zum größten Teil abgewickelt – einschließlich des erst 1979 errichteten Ilmenauer Werks, dem die Unternehmensberatung Roland Berger Wettbewerbsfähigkeit attestiert. Ob nun die Erfurter Mikroelektronik, die Suhler Moped- und Waffenproduktion oder die kleine Maschinenbaufabrik in Katzhütte: Alles wird zerteilt, geschrumpft oder gleich ganz geschlossen.

Die Stadt Gera wird dabei förmlich deindustrialisiert. Die Wismut AG, in der Uran für die Sowjetunion abgebaut und die Gesundheit tausender Arbeiter ausgebeutet wurde, wird unter enormen sozialen und ökologischen Folgekosten abgewickelt. Auch das Werkmaschinenkombinat und die Textilfabrik schließen. Von den insgesamt 30 000 Produktionsarbeitsplätzen bleiben in Gera nur zehn Prozent übrig,[12] parallel dazu schrumpft die Stadtbevölkerung um etwa ein

Drittel. Lebten zum Ende der DDR 135 000 Menschen in Gera, sind es heute noch knapp 90 000.

Die Politik schafft es nur noch, sich um Unternehmen mit besonders hohem Symbolwert zu kümmern. Obwohl auch bei Carl Zeiss im Akkord entlassen wird, verbreitet Vogels Ex-Amtskollege Späth in Jena Aufbruchsstimmung. Die alten Werksgebäude im Stadtzentrum werden abgerissen oder kernsaniert: An ihrer Stelle entstehen ein Geschäftshochhaus, eine Einkaufsgalerie und ein Universitätscampus. Ausgründungen der Jenoptik AG haben Erfolg, die Zeiss-Filiale stabilisiert sich, die Hochschulen und das Uni-Klinikum wachsen und bilden mit neuen Instituten der Fraunhofer- und Leibniz-Gesellschaften ein Forschungsnetzwerk mit der Wirtschaft.

Neben Jena soll aber auch Eisenach, wo Vogel und Kohl ein Opel-Werk eröffnet haben, als Leuchtturm wirken. Doch das funktioniert nur eingeschränkt. In den Kleinstädten wächst die Enttäuschung und gebiert mancherorts Wut. Im November 1992 besetzt in Apolda die bereits arg zusammengeschrumpfte Belegschaft den früheren VEB Textilmaschinen und sperrt die Geschäftsführung aus.[13] Die Arbeiter wollen nicht akzeptieren, dass ihre Arbeit plötzlich nichts mehr wert sein soll. In der DDR hatten dort hunderte Menschen Bügeleisen vorwiegend für den Export ins sozialistische Ausland hergestellt. Doch dort konnte nun niemand mehr die neuen Preise bezahlen. Noch 1990 hatte die Treuhand die Mehrheitsanteile des Unternehmens an einen völlig überforderten Klempnermeister aus Franken verkauft.[14]

Bald standen die Maschinen still, die Menschen wurden auf Kurzarbeit Null gesetzt. Anstatt die versprochenen zwei Millionen D-Mark zu investieren, verscherbelte der neue Besitzer die Produkte, die Maschinen und das bewegliche Inventar. Seine Arbeitsplatzgarantie löste er nicht ein, stattdessen erhielt die Hälfte der Belegschaft die Kündigung. Im April 1993 schließlich wird der Betrieb in Apolda geschlossen.

Die Fratze des Kapitalismus oder
Niederlage in Bischofferode

Ungefähr zur selben Zeit eskaliert die Situation in Bischofferode. Dort soll das letzte Kalibergwerk im Nordthüringer Revier schließen. So sieht es der von der Treuhand verhandelte Fusionsvertrag des früheren DDR-Kombinats mit der Kali und Salz AG vor. Der Kasseler Konzern will neben einem kleinen Bergwerk in Sachsen-Anhalt nur das an die eigenen Vorkommen grenzende Werrarevier in Westthüringen übernehmen. Die restlichen Gruben sollen dichtmachen – darunter auch Bischofferode trotz lukrativer Lagerstätten, ausreichend Abnehmern und einem seriösen Investor.[15]

Das Motiv ist durchsichtig. Die kollabierende Sowjetunion wirft Dünger in enormen Mengen auf den Weltmarkt, der Preis ist drastisch gefallen. Nun will Kali und Salz den Markt bereinigen. Die finale Entscheidung darüber fällt aber nicht in Kassel, sondern in Ludwigshafen, wo der Hauptaktionär BASF sitzt – und Helmut Kohl wohnt. Seine Verbindung zu BASF ist eng. Damit stehen die Beschäftigten des Kaliwerks »Thomas Müntzer« nicht nur gegen einen der größten Konzerne Deutschlands. Sie stehen auch gegen das Kanzleramt. 1900 Bergleute wurden bereits entlassen.[16] Doch jetzt sollen auch die verbliebenen 700 Kumpel gehen. Nachdem der Betrieb besetzt ist, treten etwa zwei Dutzend von ihnen in den Hungerstreik.

Und mittendrin: Bodo Ramelow. Die Treuhand ist so etwas wie sein gewerkschaftlicher Endgegner. Deren anfänglich behutsame Privatisierungsstrategie ist mit der Präsidentschaft von Birgit Breuel – ihr Vorgänger Detlev Karsten Rohwedder war 1991 von der RAF ermordet worden – zunehmend aggressiver geworden. »Ich habe das hautnah erlebt in den Betrieben, für die ich zuständig war«, sagt Ramelow. »Auf einmal wurden diese Betriebe entweder abgeschaltet oder abgewickelt. Das führte dazu, dass wir einen Schulterschluss zwischen den Gewerkschaften hergestellt haben und die Widerstandsbewegung koordinierten.«[17]

Hier spricht nicht nur der Gewerkschafter, sondern auch der Sozialist Ramelow. Bischofferode wird zu einem Schlüsselerlebnis, das er später in unzähligen Reden und Artikeln als »die Zeit des großen Kampfes«[18] beschwören wird. Ramelow ist 1993 ständig in Bischofferode und sorgt mit dafür, dass der Protest die Hauptnachrichten dominiert. Auch internationale Medien berichten. Die Solidarität ist groß. In vielen Städten sind Ortsschilder mit der Parole »Bischofferode ist überall« überklebt.[19]

Dabei ist Ramelow als HBV-Landeschef gar nicht für die Bergleute zuständig. Dennoch führt er einfach die Verhandlungen mit. Und realisiert, wie die Arbeitnehmerfront an der früheren Staatsgrenze abbricht. Die Vorsitzenden von IG Bergbau und Energie sowie IG Chemie fordern die Bischofferoder Kumpel sogar zur Aufgabe auf. Es gehe um das Überleben des deutschen Kalibergbaus, erklären sie.[20] Auch die hessischen Bergleute fordern die Ostkumpel zum Opfergang auf.

Vogel schickt Bittbriefe an Kohl. »Es wäre für Thüringen verheerend, wenn [...] der Eindruck entstünde, der Westen saniere sich zu Lasten des Ostens«,[21] hat er bereits im Februar 1993 geklagt. Im April schreibt er wieder an den »lieben Helmut«: »Es geht um die Tatsache, dass die vorgesehene Fusion möglicherweise der deutschen Kaliindustrie eine Zukunft sichert, dass dies aber einseitig zu Lasten des Landes Thüringens erfolgt. [...] Ich fühle mich leider in dieser Sache von fast allen Seiten im Stich gelassen.«[22]

Im Juli dann klingt Vogel nahezu verzweifelt. Die Situation habe sich »bedrohlich zugespitzt«, schreibt er an Kohl. »Etwa 25 Kumpel hungern. Ein Teil davon heute den 9. Tag; ihr Zustand beginnt bedenklich zu werden.« Er selbst habe das Werk besucht. »Die Empörung über die nicht verstandene und nicht vermittelbare Entscheidung in Bischofferode und weiten Teilen des Eichsfelds ist beträchtlich. CDU-Mitglieder treten in Scharen aus der der Partei aus.«[23]

Das Flehen verhallt. Bischofferode wird zum bekanntesten Sün-
denfall der Treuhand. Zwar ist der Kampf nicht umsonst gewesen:
Allen 700 Kumpeln wird ein Arbeitsplatz in einer eigens gegründeten
»Gesellschaft zur Verwahrung und Verwertung stillgelegter Halden«
oder eine deutlich nachgebesserte Abfindung angeboten. Doch an den
verheerenden Folgen ändert das nichts. Den Menschen bleibt nur eine
Ödnis mit Halden, Erdfällen und rostenden Industrieanlagen. Der
Großteil der ökologischen Altlasten in Milliardenhöhe wird vom Bund
und aus dem Thüringer Landesetat bezahlt, derweil Kali und Salz die
Werra weiter mit Abwässern versalzt – und seine Steuern vor allem
in Hessen bezahlt.

Sogar Vogel muss bilanzieren: »Ich habe die hässliche Fratze des
Kapitalismus gesehen.«[24] Und Bischofferode wirkt nach. Ramelows
Widerstandsbewegung mündet in der Aktion »Fünf vor Zwölf – Thüringen brennt«. Bis in den Winter 1994 hinein finden überall im Osten
Demonstrationen statt, werden Straßen besetzt und Streiks durchgeführt. Am Ergebnis ändert auch das nichts: Von den vier Millionen
Industriebeschäftigten der DDR bleiben 700 000 übrig. Die Erinnerung
an eine Zeit aber, als Computerchips, Mopeds, Autos, Waffen, Porzel-
lan, Glas, Elektrogeräte, Düngeprodukte, Maschinen, Mikroskope und
ganze Planetarien aus Thüringen in alle Teile der Welt verkauft wurden, ist bei den meisten bis heute geblieben. Der qualmende, aber
unverwüstliche Wartburg 353 aus Eisenach, das inzwischen als Old-
timer wieder hippe Moped S 51 aus Suhl oder der daueranfällige Büro-
computer PC1715 aus Sömmerda gehören zur kollektiven Erinnerung
vieler Menschen, die in der DDR gelebt haben.

Konsolidierung und Konjunktur

Dennoch geht es wirtschaftlich langsam aufwärts. Es gründen sich
vor allem kleine und mittelständische Unternehmen. Bis 1994 verdoppelt sich das Bruttoinlandsprodukt gegenüber 1991 auf knapp

65 Milliarden D-Mark.[25] Im Vergleich zu den 110 Milliarden D-Mark, die das ähnlich große Schleswig-Holstein erwirtschaftet, bleibt das überschaubar. Aber der Aufschwung ist da, zumal Bund und Land allein im Superwahljahr 1994 etwa 18 Milliarden D-Mark in Thüringen investieren. Gleichzeitig nimmt das Land pro Jahr durchschnittlich eine Milliarde D-Mark Schulden auf. Und die Zahl der Arbeitslosen sinkt 1994 um 33 000 auf knapp 170 000. Wahrscheinlich auch dank der Arbeitsbeschaffungsmaßnahmen. Sie steigen um rund 20 000 auf mehr als 50 000.

Aber es mangelt immer noch an Großbetrieben. Die vereinzelten Konzerne, die ihre Dependancen in Thüringen ansiedeln, haben ihre Zentralen in Westdeutschland oder im Ausland. Was die Wirtschaft trägt, sind klein- und mittelständische Unternehmen, die auf eine immer bessere Infrastruktur bauen können. Es gibt jetzt fast überall Telefon. Die großen Straßen sind saniert und die Innenstadtkerne restauriert. Die neue Autobahn durch den Thüringer Wald befindet sich ebenso in Planung wie die ICE-Strecke von Berlin über Erfurt nach München.

Auch der Wald gesundet, das Wasser wird sauberer und die Luft besser. Dies liegt an der abgewickelten Industrie, aber auch an den neuen Heizungssystemen in den sanierten Gebäuden. Die Besitzer der teuren Stadtimmobilien sitzen nun allerdings bevorzugt im Westen. Nur sie können die nötigen Investitionssummen aufbringen – und von der historisch hohen Steuerabschreibung für das Beitrittsgebiet profitieren.

Das Selbstbewusstsein der politischen Klasse wächst. Die Staatskanzlei zieht in die alte Kurmainzische Statthalterei, in der einst Napoleon Goethe empfing. Der Landtag verabschiedet die Verfassung, mit der Thüringen sich Freistaat nennt. Damit stellt sich das Land in die Tradition der sieben im Jahr 1918 gegründeten Freistaaten – aber auch auf eine Stufe mit den einstigen Königreichen Bayern und Sachsen.

Nebenbei versucht die Landesregierung, die Verwaltung zu modernisieren. Trotz Protesten zieht die CDU-FDP-Koalition eine Gebietsreform durch. Statt 35 gibt es nur noch 17 Landkreise. Viele Dörfer werden eingemeindet, fusioniert oder zu Verwaltungsgemeinschaften zusammengeschlossen. Doch die Kleinstaaterei wirkt nach: Die meisten Städte, die irgendwann mal eine Residenz hatten, dürfen ihr Landratsamt behalten. Und selbstverständlich ist Weimar mit seinen gerade einmal 60 000 Einwohnern nach wie vor kreisfrei. Bei dieser Struktur bleibt es bis heute.

Auch die Treuhandanstalt beendet ihre Arbeit. Die meisten Betriebe sind privatisiert oder abgewickelt. In ihrer Bilanz stehen Schulden in Höhe von 256 Milliarden D-Mark.[26]

Die PDS übt für Größeres

Im Oktober 1994 kann Helmut Kohl bei der Bundestagswahl die Koalitionsmehrheit trotz Einbußen knapp verteidigen. Die SPD-Troika, die der Mainzer Ministerpräsident Rudolf Scharping als Kanzlerkandidat mit seinen Amtskollegen Gerhard Schröder und Oskar Lafontaine bildete, konnte ihn nicht schlagen.

In Thüringen, wo Vogel die Landtagswahl auf den Termin der Bundestagswahl gelegt hatte, verliert die CDU ebenfalls leicht. Mit 42,6 Prozent bleibt sie aber deutlich stärkste Kraft. Allerdings fliegt ihr Koalitionspartner FDP aus dem Landtag.

Die SPD hingegen legt um knapp 7 Punkte auf 29,6 Prozent zu – in ähnlichem Umfang wie die PDS, die es damit auf 16,6 Prozent schafft. Da auch die Grünen samt den letzten Ex-DDR-Bürgerrechtlern an der Fünf-Prozent-Hürde scheitern, sitzen nur noch drei Parteien im Parlament – wobei SPD und PDS eine deutliche Mehrheit der Mandate besetzen.

Im benachbarten Sachsen-Anhalt existiert bereits ein Beispiel für eine Zusammenarbeit: Dort wird neuerdings eine Minderheitsregierung von SPD und Grünen von der PDS toleriert. Der SPD-Landesvorsitzende Gerd Schuchardt könnte also Ministerpräsident werden, zumal die PDS unter Landeschefin Gabriele Zimmer einen besonders pragmatischen Kurs verfolgt.

Doch das »Magdeburger Modell« ist keine Inspiration für die Thüringer SPD, sie will nicht als Ein-Parteien-Minderheitsregierung alle Ministerposten besetzen und sich von der PDS dulden lassen. Im Gegenteil. Schuchardt ist überzeugter Antikommunist. In der DDR wurde dem damaligen Zeiss-Ingenieur eine Hochschulkarriere versagt, weil er nicht in die SED eintreten wollte. Das prägte ihn. Auch deshalb hatte er im Wahlkampf jede Kooperation mit der PDS ausgeschlossen.

Die SPD verpasst damit die Chance, die schwarze Dominanz aufzubrechen und Thüringen wieder rot zu machen. Stattdessen verhandelt sie ausschließlich mit der CDU. Nach nur sechs Wochen steht der Koalitionsvertrag. Vogel wird vom Landtag als Ministerpräsident bestätigt, sein neuer Vize-Regierungschef Schuchardt übernimmt das Wissenschaftsministerium und trifft eine folgenschwere Personalentscheidung. Er besetzt das Innen- und Kommunalministerium – und damit das wirkungsmächtigste SPD-Ressort – mit einem Mann, den er kaum kennt. Richard Dewes ist Volljurist und diente zuletzt im Saarland unter Lafontaine als Innenstaatssekretär. Er wurde den Thüringern als ausgewiesener Experte für die innere Sicherheit empfohlen. Doch so wie sein bisheriger Ministerpräsident ist er vor allem ein Egopolitiker mit maximal großem Selbstbewusstsein.

Mit dem Westimport hat der arglose Schuchardt seine schleichende Entmachtung eingeleitet. Er weiß es bloß noch nicht. Dewes ist gekommen, um Ministerpräsident zu werden – und das lässt sich laut den Gesetzen der Mathematik nur zusammen mit der PDS bewerkstelligen. Zumal: So wie Lafontaine, der 1995 Scharping von der Spitze verdrängt, hat er kein Problem mit der vormaligen SED. »Ich halte die PDS für eine Partei, die auf dem Weg ist, ein vollwertiger

Partner im demokratischen Wettstreit zu werden«,[27] sagt er. Es existiere eine Mehrheit jenseits der CDU im Landtag. »Und das ist nicht nur eine abstrakte Mehrheit, sondern eine reale.«

Schuchardt hält dagegen, doch die Mehrheiten verschieben sich. 1996 überlässt er Dewes kampflos den SPD-Landesvorsitz. Spätestens ab diesem Moment befindet man sich im Vorwahlkampf – während sich die PDS modernisiert. Sie verjüngt sich, der SED-Sprengel wird kleiner, es gibt sogar eine Frauenquote. Auch Doppelämter sind von nun an verpönt, weshalb Zimmer den Parteivorsitz an Dieter Hausold abgibt. 1996 entwickelt man das Konzept eines »linken Reformprojekts«.[28] Der Politikwechsel soll im Bündnis mit Sozialverbänden, Vereinen und Gewerkschaften erreicht werden, weshalb die Partei ihre Wahllisten konsequent für Parteilose und Quereinsteiger öffnet. Wie einst die evangelische Landeskirche in der DDR nennt sie ihren Kurs den »Thüringer Weg«.

Ein potenzieller Quereinsteiger heißt schon damals Bodo Ramelow. Im Wahlkampf 1994 spricht er erstmals auf der zentralen Maifeier in Erfurt. Im Januar 1997 gehört er mit dem Erfurter Altprobst Heino Falcke zu den Initiatoren der »Erfurter Erklärung«. Gefordert wird ein rot-rot-grünes Reformbündnis. Erstunterzeichner sind Schriftsteller, Kirchenleute, Theaterintendanten und Musiker, aber auch linke Sozialdemokraten und Gewerkschafter.

So wie die SPD den »Mut zur Opposition auf ganzer Linie« zeigen müsse, sollten die Grünen neben dem Umweltschutz eine »Kontur als soziale Reformkraft« finden, heißt es.[29] Die PDS wiederum müsse für sich das Scheitern des Sozialismus-Modells anerkennen und »demokratische Zuverlässigkeit« beweisen. Mit dem Dokument, das sich wie die Präambel eines rot-rot-grünen Koalitionsvertrags liest, demonstriert Ramelow seinen Machtanspruch. »Ich will ein neues politisches Modell etablieren, nämlich drei Parteien auf gleicher Augenhöhe«, sagt er.[30] »Das ist jetzt die Stunde.«

Der Boden des NSU

Doch bis die gekommen ist, werden noch eineinhalb Jahrzehnte vergehen. Und während sich das linke Bündnis formiert, wächst gleichzeitig die rechtsextremistische Gefahr. Schon in der DDR zählt die Staatssicherheit in Thüringen mehr als 100 Skinheads, mit Neonazi-Gruppen in Erfurt, Jena, Gera oder Ilmenau.[31] Seit 1990 bilden sich feste, von der Szene aus Bayern oder Hessen unterstützte Strukturen. Die Gewalt richtet sich gegen die Linke, Asylbewerber und Ausländer. Das Bundeskriminalamt registriert allein 1991 in Thüringen sechs fremdenfeindlich motivierte Brandanschläge und 13 andere Angriffe. Doch aus Sicht der Sicherheitsbehörden ist die Dunkelziffer deutlich höher – und die Bedrohung allgegenwärtig. Es sind die »Baseballschlägerjahre«.[32]

Im Jahr 1995 beziffert der Verfassungsschutz die Zahl der Rechtsextremisten in Thüringen auf 930, mit steigender Tendenz. Längst hat sich alles, was es an rechtsextremistischen Parteien in der Bundesrepublik gibt, im Land eingenistet, von der Deutschen Volksunion (DVU) über die Republikaner bis hin zur »Aktion freies Deutschland«, kurz AfD.

Am stärksten vertreten ist die NPD. Die Landespartei wird geführt von Thomas Dienel, einem früheren SED-Mitglied und FDJ-Funktionär. In Sommer 1992 organisiert er in Rudolstadt einen Rudolf-Heß-Gedenkmarsch mit etwa 2000 Teilnehmen. Kurz darauf versammeln sich etwa 1000 Neonazis zu einem »Deutschlandtreffen« in Arnstadt. Seit 1994 gibt es zudem die »Anti-Antifa Ostthüringen«. Ihr Anführer ist der 19-jährige Tino Brandt, ab 1996 firmiert sie unter »Thüringer Heimatschutz«. Dem losen Netzwerk gehörten etwa 80 bis 100 Mitglieder an. Ein Zentrum ist Jena, wo Ralf Wohlleben und André Kapke die »Jenaer Kameradschaft« anführen und mit rechtsextremen Burschenschaften kooperieren.

Unweit von Jena, in Kahla, lässt sich der Rechtsextremist Karl-Heinz Hoffmann nieder. Er wuchs in der Kleinstadt auf, bevor er in

den Westen flüchtete und eine Wehrsportgruppe für den faschisti-
schen Umsturz aufbaute. Einer seiner Anhänger verübte 1980 in München das Oktoberfestattentat. Nun investiert Hoffmann in seiner alten
Heimat in Immobilien und führt eine Kneipe, in der die Jenaer Neo-
naziszene verkehrt.

Im Landesamt des Verfassungsschutz wähnt man sich bestens informiert. Nicht nur Thomas Dienel, der zwischenzeitlich im Gefängnis
einsitzt, arbeitet dem Dienst zu. Auch Tino Brandt wird als V-Mann
geführt. Unter dem Decknamen »Otto« erhält er bis zu 200 000 D-Mark
an Steuergeldern, während er die rechtsextremistischen Kamerad-
schaften koordiniert und mit der NPD zusammenführt. Verantwortlich
dafür ist der Landesamtspräsident Helmut Roewer, ein exzentrischer
Westjurist, den das Bundesamt für Verfassungsschutz abgeordnet hat.

Die Behörde schützt offenkundig ihren Mitarbeiter Brandt. Die
insgesamt 35 Ermittlungsverfahren, die verschiedene Staatsanwaltschaften wegen Volksverhetzung, Landfriedensbruch, Sachbeschädi-
gung, Betrugs, Beleidigung, der Bildung krimineller Vereinigungen
oder des Verwendens verfassungsfeindlicher Symbole einleiten, werden zumeist eingestellt. Wenn es denn zum Prozess kommt, steht am
Ende ein Freispruch.[33]

Zur »Jenaer Kameradschaft« von Wohlleben und Kapke gehören
auch Uwe Mundlos, Uwe Böhnhardt und Beate Zschäpe. Zwei Jahrzehnte später, im NSU-Prozess, wird Brandt von einem »elitären, ideologisch gefestigten« Kreis aus »hundertprozentig überzeugten Kameraden«[34] sprechen. »Die Jenaer brauchten keine weltanschauliche
Schulung.«

Auch Ramelow macht Bekanntschaft mit den späteren Serienmör-
dern. Es ist im September 1996, als der mehrfach verurteilte Rechtsextremist Manfred Roeder in Erfurt vor Gericht erscheinen muss. Er
hatte wenige Monate zuvor die Wehrmachtsausstellung angegriffen.
Ramelow ist als Zeuge geladen und erlebt, wie ihm zwei Rechtsextremisten aus dem Publikum während des Prozesses »sehr nah«[35] kom-

men. »Da hab' ich gespürt, das macht mir Angst. Das Signal war für mich eindeutig, das Signal war: Wir sehen dich, wir hören dich. Wir wissen, wer du bist. Wir wissen, wo du wohnst.« Erst später wird ihm klar, wer ihn da bedrohte. Foto- und Filmaufnahmen zeigen, wie Böhnhardt und Mundlos ihn verfolgen.

Die beiden Männer haben da längst die Grenze zum strafbaren Handeln überschritten. Im April 1996 hängt Böhnhardt an einer Autobahnbrücke eine große Puppe mit einem Davidstern und der Aufschrift »Jude« auf; der Kopf steckt in einer Schlinge. In der Nähe wird eine Bombenattrappe gefunden. Das Amtsgericht Jena verurteilt ihn deshalb zu einer Freiheitsstrafe von dreieinhalb Jahren. Die Haft wird vom Landgericht Gera in der Berufungsverhandlung reduziert und bleibt vorerst ausgesetzt.

Im November 1996 tauchen Böhnhardt und Mundlos in der Gedenkstätte Buchenwald in SA-ähnlichen Uniformen auf. Im Januar 1997 verschicken die beiden und Zschäpe mit Batterien, Kabeln und Knetmasse gefüllte Briefumschläge an die Stadtverwaltung Jena, die Polizei und eine Lokalredaktion. Parallel dazu platzieren sie mit Hakenkreuzen drapierte Bombenattrappen im Fußballstadion, vor dem Theater und auf einem Friedhof. Im Koffer vor dem Theater findet sich TNT.

Immerhin, der Verfassungsschutz observiert Böhnhardt und Mundlos inzwischen. Anfang 1998 werden die beiden dabei beobachtet, wie sie in einer Garage Brennspiritus und Gummiringe deponieren. Der Dienst informiert die Polizei, die einen Durchsuchungsbeschluss für mehrere Garagen erwirkt. Als die erste Garage durchsucht wird, in der jedoch nur Böhnhardts Auto steht, darf der Neonazi dabei sein. Er setzt sich eilig in seinen Wagen und flüchtet, während die Ermittler die nächste Garage aufbrechen.

Darin finden sie 1,4 Kilogramm TNT, zum Teil in halbfertige Rohrbomben gefüllt.[36] Aber für eine Festnahme ist es zu spät. Böhnhardt, Mundlos und Zschäpe fliehen an jenem 26. Januar 1998 nach Chemnitz. Später lassen sie sich in Zwickau nieder und bilden eine Terrorgruppe, die sie »Nationalsozialistischer Untergrund« nennen. Von 2000 bis 2006 wird der NSU mindestens zehn Menschen töten, bis er in Thüringen sein dramatisches Ende findet.

Sozialdemokratische Spaltung

Im Winter 1998 hätte das alles noch abgewendet werden können. Die Morde, die Banküberfälle und der Nagelbombenanschlag, der in Köln im Jahr 2004 mehr als 20 Menschen verletzt. Die drei Neonazis sind nun bundesweit zur Fahndung ausgeschrieben – und der Verfassungsschutz hat flächendeckend seine Spitzel platziert. Bis zu 40 V-Leute operieren zumindest zeitweise im Umfeld vom Böhnhardt, Mundlos und Zschäpe.[37] Aber das Wissen der verschiedenen Ämter wird nie effizient zusammengeführt und bleibt größtenteils ungenutzt. Das System versagt. Oder soll es womöglich versagen? Der raunende Verdacht wird nie belegt. Auffällig wirkt jedoch, dass Ex-Verfassungsschutzpräsident Roewer später Bücher über einen angeblichen »Putsch des Establishments gegen Donald Trump« oder eine behauptete »Corona-Diktatur«[38] veröffentlichen wird.

Viel spricht dafür, dass die Sicherheitsbehörden immer noch nur eingeschränkt arbeitsfähig sind. Das zeigt der sogenannte Mafiamord in Erfurt: 1995 wird ein türkischer Bordellbesitzer vor seinem Club mit Maschinenpistolen erschossen. Als sich erweist, dass die Polizei Hinweise auf den Mordanschlag hatte, müssen der Präsident des Landeskriminalamtes und sein Vize gehen.[39] Und: Der Chef der ermittelnden Sonderkommission wird wegen Steuerhinterziehung verurteilt.

1998 wird publik, dass zwei Computer mit Geheimdaten aus dem Innenministerium gestohlen wurden. Die CDU debattiert einen Untersuchungsausschuss, woraufhin Innenminister Dewes mit dem Bruch der Koalition droht – was Vogel aber mit Blick auf den negativen Bundestrend seiner Partei abwehrt. Tatsächlich verliert die CDU bei der Bundestagswahl 1998 die Regierungsmacht. Kohl ist nach 16 Jahren abgewählt. Die SPD wird hingegen mit Gerhard Schröder erstmals seit 1972 wieder stärkste Kraft und besitzt mit den Grünen eine Mehrheit. Noch eine Premiere: Die PDS schafft es in Fraktionsstärke in den Bundestag.

In Thüringen kehren sich die Verhältnisse dank des Bundestrends um. Nun liegt die SPD mit 34,5 Prozent der Zweitstimmen vor der CDU, die nur noch auf knapp 29 Prozent kommt. Bei den Erststimmen fällt der Vorsprung sogar noch deutlicher aus: Mit Ausnahme des katholischen Eichsfelds gewinnen die Sozialdemokraten alle Wahlkreise. Hier erweist sich, wie später noch so oft, dass die ostdeutschen Wähler sehr wechselhaft sein können. Schröder hat vor allem mithilfe des Beitrittsgebiets gewonnen. Das Kohl im Osten lange gewährte Vertrauen ist aufgebraucht. Die Hoffnung liegt jetzt auf dem Neuen.

Die CDU ist vorerst am Boden. Sie muss nicht nur im Bund in die Opposition. Auch in Mecklenburg-Vorpommern verliert die Partei die Macht. SPD und PDS besitzen in Schwerin eine stabile Mehrheit – und nutzen sie. Der Sozialdemokrat Harald Ringstorff bildet die erste rot-rote Landesregierung der Republik. Der Nordosten ist die Blaupause für Erfurt. Dewes setzt auf einen Machtwechsel und auf Sieg. »Für einen Ministerposten stehe ich nicht mehr zur Verfügung«, sagt er. Er will, wie gesagt, Ministerpräsident werden, ob nun mit CDU oder PDS, ist ihm egal. »Alle Optionen sind offen.«[40]

Doch die erste rot-grüne Koalition, in der nur wenige Politiker über Regierungserfahrung verfügen, steht in Bonn sofort unter Spannung. Lafontaine will als Bundesfinanzminister eine dezidiert linke Sozialpolitik durchsetzen, mit höheren Renten und Steuern. Schröder gilt als »Genosse der Bosse«, er möchte Bürokratie abbauen, das Sozialsystem reformieren und die Wirtschaft entlasten – und die SPD in der »Neuen Mitte« etablieren. Der Dauerstreit produziert Missverständnisse und handwerkliche Fehler. Im März 1999 tritt Lafontaine zurück und gibt sein Bundestagsmandat ab. Später verlässt er auch die Partei. Die Koalition versinkt im Chaos. Schröder muss zusätzlich den Parteivorsitz übernehmen.

Die CDU erstarkt in den Umfragen. Dies gilt auch für Thüringen, wo Dewes mit seiner rot-roten Angriffstaktik die SPD spaltet. Der Streit zwischen ihm und dem Schuchardt-Lager wird zunehmend öffentlich geführt – hinzu kommt eine Tragödie. Im Juni 1999 erschießen Polizisten einen 63-jährigen Mann aus Köln, der in Thüringen Urlaub macht. Die Beamten halten ihn für Dieter Zurwehme, den flüchtigen »Mörder von Remagen«. Der tödliche Irrtum bringt Dewes zusätzlich in Bedrängnis.

Schließlich entscheidet die Bundesregierung, den bereits begonnenen Bau der ICE-Strecke über Erfurt vorerst zu stoppen. Die CDU hat damit ein dankbares Wahlkampfthema. Vogel spielt seinen Amtsbonus aus. Er kann dank der Pendler auf die niedrigste Arbeitslosenquote, aber auch auf die höchste Industriedichte im Osten verweisen. Zudem fließen allein nach Weimar, das 1999 Kulturhauptstadt Europas wird, dreistellige Millionensummen an Fördergeldern. »Top Thüringen«: So steht es auf den Plakaten. Die Partei des Ministerpräsidenten vereinnahmt alle Aufbauerfolge. Die Skandale sollen an der SPD haften bleiben.

Ein weiteres Problem für die Sozialdemokraten: Die PDS tritt mit Bodo Ramelow an. Er ist 43 Jahre alt und bereit für Neues – und er kandidiert auf Listenplatz zwei hinter Gabi Zimmer. Nach seiner Nominierung wird er auch PDS-Mitglied. Seine Ansage lautet: »Ich trete dieser Partei bei, um aus ihr heraus meinen Beitrag zu leisten, eine gesamtdeutsche Partei links von der SPD zu etablieren.«[41]

Der Bundestrend, Dewes' Fehler und Affären, Vogels wachsende Popularität und eine neu aufgestellte Ex-SED: Dies alles kommt bei der Landtagswahl 1999 zusammen. Die CDU gewinnt alle Direktmandate – und mit 51 Prozent der Zweitstimmen erstmals die absolute Mehrheit. Auch junge Kandidaten wie der Apoldaer Mike Mohring, der eigentlich als chancenlos galt, ziehen in den Landtag ein. Und: Die PDS überholt mit 21,3 Prozent die SPD, die auf 18,5 Prozent abstürzt.

Es ist der erste Sieg von Bodo Ramelow.

5
Erosion der CDU-Macht

Ramsla, 29. Oktober 2009. Einige malerisch gewundene Autokilometer nördlich von Weimar, am Fuße des Ettersbergs, in der Mitte des Dörfchens Ramsla wächst eine kleine Eiche. Sie wurde am 3. Oktober 1990 gepflanzt.

Damals kehrte Christine Lieberknecht gerade vom Vereinigungsparteitag der CDU heim. Nun, knapp zwei Jahrzehnte später, steht sie wieder neben der Eiche. Es ist ein kühler Morgen im Oktober 2009. Lieberknecht trägt eine rote Lederjacke und eine neue Frisur. »Wie groß der Baum geworden ist!«, sagt sie.[1] Als beurlaubte Pfarrerin, die sie immer noch ist, trägt sie diesen Satz pathetisch und mit Überzeugung vor. Und der Baum, der eigentlich recht mager ist und herbstlich vergilbt, wirkt plötzlich beinahe imposant.

Lieberknecht zeigt auf ein Haus, auf dem der Name »Paulinenstift« zu lesen ist. Hierher brachte sie ihre Kinder zur Betreuung. »Ach, was gab es dort für Bastelabende!«, ruft sie mit größtmöglicher Fröhlichkeit und läuft die Kirchgasse hinauf. Dort, inmitten eines verwilderten Gartens, steht das alte Pfarrhaus. Hier lebte sie 16 Jahre mit ihrer Familie: Sie, die Pastorin, ihr Mann, der Pastor, dazu Tochter Marie und Sohn Paul. Und hier plante sie mit ihren Getreuen den Sturz von Josef Duchač. Sie habe den Jungs in der Küche die Leberwurstbrote geschmiert, sagt Lieberknecht. »Ach, waren das Zeiten!«

Doch das war damals. Nun soll sie selbst an der Spitze der Regierung stehen. Als erste CDU-Ministerpräsidentin in Deutschland überhaupt. Und auch sie ist, so wie vieles in Thüringen, nicht ohne Weimar zu erklären.

Dort wurde Christine Determann 1958 geboren. Ihr Nachname besitzt Klang in der Stadt. Walter Determann, der Großvater, gehörte zu den ersten Meisterschülern von Bauhaus-Gründer Walter Gropius und entwickelte das Konzept einer sich selbst versorgenden Kommune.[2] Als das Bauhaus nach Dessau vertrieben war, blieb er in Weimar und heiratete. Dank des Erbes seiner Frau, die aus einer hessischen Brauhaus-Dynastie stammte, lebte die Familie in einer mondänen Villa.

Der frühere Bauhäusler Determann malte fortan. Und wurde Nationalsozialist. Stolz präsentierte er seinen angeblich arischen Stammbaum, der bis zu Karl dem Großen zurückreichen sollte. Die fünf Söhne schickte er aus Überzeugung in den Krieg. Drei von ihnen kehrten nie zurück.

Lukas Determann, Christines Vater, gehörte zu den Überlebenden. Er studierte Theologie und wurde Pastor in einem Dorf bei Weimar. Ganz ähnlich wie Angela Merkels Vater, der auch Pastor war, versuchte er, die evangelische Kirche mit dem Realsozialismus zu versöhnen. Seine Tochter trat in die FDJ ein, wurde zur Erweiterten Oberschule delegiert, nahm an der obligatorischen vormilitärischen Ausbildung für Zivilverteidigung teil und ließ sich während des Theologie-Studiums zur FDJ-Sekretärin wählen. Noch vor ihrem Examen trat sie in die CDU ein. Nachdem sie ihren Kommilitonen Martin Lieberknecht heiratete, bekam dieser die Pfarrstelle in Ramsla zugewiesen. Sie selbst betreute mehrere Dörfer in der Umgebung.

Wie war das Leben damals? Lieberknecht sucht eine Weile nach einer Antwort. »Ambivalent«, antwortet sie schließlich. So ambivalent wie ihr Umgang mit der Diktatur? Ja, antwortet sie fast trotzig. Sie habe den Sozialismus reformieren und verändern wollen. Und sie habe gedacht, dies gehe innerhalb des Systems – und nicht dagegen. Wenn sie deshalb der einstige Propst Heino Falcke nun die »Rote Christine« nenne, dann halte sie das aus. »Warum denn nicht, ich stehe dazu«, sagt sie.

Christine Lieberknecht leugnet nicht, was sich nicht verleugnen lässt. Doch gleichzeitig versucht sie, sich schonend in der Historie zu verorten. Ihre zentrale Erzählung aus der DDR handelt davon, wie im Spätsommer 1989 die Oberkirchenräte Müller und Kirchner zu ihr nach Ramsla kamen und sie baten, den »Brief aus Weimar« zu unterzeichnen, der eine Erneuerung der CDU forderte.

Sie, die junge Frau, wurde das Gesicht der parteiinternen Reformen. Der Aufruf markierte den Beginn einer nahtlosen politischen Karriere: als Kultusministerin, Staatskanzleiministerin, Parlamentspräsidentin, CDU-Fraktionschefin und Sozialministerin. Nebenher machte und stürzte sie Ministerpräsidenten.

Eigentlich, sagt sie, habe sie das ja alles nie gewollt. »Aber wenn ich im Spiel bin, will ich auch gewinnen.« Jetzt, im Herbst 2009, hat sie gewonnen. Sie hat Dieter Althaus beerbt, Mike Mohring sowie Bodo Ramelow ausgekontert und die SPD als Koalitionspartner gewonnen. Sie hat Rot-Rot-Grün verhindert, der Union die Macht gerettet – und sich selbst gleich mit.

Nur die Wahl zur Ministerpräsidentin muss sie noch absolvieren. Die schwarz-rote Landtagsmehrheit ist solide, doch Lieberknecht traut den Abgeordneten nicht. Sie hält die Kabinettsliste lieber unter Verschluss. So will sie vermeiden, dass einige CDU-Freunde, die sich übergangen fühlen, die Abstimmung zur geheimen Abrechnung nutzen.

Christine Lieberknecht geht die Ramslaer Kirchgasse bis zum Ende. Einmal nach rechts, einmal nach links, dann steht sie in dem neu errichteten Wohngebiet. Vor einem lindgrünen Haus parkt ihre silbergraue Dienstlimousine. Hinter dem Garten beginnen die Felder, die sich hinauf zum Fuchshügel ziehen. Wenn das Wetter gut ist, sieht sie von dort aus bis nach Leutenthal, das kleine Dorf, in dem sie aufgewachsen ist. Überhaupt hat Lieberknecht alles, was sie je getan hat – Studium, Familie, Politik –, innerhalb eines 30-Kilometer-Radius rund um Weimar getan. »Ich bin nie wirklich rausgekommen«, sagt sie. Aber warum sollte sie das auch. Thüringen ist ihr Leben.

Hier hat sie die CDU neu gegründet. Und hier wird sie deren Ära auch beenden.

Der kurze Zenit

Zehn Jahre zuvor. Die CDU befindet sich auf ihrem Zenit. Sie besitzt nach den Landtagswahlen 1999 die alleinige Macht in Thüringen – und steht doch bald vor einem Machtwechsel. Vogel hatte im Wahlkampf zwar versprochen, die volle Wahlperiode im Amt zu bleiben. Doch nun will man doch schon zu einem früheren Zeitpunkt einen jüngeren Ministerpräsidenten wählen, um den mit Amtsbonus in die nächste Wahl schicken zu können. Also bereitet Vogel, der sich der 70 nähert, systematisch seine Nachfolge vor: Er überträgt Althaus den CDU-Fraktionsvorsitz und ein Jahr später den Parteivorsitz. Lieberknecht hingegen verschiebt er an die Spitze des Parlaments. Als Landtagspräsidentin ist sie fortan die protokollarische Nummer 1, doch inhaltlich gestalten kann sie nahezu nichts mehr.

In der Thüringer SPD dagegen beginnt 1999 die große Abrechnung. Nicht nur Dewes muss seine Ämter abgeben, auch Schuchardt hat ausgedient. Neuer Vorsitzender wird der 38-jährige Bundestagsabgeordnete Christoph Matschie, der als Theologiestudent die SDP in Jena mitgegründet hatte. Doch da die Kombattanten Dewes und Schuchardt Abgeordnete bleiben, vertieft sich die Spaltung der Landespartei nur noch. Und Matschie ist viel in Berlin.

Hingegen kann die PDS als neue Nummer zwei vor Kraft kaum laufen. Das gilt insbesondere für den neuen stellvertretenden Fraktionsvorsitzenden: Bodo Ramelow greift mit seiner im Arbeitskampf geschulten Rhetorik die CDU frontal an und beutet sein ganzes Gewerkschaftswissen aus. Die Kali-Hinterlassenschaften, die Pilz-Affäre oder obskure Beteiligungen des Landes: Er skandalisiert mit Lust alles. Bald bezeichnen ihn die Medien als »Ein-Mann-Opposition«.

Ramelows Hauptfeind allerdings wird das Landesamt für Verfassungsschutz. Die Behörde überwacht ihn wegen seiner Marburger Kontakte zur DKP. Er beginnt einen jahrelangen Gerichtsstreit durch alle Instanzen, der ihn bis nach Karlsruhe führt. Erst 2013 stellt das Bundesverfassungsgericht fest, dass sich die Beobachtung eines Parlamentariers nur in Ausnahmefällen mit dem Grundgesetz vereinbaren lässt.

Zum Zeitpunkt des Urteils ist Hans-Georg Maaßen Präsident des Bundesamtes für Verfassungsschutz. Viele Jahre später sagt er dazu: »Herr Ramelow wurde 27 Jahre vom Verfassungsschutz beobachtet, weil er ein Kommunist ist. [...] Ein Kommunist ist ein Mensch, der eine totalitäre Herrschaftsform haben möchte, wo von oben nach unten bestimmt wird, wie die Leute zu leben haben, wie wir es in der Sowjetunion gesehen haben, wie wir es in der DDR gesehen haben. Und das sind Leute, die keine Skrupel haben, über Leichen zu gehen. [...] Die Beobachtung ist nicht deshalb eingestellt worden, weil der Mann plötzlich harmlos geworden ist, nein, sondern weil mir das Bundesverfassungsgericht auftrug, ich darf keine Parlamentarier, keine Politiker beobachten, weil sie privilegiert sind in der Verfassung.«[3]

Maaßen verschweigt allerdings einen wichtigen Teil der Urteilsbegründung. Darin heißt es: Ramelow sei »individuell nicht verdächtig [...], verfassungsfeindliche Bestrebungen zu verfolgen.«[4] Auch »unter Einbeziehung seines Verhältnisses zu der Partei und den dort vorhandenen Strömungen« gehe von ihm »kein relevanter Beitrag für eine Gefährdung der freiheitlich demokratischen Grundordnung aus«. Diese ideologischen Kämpfe werden über Jahrzehnte ihre Kontinuität wahren.

Im November 1999 stellt die Thüringer CDU aber erst einmal fest, dass sie der Zufall des Wahltermins gerettet hat. Denn die Bundespartei rutscht wegen der sogenannten Spendenaffäre in ihre bislang schwerste Krise. Die neue CDU-Generalsekretärin, sie heißt Angela Merkel, distanziert sich öffentlich von Kohl und geißelt die Spendenpraxis. Sie weiß, dass ihr Vorsitzender Wolfgang Schäuble eine nicht deklarierte Spende annahm. Ihr Kalkül geht auf: Im April 2000 wird Merkel zur neuen Vorsitzenden der CDU gewählt.

Extreme Gewalt

Ebenfalls im April 2000 prallen zwei Brandsätze gegen die Rückseite der Synagoge in Erfurt. In dem großen Haus wohnt Wolfgang Nossen, der Vorsitzende der Jüdischen Landesgemeinde, in der Gästewohnung lebt zu diesem Zeitpunkt ein Rabbiner. Ein Molotowcocktail verfehlt ein Fenster des Wohnzimmers um einen halben Meter.[5] Die Brandherde sind rasch gelöscht, niemand wird verletzt. Die Polizei findet ein Bekennerschreiben: »Dieser Anschlag basiert auf rein antisemitischer Ebene! Wir grüßen den Verfassungsschutz Gotha. Heil Hitler. Die Scheitelträger.«[6] Es ist der 20. April, der Tag von Hitlers Geburtstag.

Wieder ist es Ramelow, der sich am stärksten exponiert. Er eilt zum Tatort, beteiligt sich an den Mahnwachen und gerät erneut ins Visier der Rechtsextremen. Einer der drei später gefassten Täter, die zwischen 17 und 18 Jahre alt sind, hinterlässt auf seinem Anrufbeantworter eine Morddrohung.[7]

Auch Vogel reagiert. Bis dahin folgte er der CDU-Taktik, die rechtsextremistische Gefahr als Problem der Aufbaujahre zu relativieren. Jetzt will er zumindest nach Antworten suchen und lässt beim Institut für Politikwissenschaft in Jena eine Studie in Auftrag geben. Die Untersuchung basiert auf der ausführlichsten repräsentativen Umfrage, die es je in Thüringen gab.[8]

Das Ergebnis: 30 Prozent hadern mit der Demokratie. Ebenso viele Befragte halten Deutschland »durch Ausländer in gefährlichem Maß überfremdet«, weitere 34 Prozent stimmen dieser Aussage teilweise zu. Nur 22 Prozent lehnen sie völlig ab. Rund 20 Prozent sind der Meinung, dass es richtig sei, »Ausländer mit Gewalt in Schranken zu weisen«. Ebenso viele finden, dass der Staat die Migranten bei hoher

Arbeitslosigkeit wieder in ihre Heimat zurückschicken sollte. 60 Prozent erklären, sie hätten keine Kontakte zu Ausländern. Zumindest dieser Wert ist einfach erklärbar. Schließlich sind nur 1,5 Prozent der Thüringer Bevölkerung Ausländer. Selbst für Ostdeutschland ist dies ein unterdurchschnittlicher Wert.[9]

Und dennoch, Rechtsextremisten stellen eine kleine Minderheit dar: Zehn Prozent der Befragten finden, dass der Nationalsozialismus auch gute Seiten hatte. Die Mehrheit zeigt sich zufrieden mit den neuen Verhältnissen. Nahezu 60 Prozent meinen, dass ihre wirtschaftliche und finanzielle Lage besser geworden sei. 68 Prozent erklären, dass die Vorteile der Einheit überwiegen. Drei Viertel sagen, dass sie der Bundesregierung ganz oder teilweise vertrauen, der Wert für die Landesregierung liegt bei 81 Prozent.

Der Thüringen-Monitor wird zur Langzeitstudie, die bis heute andauert. 2001 entwickeln die Wissenschaftler ein Modell, das die Befragten Gesinnungsgruppen zuordnet. So definierten sie etwa »Rechtsextremismus« als »Einstellungssyndrom« aus Nationalismus, Fremdenfeindlichkeit, Sozialdarwinismus, Antisemitismus und Diktaturaffinität. Der erste Befund lautet: 25 Prozent der Thüringer hege rechtsextremes Gedankengut, die Hälfte davon hänge der »nationalsozialistischen Ideologie« an.[10]

Die Ergebnisse sind so widersprüchlich wie die Stimmung in Ostdeutschland. Vogel nutzt die Ambivalenz, um auf die tradierte CDU-Linie zurückzufinden: Die Ergebnisse seien zwar »beunruhigend«, beträfen aber nur eine Minderheit, sagt er im November 2000.[11] Im Übrigen handele es sich um »kein ostdeutsches Thema« und es »ist kein westdeutsches Thema und schon gar nicht [...] ein speziell Thüringer Thema«.

Was Vogel aber auch betont: Er unterstütze ein Verbot der NPD. Der Ministerpräsident kann nicht mehr ignorieren, dass die Partei immer radikaler und stärker geworden ist. Dies liegt auch an ihrer Fusion mit dem »Thüringer Heimatschutz«. Tino Brandt fungiert inzwischen als Pressesprecher und stellvertretender Vorsitzender der Landes-NPD.

Ein halbes Jahr später, im Mai 2001, wird der Neonazi durch Recherchen der *Thüringer Allgemeinen* als langjähriger V-Mann des Landesamts für Verfassungsschutzes enttarnt. Die Landesregierung ist blamiert, CDU-Innenminister Christian Köckert wankt. Und genau diese staatliche Subventionierung von Brandt führt mit dazu, dass im März 2003 das erste NPD-Verbotsverfahren scheitert. Das Bundesverfassungsgericht bemängelt, dass die Parteiführung von V-Leuten durchsetzt sei: Es könne damit nicht ausgeschlossen werden, dass die mutmaßlich verfassungsfeindlichen Handlungen vom Staat mitfinanziert wurden.

Hartz IV als neues ostdeutsches Trauma

Inzwischen gibt Ramelow auch offiziell den Oppositionsführer. Nachdem Gabi Zimmer als PDS-Bundesvorsitzende nach Berlin befördert wurde, amtiert er als Fraktionschef. Der politische Kampf wird nochmals härter. Das zeigt sich auch nach dem 26. April 2002, an dem das Land einen kollektiven Schock erleidet: Ein 19-Jähriger, den das Erfurter Gutenberg-Gymnasium nicht zum Abitur zuließ, erscheint an diesem Frühlingsmorgen in schwarzer Kleidung und schwer bewaffnet in seiner Schule. Binnen weniger Minuten ermordet er elf Lehrer, zwei Schüler, eine Sekretärin, eine Referendarin und einen Polizisten. Schließlich erschießt sich der Täter selbst.

Nach dem schlimmsten Amoklauf in der bundesdeutschen Geschichte wird das Waffenrecht verschärft. Zudem wird an Gymnasien eine zusätzliche »besondere Leistungsfeststellung« nach der 10. Klasse eingeführt. So können gescheiterte Abiturienten zumindest einen Realschulabschluss vorweisen. Ramelow reicht das nicht. Ob nun Schulsystem, Schützenvereine oder Polizei: Er hält den Staat »für Teile des Geschehens verantwortlich«.[12] Und die Regierung sowieso.

Während Ramelow in Thüringen also den Oppositionstakt bestimmt, lernt seine Partei im Berliner Senat, wie schwer Regieren sein kann. Die Hauptstadt wird rot-rot geführt – doch sie ist völlig überschuldet und die PDS muss harte Kürzungen mittragen. Als der Wirtschaftssenator Gregor Gysi über eine Bonusmeilen-Affäre stürzt, gerät auch die Bundespartei ins Trudeln. Das Ergebnis: Mit der Bundestagswahl 2002 fliegt die PDS mit 4,0 Prozent aus dem Bundestag. Nur zwei Berliner Frauen haben es direkt ins Parlament geschafft. Die Bundesvorsitzende Zimmer ist gescheitert. Ein Jahr später gibt sie ihr Amt auf.

Derweil vollbringt die SPD, vor der Wahl schon abgeschrieben, ein fulminantes Comeback. Im Unterschied zur Union hatte Kanzler Schröder eine Beteiligung Deutschlands an dem dräuenden Irak-Krieg ausgeschlossen. Und er hatte beim Jahrhunderthochwasser der Elbe in Gummistiefeln die Deiche bestiegen und die ostdeutschen Wähler erneut für sich gewonnen. Die Thüringer SPD ist dank Schröder so stark wie nie. Ihr Zweitstimmenergebnis liegt bei knapp 40 Prozent. Doch dies ist nur ein flüchtiger Moment. Deutschland hinkt wirtschaftlich hinterher, Strukturreformen sind überfällig. Im Frühjahr 2003 verkündet der Bundeskanzler im Bundestag die »Agenda 2010«. Eine Kommission unter dem Vorsitz des VW-Personalvorstands Peter Hartz hat die Sozialreform erarbeitet: Sie besteht vor allem aus Einschnitten.

Und Rot-Grün zieht die Agenda tatsächlich durch. Der Kündigungsschutz wird gelockert, Arbeitnehmer müssen mehr Sozialabgaben zahlen, Minijobs werden erleichtert. Das letzte, »Hartz IV« genannte Gesetzespaket beinhaltet die Fusion von Arbeitslosenhilfe und Sozialhilfe und ist der Kern der Reform. Fortan gibt es Arbeitslosengeld nur noch für maximal zwölf Monate. Danach erhält der Erwerbslose zumeist automatisch nur noch Arbeitslosengeld II, das ähnlich wie Sozialhilfe funktioniert, mit harten Sanktionen, Auflagen und Meldefristen. Wer Vermögen hat, muss es vorher zum größten Teil aufbrauchen. Bald erhalten in Thüringen nahezu 300 000 Menschen »Hartz IV«. Im Ergebnis sind über die sogenannten Bedarfsgemeinschaften knapp 13 Prozent der Bevölkerung auf »Transferleistungen der sozialen Mindestsicherungssysteme« angewiesen.[13] Die Differenz zwischen Ost und West ist auch hier eklatant: Im benachbarten Bayern beträgt der Anteil gerade einmal 5,3 Prozent.

Die PDS reanimiert sich durch den Protest. Wie später der AfD in der Flüchtlingskrise wird ihr ein Thema geschenkt, das sie in Ostdeutschland maximal ausbeuten kann. Ihre zentrale Parole: »Hartz IV – Armut per Gesetz«. Damit kann sie Zehntausende Menschen auf die Straßen bringen, die die Agenda 2010 als neuerliche Fortsetzung bisheriger Demütigungen empfinden. Und die Zahlen geben ihnen recht. Ob nun bei Arbeitsplätzen, Löhnen, Renten, Vermögen, Lebensbedingungen: Überall sind die Ostdeutschen objektiv schlechter gestellt. Die Statistiken sind eindeutig. In den jährlichen Befragungen des Thüringen-Monitors gibt inzwischen die Hälfte an, sich als »Menschen zweiter Klasse« zu fühlen.

Althaus übernimmt von Vogel

Ab Juni 2003 wird Thüringen dann wirklich von einem neuen Ministerpräsidenten regiert. Nach gut elf Jahren hat Bernhard Vogel sein Amt an Dieter Althaus abgegeben. Allerdings bleibt der alte Regierungschef präsent: Vogel behält vorerst sein Mandat und seine Wohnung in Erfurt. Und er nimmt als Ehrenvorsitzender der Thüringer CDU mit großer Disziplin an den Sitzungen des Landespräsidiums teil.

Althaus dagegen trennt sich im Kabinett von Vogel-Vertrauten und installiert Männer, die mit ihm befreundet sind und nicht widersprechen. Der Mittvierziger versucht, den dynamischen Erneuerer zu geben, obwohl er als ostdeutscher Ministerpräsident noch immer die üblichen Reflexe und Recherchen auslöst. Als die Medien seine ambivalente DDR-Vergangenheit thematisieren, reagiert er ähnlich ungeschickt wie Josef Duchač mehr als ein Jahrzehnt zuvor. So behauptet er, im Sommer 1989 die Auszeichnungsmedaille für »hervorragende Leistungen bei der kommunistischen Erziehung« nicht persönlich angenommen zu haben, was frühere SED-Genossen öffentlich bestreiten. Zudem muss er einräumen, eine Prämie in Höhe von 500 DDR-Mark kassiert zu haben.

Und Althaus begeht handwerkliche Fehler. So ignoriert er die von der PDS in den Landtag getragenen Proteste von Hausbesitzern gegen die absurd hohen Wasser- und Abwasserbeiträge – nur um ausgerechnet in dem Moment, als regionale Lösungen gefunden sind, eine pauschale Abschaffung und Deckelung zu versprechen. Da es bis zur Landtagswahl nur noch drei Monate sind, fehlt die Zeit, das Gesetz im Parlament zu beraten und zu beschließen. Am Ende wird das Vorhaben, das Althaus als Nullsummen-Rechnung ankündigt und später auch umsetzt, mehr als eine Milliarde Euro kosten und zum teuersten Wahlgeschenk in der Thüringer Geschichte.

Als im August 2004 das Parlament neu gewählt wird, fällt die CDU von 51,0 auf 43,0 Prozent. Und der SPD ergeht es sogar noch schlechter. Die Landespartei, die noch zwei Jahre zuvor bei der Bundestagswahl knapp 40 Prozent erzielte, findet sich bei 14,5 Prozent wieder. Spitzenkandidat Matschie wird für die Hartz-Reformen mitverhaftet. Sofort versucht man, den Landesvorsitzenden zu stürzen. Um seine Karriere zu retten, gibt Matschie sein Bundestagsmandat und seinen Posten als Staatssekretär im Bildungsministerium auf und wechselt als Vorsitzender der kleinsten Fraktion in den Landtag.

Von der Schwächung der beiden etablierten Parteien profitiert die PDS. Sie hat unter Spitzenkandidat Ramelow 26,1 Prozent erreicht. Damit ist sie jetzt nahezu doppelt so stark wie die SPD. Doch der Weg zur Macht bleibt ihr erneut verwehrt. Die Grünen landen wieder nur knapp unter fünf Prozent. Zusammen mit FDP, NPD und sonstigen Parteien verfallen 14,6 Prozent der Wählerstimmen. Damit reichen der CDU 43 Prozent für eine Ein-Sitz-Mehrheit gegen Linke und SPD – was ungefähr dem Szenario entspricht, das aktuell Björn Höcke vorschwebt.

Die knappen Verhältnisse disziplinieren die Unionsfraktion vorerst. Althaus wird im ersten Wahlgang als Ministerpräsident bestätigt. Er beruft noch mehr alte, ihm beflissen dienende Freunde ins Kabinett – und überträgt Lieberknecht zur allgemeinen Überraschung die Fraktionsführung. Der Ministerpräsident glaubt, wie einst Vogel durchregieren zu können. Das Problem ist nur: Dieter Althaus ist nicht Bernhard Vogel.

Der Aufstieg der PDS hat ihn sichtlich zum Nachdenken gebracht. Auf dem Festakt zur Deutschen Einheit am 3. Oktober 2004 in Erfurt hält er eine bemerkenswerte Rede.[14] Nach der obligatorischen Würdigung der demokratischen Auferstehung aus den SED-Ruinen geht er auf die Verlierer der Transformation ein. »Es gibt auch etliche, die keine Möglichkeit mehr hatten, von dem Von-Vorn-Anzufangen auch selbst zu profitieren«, sagt er. »Die sich vielleicht auch fragen, ob denn ihre Leistungen zu DDR-Zeiten so gar nichts wert gewesen seien. Vielleicht auch manche, die der Sicherheit nachtrauern, die sie damals verspürt haben.«

Er verstehe den Frust, fährt Althaus fort: »Wer nach der Wende plötzlich auf der Straße stand, weil die Produkte, die hergestellt wurden, nicht mehr marktfähig waren, wer sich dann von einer ABM zur nächsten hangeln musste und trotzdem nie wieder auf dem ersten Arbeitsmarkt Fuß fassen konnte, weil er vielleicht inzwischen angeblich zu alt war, der hat einen Anspruch darauf, anders betrachtet zu werden als jemand, der sich möglicherweise wirklich geschickt vor Arbeit drückt. Das heißt, Biografien ernst nehmen, wertschätzen und so umfassend wie möglich Hilfe leisten, das bleibt unsere wichtige Aufgabe.«

Dann richtet sich Althaus an die Gäste. Ministerpräsidenten, Bundesverfassungsrichter, den Bundestagspräsidenten, den Bundeskanzler und den Bundespräsidenten Horst Köhler, der 1990 in der DDR-Wirtschaft das Blut fließen sehen wollte. Die Ostdeutschen, sagt er, wünschten sich »Verständnis dafür, dass wir uns nicht mit einer Arbeitslosigkeit abfinden wollen, die mehr als doppelt so hoch ist wie in den alten Ländern«. Die hohe Zahl jener, die kein Vertrauen in die Demokratie besäßen, erfülle ihn mit Sorge. Und dieses Problem, sagt er, lasse sich »nicht durch Ausgrenzung« beseitigen. »Dies würden diejenigen, die sich zu Feinden der Demokratie hingezogen fühlen, allenfalls als Bestätigung empfinden. Wir müssen mehr zuhören und uns kümmern.«

Von der SED über die PDS zur Linken

Wer heute die Debatten über die AfD verfolgt, dürfte einige Formulierungen wiedererkennen. Das westdeutsche Unverständnis über die hohe Zustimmung der Ostdeutschen für die frühere SED ist damals so groß wie jetzt die Empörung über die hohen AfD-Umfragewerte. Und noch eine Parallele gibt es: Die PDS bezeichnet sich im Osten auch als »Volkspartei«.

Doch im Unterschied zur AfD ist ihr Strukturproblem größer: Die PDS ist im Westen Splittergruppe geblieben. Doch an dieser Stelle hilft ihr unfreiwillig die SPD. Aus Protest gegen die Hartz-Gesetze gründen enttäuschte Sozialdemokraten im Juli 2004 die »Wahlalternative Arbeit und Soziale Gerechtigkeit« (WASG). Im Mai 2005 tritt die Partei in Nordrhein-Westfalen zur Wahl an.

Die erzielten 2,2 Prozent sind übersichtlich, gelten aber als Achtungserfolg. Wichtiger noch: Die SPD verliert nach Jahrzehnten der Dominanz ihr größtes Bundesland. Die rot-grüne Parlamentsmehrheit ist ebenso weg wie die Regierungsmacht; die CDU sondiert mit der FDP über eine Koalition. Und so zieht Schröder noch am Wahlabend eine historische Konsequenz: Er kündigt an, die Vertrauensfrage zu stellen und Neuwahlen herbeizuführen.

Schröder überrumpelt damit nicht nur seine Partei und den grünen Partner, sondern auch die Opposition. Die CDU nominiert eilig Merkel als Kanzlerkandidatin, derweil Lafontaine die Chance sieht, die SPD, die er einst führte und 1999 im Streit verließ, von links anzugreifen. Er schlägt Gysi eine gemeinsame Wahlplattform von WASG und PDS vor. Die Idee ist umstritten, zumal sie auf die Schnelle rechtlich nicht realisierbar ist. Aber das Momentum ist deutlich genug. Und so öffnet die PDS ihre Listen gezielt für WASG-Mitglieder und benennt sich in »Linkspartei.PDS« um. In Umfragen klettert sie rasch auf Platz drei hinter Union und SPD.

Mittendrin im Gründungsgeschehen: Bodo Ramelow. Alle wissen, dass er in Thüringen die erfolgreichsten Kampagnen für die PDS führte. Jetzt ist er Wahlkampfleiter im Bund und soll als Fusionsbeauftragter eine neue, gesamtdeutsche Linkspartei organisieren. Dafür verlässt er Thüringen und kandidiert für den Bundestag. Bei der Neuwahl im September 2005 verdoppelt die Linkspartei.PDS ihr Ergebnis von 2002 auf 8,7 Prozent und kehrt in Fraktionsstärke ins nationale Parlament zurück. Ramelow beginnt in Berlin, den Zusammenschluss von WASG und PDS zu organisieren – und eckt an. Auch mit Lafontaine und Gysi streitet er oft und wird im Bundestag nur mit einem der vielen Fraktionsvizeposten abgefunden.

Immerhin ist der politische Hauptgegner derselbe wie in Thüringen: Die Union erreicht knapp ein besseres Ergebnis als die SPD. Deutschland wird nun von einer schwarz-roten Koalition unter Bundeskanzlerin Merkel regiert.

Gleichzeitig eskaliert in Thüringen die SPD-interne Debatte um eine Koalition mit der neuen Linkspartei. Im November 2007 erklärt der Ex-Landesvorsitzende Dewes, sich um die Spitzenkandidatur für die Landtagswahl 2009 zu bewerben. Sein Plan ist derselbe wie zehn Jahre zuvor: Er will eine rot-rote Regierung anführen. Der politische Wiedergänger, der kein Mandat und keine Parteifunktion besitzt, erzwingt tatsächlich eine Urwahl – die er allerdings im Januar 2008 deutlich verliert.

SPD-Landeschef Matschie nutzt die Urabstimmung, um sich gegenüber der mit der WASG fusionierten PDS, die sich nun einfach »Die Linke« nennt, für Bündnisse zu öffnen – und bei der Ministerpräsidentenfrage eine Haltelinie zu ziehen: Eine linke Koalition müsse von einem Sozialdemokraten angeführt werden. Damit will Matschie Ramelow 2009 von der Macht fernhalten – und wird damit auch Erfolg haben.

Ein Wechsel liegt in der Luft. Die Althaus-Regierung schwächelt, erstmals kommt Wechselstimmung auf. Die Verwaltungsreform scheitert teilweise. Die Wirtschaft lahmt, die Schuldenlast steigt und die Fraktion beginnt unter Lieberknecht zu rebellieren. Die anfangs disziplinierende Wirkung der Einstimmen-Mehrheit hat sich mittlerweile in ihr Gegenteil verkehrt. Einige Abgeordnete führen sich auf wie ihre eigenen Könige.

Auch in der Sozialpolitik vergreift sich der Ministerpräsident. Er hört zu viel auf seinen Grundsatz-Referatsleiter Hermann Binkert. Der westdeutsche, rechtskonservative und erzkatholische Jurist hat ein »Betreuungsgeld« entwickelt. Die monatlichen 150 Euro sollen an jene Eltern gehen, die ihre Kinder nicht in Krippen oder Kindergärten bringen. Damit werde für mehr Gerechtigkeit und Wahlfreiheit gesorgt, erklärt Althaus. Die Kritiker sprechen hingegen von einer »Herdprämie«.

Der Ministerpräsident ist damit zwar Vorreiter: Jahre später wird das »Betreuungsgeld« im Bund durchgesetzt (und wieder vom Bundesverfassungsgericht gestoppt). Doch in Thüringen, wo Friedrich Fröbel den Kindergarten erfand und wo seit der DDR-Zeit flächendeckend Tagesstätten existieren, ist die neue Leistung unpopulär. Die Oppositionsallianz aus Linke, SPD und Grünen besitzt nun ein dankbares Mobilisierungsthema. Dass Althaus zur Gegenfinanzierung das Blindengeld abschafft, nur um es nach Protesten wieder einführen zu müssen, macht die Situation nicht besser.

Schließlich lässt die CDU-Fraktion unter Lieberknecht den Innenminister mit einer Polizeistrukturreform auflaufen. Der Mann tritt im

Zorn zurück – woraufhin Althaus überstürzt sein halbes Kabinett auswechselt. Er stellt die zu unbequem gewordene Lieberknecht als Sozialministerin in die Kabinettsdisziplin und macht Mike Mohring, der ihm seit 2004 als CDU-Generalsekretär diente, zum neuen Vorsitzenden der Fraktion.

Die Kabinettsreform gerät zum PR-Desaster. Der neuen Justizministerin Marion Walsmann wird vorgehalten, dass sie für die Block-CDU in der DDR-Volkskammer saß. Seinen designierten Kultusminister muss Althaus zurückziehen, als bekannt wird, dass er für rechtsgerichtete Blätter wie die *Junge Freiheit* schrieb. Dass er Referatsleiter Binkert zum Staatssekretär sprungbefördert, wird selbst in der CDU misstrauisch beäugt.

Dennoch: Althaus wird im Herbst 2008 mit 100 Prozent erneut zum Spitzenkandidaten akklamiert. Insgeheim aber erwägt er längst eine bundespolitische Karriere. Nicht umsonst hat er sich einen Platz im Bundespräsidium der CDU gesichert und als lautstärkster Merkel-Unterstützer im Osten profiliert. Nach der Bundestagswahl 2013 könnte er sich von ihr nach Berlin rufen lassen und die Staatskanzlei an Mike Mohring übergeben. Es wäre die Wiederholung des Vogel-Althaus-Wechsels – wofür allerdings die CDU ihre absolute Mehrheit verteidigen müsste.

Sonderlich realistisch ist das alles nicht. In Umfragen ist die Partei längst deutlich unter 40 Prozent gefallen. Aber wer weiß schon, was das Wahljahr bringen wird.

Tragödie auf der Skipiste

Am 1. Januar 2009 fährt Dieter Althaus Ski auf der Riesneralm. Er macht über den Jahreswechsel immer wieder Urlaub in der Steiermark. Wie ein Sachverständiger später feststellen wird, biegt der Ministerpräsident aus der Skipiste »Die Sonnige« kurz vor 15 Uhr mit etwa 40 Stundenkilometern auf die »Panorama«-Abfahrt ein und fährt zum Ausbremsen den Berg hinauf. Dort kollidiert er mit einer Skifahrerin. Die Folgen des Unfalls werden die Thüringer Geschichte verändern. Sie beschleunigen den Abstieg der CDU und spalten sie für Jahrzehnte. Sie befördern den Aufstieg der Linken zur Regierungspartei. Und erschüttern das Vertrauen in die politischen Handelnden.

Im Januar 2009 ist davon erst einmal nur wenig zu erahnen. Sichtbar wird vor allem eine menschliche Tragödie. Neben einem Armbruch erleidet Althaus ein schweres Schädel-Hirn-Trauma mit Hirnblutung. Nur weil er einen Helm trägt, überlebt er. Die Frau jedoch – eine 41-jährige Slowakin, die ein Jahr zuvor Mutter geworden ist – trägt keinen Helm. Sie stirbt während des Transports ins Krankenhaus.

Die Regierungspartei gerät sofort ins Taumeln. Während Althaus im künstlichen Koma im Krankenhaus liegt, gelangt formal eine Frau an die Macht, die er vor allem aus Quotengründen zu seiner Stellvertreterin befördert hatte. Doch nun muss Finanzministerin Birgit Diezel geschäftsführend die Landesregierung leiten – und die CDU.

Die Geschichte des schwer verunfallten Ministerpräsidenten, gegen den bald die österreichische Justiz wegen fahrlässiger Tötung ermittelt, dominiert die Nachrichten. Viele Medien schicken Reporter in die Steiermark und nach Erfurt. Der Verkauf von Skihelmen verfünffacht sich mancherorts,[15] eine Helmpflicht wird diskutiert. Bislang haben viele Thüringen als hübsches Land mit Wald, Klößen und Bratwurst abgespeichert. Ihre politische Landeskunde beschränkt sich bestenfalls darauf, dass Bernhard Vogel hier seine zweite Karriere absolvierte. Doch nun reden alle über das Drama.

Althaus wird nach einigen Tagen aus dem Koma geholt und am 9. Januar 2009 per Hubschrauber nach Jena verlegt. Gegenüber der Staatsanwaltschaft erklärt er glaubhaft, keine Erinnerung an den Unfall zu haben. Derweil sortiert sich seine Partei entlang der in Jahren gewachsenen Konfliktlinien: Ein Lager hält strikt zu ihm, aus Loyalität, aber auch, um die eigenen Positionen und Ambitionen zu sichern.

Das andere Lager diskutiert über eine mögliche Nachfolge. Genannt werden die Namen von Diezel und Lieberknecht, selbst eine Rückkehr Vogels wird erwogen.

Althaus selbst kämpft inzwischen in einer Klinik am Bodensee um seine gesundheitliche und politische Rehabilitation. Er werde im Amt bleiben und als Spitzenkandidat die Landtagswahl im Spätsommer gewinnen, teilt er seinen Besuchern aus Thüringen mit. Diesem Ziel ordnet er alles unter – vor allem seinen Ruf. Weil er ein Strafverfahren wegen fahrlässiger Tötung möglichst rasch hinter sich bringen will – Althaus hatte laut dem gerichtlichen Gutachten mit einem Fahrfehler den Unfall verursacht –, erklärt er, dass er trotz Amnesie und fehlender Zeugen die juristische Verantwortung übernehme. Auf ein Gegengutachten verzichtet er. Das Schuldeingeständnis soll sein Preis für das politische Überleben sein.

In der CDU aber rumort es. Zur Sorge um Althaus' Gesundheit gesellt sich zunehmend die Angst, mit einem verurteilten Spitzenkandidaten die Wahl zu verlieren. Die Zweitler schicken Vogel vor, der seinem Nachfolger am Bodensee die drängende Frage stellt, ob er sich das alles wirklich antun wolle. Doch auch er kommt nicht mehr an Althaus heran. Der hört bloß noch auf seine Frau, enge Freunde und seinen Staatssekretär Binkert.

Nach außen hält die Partei zusammen. Knapp zwei Wochen nach dem Blitzurteil wählt sie Althaus mit 94,6 Prozent auf Platz eins der Landesliste. Der Spitzenkandidat bedankt sich bei den Delegierten mit einer SMS, die in seiner Abwesenheit vorgelesen werden muss. Die bizarre Situation, schreibt eine Wochenzeitung, erinnere an einen Parteitag in Nordkorea.[16] Nur einen Tag später druckt die *Bild*-Zeitung dann noch den ersten Teil eines Interviews mit Althaus. Seine Antworten zeigen, dass er sich eigentlich für unschuldig hält. Ja, er habe die Verantwortung für den Unfall übernommen, sagt er, ohne dass er eine Erinnerung daran habe. Und fügt an: »Schuld ist nicht die richtige Kategorie.«[17] Das mediale Echo ist verheerend.

Erst Ende April ist der Ministerpräsident endlich wieder zurück in der Staatskanzlei. Er steht im Barocksaal und starrt auf einen riesigen Pulk an Journalisten, Fotografen und Kameraleuten. Dann spricht er ins gleißende Scheinwerferlicht seine vorbereiteten Sätze: »Ich habe einen Fehler gemacht und bitte um Vergebung.« »Ich bin fit.« »Unser Ziel ist 45 Prozent plus x.« In diesen Monaten beginnt sich die Konkurrenz zwischen zwei jungen Männern in der CDU zu verschärfen. Landtagsfraktionschef Mohring ist 37 und sieht sich als natürlicher Nachfolger von Althaus. Mario Voigt ist 32, führt die Junge Union und kandidiert für den Landtag. Er stellt Mohrings Ambitionen offensiv infrage. Die daraus resultierende Fehde wird für mehr als ein Jahrzehnt die Landespartei beschäftigen und teilweise lähmen. Sie wird damit zur Mitursache für die künftigen Niederlagen bei den Landtagswahlen und für die Wahl von Thomas Kemmerich zum Ministerpräsidenten.

Barack Obama will Dieter Althaus auch nicht sehen

Aber das kann im Juni 2009 noch niemand ahnen. Vielmehr schöpft Althaus wieder Hoffnung. Ein besonders prominenter Wahlkämpfer scheint sich angekündigt zu haben: An einem kühlen Juninachmittag landet auf dem Weimarer Ettersberg der Helikopter »Marine One« mit dem 44. Präsidenten der USA. Tausende Polizisten haben das Gelände abgeriegelt, Gullideckel wurden verschweißt, Scharfschützen haben sich postiert. Der 50 Meter hohe Turm, neben dem Barack Obama nun steht, erinnert an die 56 000 Menschen, die im KZ-Buchenwald starben. Der US-Präsident besitzt eine private Verbindung zu dem Ort. Ein Großonkel gehörte zur 89. Infanteriedivision und war dabei, als die US-Armee das Buchenwald-Außenlager in Ohrdruf bei Gotha erreichte. »An jenem Tag wurde noch gekämpft, es gab Artilleriefeuer«, sagt Charles T. Payne am Telefon in Chicago. »Die SS hatte dort ein Massaker angerichtet und Gefangene erschossen. Viele der

Toten waren dazu einfach nur verhungert, man hatte sie übereinandergestapelt. [...] Wir hatten viel gesehen in diesem Krieg, wirklich viel, aber das, das war für uns das Schlimmste.«[18]

Gut zwei Stunden verbringen Obama und Angela Merkel auf dem Ettersberg, gemeinsam mit Elie Wiesel und Bertrand Herz, die im KZ litten. Sie legen weiße Rosen auf dem Appellplatz nieder. Doch Althaus darf schließlich doch nicht dabei sein, er hat nur die Rolle eines Komparsen bekommen.

An einem Pult vor dem Lagertor erzählt Obama schließlich von Charles T. Payne. Sein Großonkel sei im Schockzustand aus dem Krieg zurückgekehrt: »Er war allein mit seinen schmerzvollen Erinnerungen, die nicht seinen Kopf verlassen wollten.«[19] Bis heute, sagt der Präsident, gebe es Menschen, die den Holocaust leugneten, die Rassismus, Antisemitismus, Homophobie, Fremdenfeindlichkeit und Sexismus verträten. »Dieser Ort lehrt uns, dass wir auch in unserer Zeit wachsam gegenüber der Verbreitung des Bösen bleiben müssen.« Danach ist Obama wieder weg, und Althaus hat nichts davon. Anders als Bernhard Vogel, der 1996 Obamas Vorvorgänger Bill Clinton die Wartburg gezeigt hatte, schaffte er es nicht einmal auf ein gemeinsames Foto. Er beginnt seinen letzten Wahlkampf.

Die CDU-Kampagne gerät zum Fiasko. Die Partei setzt auf eine Wohlfühlkampagne mit bunten, blumenbeladenen Bildern. Gleichzeitig veröffentlicht eine obskure Internetseite Umfragen, in der die Partei auffällig gut dasteht. Hinter dem Portal stehen anonyme Investoren, die offenkundig Binkert nahestehen. Kurz vor der Wahl erscheint in Millionenauflage ein Hochglanzfarbheft »Tolles Thüringen« mit einer mehrseitigen Homestory von Katharina und Dieter Althaus. Der Ministerpräsident wird darin als Opfer der Umstände dargestellt, was der Witwer der getöteten Frau mit Empörung zurückweist. Die Medien zerreißen die Kampagne.

Was die Lage zusätzlich erschwert: Bodo Ramelow ist zurück. Er hatte sich entscheiden müssen: Sollte er weiter in Berlin mit anderen

Alpha-Politikern wie Gysi und Lafontaine streiten und keinerlei Regierungsperspektive haben? Oder als konkurrenzloser Star seiner Partei nach dem Ministerpräsidentenamt greifen? Ramelow wählt Thüringen und lässt die Wahlkampagne komplett auf sich zuschneiden. Sein Gesicht dominiert fast alle Plakate. Er tritt seriöser, bürgerlicher, ja: konservativer auf. Und er nimmt seinen kleinen Ohrring ab. »Der war Protest«, sagt er. »Jetzt bin ich reifer.«[20] Darüber hinaus sucht Ramelow offensiv das Gespräch mit der Wirtschaft. Während der Betriebsbesuche will er zeigen, dass er nahezu jede Firma im Land kennt und auch als früherer Gewerkschaftsfunktionär wohl in der Lage ist, die Interessen der Unternehmer mitzudenken.

Zudem bereitet er seine Partei systematisch auf ein rot-rot-grünes Bündnis vor, ob nun in Strategierunden oder auf der Straße. Dort demonstriert er gemeinsam mit Sozialdemokraten und Grünen für mehr direkte Demokratie oder gegen Neonazis, die zunehmend selbstbewusst auftreten. Die NPD hat auch das halbe Land mit Plakaten zugehängt.

Am 30. August 2009 ist Landtagswahl. Die CDU verliert nochmals knapp zwölf Prozent und stürzt auf 31,2 Prozent ab. Die Linke verbessert sich auf 27,4 Prozent, die SPD kann die Verluste von 2004 wettmachen und liegt wieder bei 18,5 Prozent. Die Liberalen gewinnen mit dem Bundestrend und ziehen nach 15 Jahren mit 7,6 Prozent erneut in den Landtag ein – genauso wie die Grünen, die 6,2 Prozent erreichen. Nach 15 Jahren eines Drei-Parteien-Parlaments gibt es wieder fünf Fraktionen.

Nur knapp acht Monate, nachdem Althaus' Skiunfall Thüringen deutschlandweit in die Schlagzeilen brachte, steht nun vielleicht schon die nächste historische Wendung an: Ein Linker greift nach dem Ministerpräsidentenamt. So etwas gab es in der Bundesrepublik noch nie.

Rot-Rot-Grün verfügt tatsächlich über eine komfortable Mehrheit von 51 der 88 Sitze. Die Grünen scheinen dazu bereit, unter Ramelow zu regieren, sofern sich die Linke zum SED-Unrecht bekennt. Und auch die SPD-Basis will erkennbar den Wechsel. Sogar der Erfurter Oberbürgermeister Andreas Bausewein, hinter dem der ewige Wiedergänger Richard Dewes steht, wirbt für Rot-Rot-Grün und erhält viel Zuspruch. Nur einige altgediente Sozialdemokraten wie Schuchardt halten dagegen. Sie verweisen darauf, dass es eine ebenso stabile schwarz-rote Mehrheit gebe.

SPD-Chef Matschie will insgeheim weder unter Ramelow noch unter Althaus regieren, traut sich aber damit gegenüber seiner Partei nicht offen heraus. Er wünscht sich eine neue, geschmeidigere CDU als Partner. Als Althaus ihn anruft, um mit ihm über Sondierungsgespräche zu reden, nimmt er gar nicht erst ab. Stattdessen lässt er bei Lieberknecht eruieren, ob sie zur Ministerpräsidentschaft bereit wäre. Die beiden evangelischen Theologen duzen sich und sind auch politisch nicht weit auseinander. Nach außen hin zeigt sich Matschie offen für Rot-Rot-Grün.

Flucht eines Ministerpräsidenten

Doch Matschie muss nicht lange warten, bis Althaus unter Druck gerät. JU-Chef Mario Voigt fordert eine »offene Fehleranalyse«, andere gar seinen Rücktritt. Vogel rät Althaus, gleich zu Beginn der Sondierungen mit der SPD seinen Verzicht auf das Amt des Regierungschefs zu erklären. So könne er die CDU an der Macht halten und gleichzeitig seine Nachfolge regeln. Doch der steht neben sich. Das Trauma des Unfalls, die Qual des Wahlkampfs, die Demütigung der Niederlage: Das alles ist nun endgültig zu viel für ihn. Vier Tage nach der Wahl tritt er als Ministerpräsident und CDU-Landesvorsitzender zurück. Außer seiner Frau ist niemand eingeweiht. Anschließend macht es Althaus wie Lafontaine 1999: Er flüchtet in sein Privathaus, das bald von Fernsehkameras belagert wird.

Allerdings bleibt in Thüringen ein Ministerpräsident laut Landesverfassung auch nach einem Rücktritt noch so lange geschäftsführend im Amt, bis ein Nachfolger gewählt ist. Althaus scheint das nicht zu wissen, oder er ignoriert es. Also setzen Beamt der Staatskanzlei in seinem Namen nun jene Schreiben auf, in denen die Minister um Verbleib in ihrem jeweiligen Amt ersucht werden. Für Finanzministerin Diezel wird als stellvertretende Regierungschefin ein zusätzliches Schreiben erstellt. Darin bittet sie der geschäftsführende Ministerpräsident sie um seine »Abwesenheitsvertretung«. Anschließend fährt ein persönlicher Referent nach Heiligenstadt, um seinen Immer-Noch-Chef die Briefe unterschreiben zu lassen. Die Anrufe Diezels jedoch drückt Althaus weg.

Das Chaos in der CDU ist noch größer als nach der Tragödie am Neujahrstag. Exakt in dem Moment, in dem ihre Macht in höchster Gefahr ist, hat sie keine Führung mehr. Birgit Diezel, die Althaus bis zur Selbstverleugnung diente, ist zutiefst verletzt – und macht jetzt gemeinsame Sache mit Lieberknecht, mit der sie zuvor nie warm wurde. Bei einem geheimen Treffen ermuntert sie die Sozialministerin, als Ministerpräsidentin zu kandidieren. Sie selbst behält sich vor, den Parteivorsitz zu übernehmen.

Mario Voigt sieht nun seine Chance, Mike Mohring auszubremsen. Der JU-Landeschef ist nun Abgeordneter im Landtag und bereitet Lieberknechts Nominierung als Regierungschefin vor. Dabei hilft ihm sein Freund und Stellvertreter Christian Carius, der trotz seiner erst knapp 33 Jahre bereits seit 1999 im Landtag sitzt – und der mit Mohring ebenso wenig anfangen kann wie Voigt.

Erst nach knapp vier Tagen begreift Althaus, in welche unmögliche Lage er sich, seine Partei und seine Getreuen gebracht hat. Er kehrt in die Staatskanzlei zurück und will nun sein Erbe verteilen. So, als sei er nie weg gewesen, teilt er der Presse mit, er habe von daheim gearbeitet. Doch er kommt zu spät. Lieberknecht hat ihre Kandidatur offiziell gemacht. Voigt und Carius organisieren bei Kreisvorsitzenden und Landräten Unterstützerunterschriften. Und auch Vogel distanziert sich öffentlich von Althaus.

Mohring versucht, sich zumindest den CDU-Vorsitz zu sichern. Doch ihm entgeht, dass Voigt und Carius längst in der Fraktion für Lieberknecht werben. Ihr Hauptargument lautet, dass in der CDU traditionell Partei- und Regierungsvorsitz zusammengehörten. Tatsächlich wird der Fraktionschef nach einer hitzigen Debatte von den eigenen Abgeordneten überstimmt.

Währenddessen ist Ende September 2009 ein neuer Bundestag gewählt worden. Das Ergebnis belegt, wie sehr die Niederlage der Thüringer CDU hausgemacht war. Die Union bleibt unter Merkel stabil, derweil die SPD um 11,2 Punkte auf ein historisches Tief von 23 Prozent abrutscht. Gewinner sind FDP, Linke und Grüne mit zweistelligen Ergebnissen. Die neue Bundesregierung wird von CDU, CSU und FDP gebildet.

Und auch Matschie gerät in Thüringen zunehmend unter Druck. Die Basis drängt nach der verlorenen Bundestagswahl nun umso stärker darauf, mit Rot-Rot-Grün einen Gegenpol zu Berlin zu bilden. Darüber hinaus hat Ramelow in einem spektakulären Schritt auf das Amt des Ministerpräsidenten verzichtet. Er könne einen parteilosen oder sogar sozialdemokratischen Regierungschef über sich akzeptieren, sagt er – solange allerdings dieser nicht Matschie heiße.

Die Linke-Führung in Berlin ist empört, Gysi übt öffentlich Kritik. Doch Ramelow lässt alles an sich abprallen. Die Entscheidung falle in Erfurt und nicht in Berlin, sagt er. Bald werden Ex-Bundestagspräsident Wolfgang Thierse oder der scheidende Bundesverkehrsminister Wolfgang Tiefensee als mögliche Regierungschefs gehandelt. Beide haben biografische Bezüge zu Thüringen. Damit hat die SPD nach 1994 zum zweiten Mal eine reale Chance, hier eine Linksregierung anzuführen. Doch Matschie denkt kurzfristiger. Und nur an sich. In dieser Konstruktion wäre er nämlich bloß die Nummer drei. Außerdem hat er sich längst mit Lieberknecht geeinigt. Also lässt er die Sondierungen vorsätzlich scheitern, verzichtet auf den Regierungsvorsitz – besteht aber darauf, dass ausschließlich seine Partei den Ministerpräsidenten benennen darf. Die anderen sollen nicht einmal mitreden dürfen. Diese Zurücksetzung kann Ramelow nicht akzeptieren. Auch die Grünen fühlen sich hintergangen und teilen das Matschie voller Empörung mit.

Lieberknecht ergreift hingegen nun ihre Chance. Nur wenige Stunden nach dem Scheitern der rot-rot-grünen Sondierungen überlässt sie der SPD die gewünschten Ressorts für Bildung, Wirtschaft, Soziales und Justiz. Und sie akzeptiert die Einführung der bislang bekämpften Gemeinschaftsschule, womit Matschie wiederum in einer langen, umkämpften Sitzung seinen Landesvorstand überzeugen kann. Die Basis protestiert vergeblich vor den Türen.

Schwarz-rotes Zweckbündnis gegen Ramelow

Die Koalitionsverhandlungen sind bloß noch Formsache. Die CDU akzeptiert den Vertrag und wählt Lieberknecht mit mäßiger, aber ordentlicher Mehrheit zur Vorsitzenden. Mario Voigt wird Generalsekretär und ist nun auch offiziell Widerpart von Fraktionschef Mohring. Jetzt muss nur noch die Wahl der Ministerpräsidentin absolviert werden. Die Rechnung ist einfach. Bei 88 Abgeordneten benötigt Lieberknecht 45 Stimmen, die Koalition verfügt über 48. Doch im ersten Wahlgang erhält sie nur 44 Ja-Stimmen – das ist eine zu wenig. Der zweite Wahlgang bestätigt das Ergebnis. Dass Lieberknecht die Kabinettsliste geheim hielt, hat ihr offenkundig nichts genutzt. Natürlich könnten die Abweichler auch aus der zerstrittenen SPD kommen. Aber nur wenige im Landtag glauben daran.

Die Kandidatin muss also in den dritten Wahlgang, in dem die relative Mehrheit der Stimmen reicht. Doch in der Landesverfassung steht eine interpretationsfähige Formulierung: Gewählt ist, wer die »meisten Stimmen erhält«. Die Rechtsgelehrten streiten: Sind damit nur die Ja-Stimmen gemeint? Und wäre eine Einzelkandidatin Lieberknecht auch dann Ministerpräsidentin, wenn mehr Abgeordnete mit Nein stimmen als mit Ja? Lieberknechts Antwort lautet: Die Nein-Stimmen zählen nicht. Doch wird es im Zweifel die Öffentlichkeit auch so verstehen?

Da beweist Ramelow wieder seinen Instinkt für den richtigen Moment. Die Verfassung erlaubt ausdrücklich vor dem dritten Wahlgang spontane Kandidaturen. Also tritt der Fraktionschef an und erreicht drei Dinge. Erstens er zieht die Aufmerksamkeit auf sich. Zweitens führt er die Regierungsfraktionen vor. Und drittens tut er Lieberknecht einen großen Gefallen. Denn dank des Gegenkandidaten ist sie das Ja-Nein-Dilemma los. Und mehr als das: Lieberknecht erhält 55 Stimmen. Das sind alle Stimmen von CDU, SPD – und FDP. Der Sozialist Ramelow hat das bürgerlich-sozialdemokratische Lager für einen kurzen Moment geschlossen.

Aber Ramelow hilft Lieberknecht auch aus Sympathie. Die beiden kennen sich aus der Zeit, als er Gewerkschafter war und sie Staatskanzleiministerin. Sie schatzen und duzen sich, und sie teilen den evangelisch-lutherischen Glauben. Der Linke hatte die Christdemokratin sogar zu seiner zweiten Hochzeit eingeladen – und sie war gern gekommen.

Im Februar 2020, während der Kemmerich-Regierungskrise, wird die besondere Beziehung zwischen den beiden zu einer verblüffenden Wende führen. Doch nun ist Lieberknecht erst einmal Ministerpräsidentin. Ihre Kabinettsbesetzung überrascht. Dass die Althaus-Freunde entlassen oder versetzt werden, war erwartbar, doch dass sie Marion Walsmann zur Finanzministerin beruft, die vorher Justizministerin war und keine Haushaltskenntnisse besitzt, verblüfft. Auch der Innenminister Peter Huber ist eine riskante Wahl. Wie der neue Staatskanzleiminister hatte er zuvor kein politisches Amt inne, zudem wartete er auf den Ruf ans Bundesverfassungsgericht. Zum Regierungssprecher macht Lieberknecht einen 34-jährigen Ex-Radiomanager. Peter Zimmermann hatte zwar schon in Sachsen als Sprecher für die Staatsregierung gearbeitet, aber in Thüringen wird er zusätzlich Staatssekretär. Dass der Mann weder über Berufs- noch Studienabschluss verfügt, kümmert Lieberknecht nicht.

Die Entscheidungen werden sie einholen. Aber da ergeht es ihr nur wie Matschie, der für die SPD das Bildungsministerium erhält und tatsächlich den gleichen Fehler wie 15 Jahre zuvor Gerd Schuchardt begeht: Er holt sich einen machthungrigen Westkonkurrenten ins Kabinett. Matthias Machnig hat für Gerhard Schröder mehrere Bundestagswahlkämpfe gemanagt, hat sich in Berlin den Ruf eines notorisch polternden Politikprofis erarbeitet. Nun hat er vor, als Wirtschaftsminister in der Provinz die Berliner Opposition zu überwintern und sich in Stellung für Höheres zu bringen. Sofort nach seiner Ernennung macht er jedem, den es interessieren könnte, klar, dass er sich Matschie überlegen fühlt, und zwar in jeder erdenklichen Hinsicht.

Die Auswahl belegt erneut die Personalarmut der hiesigen Parteien. Ihnen fehlt qualifizierter und streitfähiger Nachwuchs. Sei es die in der DDR eingeübte Distanz zu Parteien, die Abwanderung der Jungen gen Westen oder das mangelnde Selbstvertrauen von Ostdeutschen: Am Ende schaffen es vor allem selbstbewusste, kampferprobte und netzwerkaffine Westdeutsche nach oben.

Den Typus der Ostpolitikerin verkörpert hingegen Matschies Parteistellvertreterin Heike Taubert, die Sozialministerin wird. In ihrer zuweilen bieder wirkenden Unauffälligkeit und ihrem stillen Machtbewusstsein ähnelt sie Lieberknecht. Sie drängelt sich nicht nach vorne, sondern wartet auf den richtigen Augenblick.

Die Lieberknecht-Regierung besitzt eine vergleichsweise solide Ausgangsbasis. Trotz verpasster Strukturreformen steht das Land 20 Jahre nach seiner Wiedergründung wirtschaftlich und sozial etwas besser da als die meisten anderen Ostländer. Die Abwanderung scheint vorerst gestoppt. Die Arbeitslosenquote sinkt unter zehn Prozent. In den Bildungsrankings Pisa und Iglu streitet sich Thüringen mit Bayern und Sachsen um die vordersten Plätze. Die

Löhne, die hier lange besonders niedrig waren, nähern sich nicht bloß im öffentlichen Dienst langsam, aber konsequent dem Westniveau an. Und obwohl 2008 die Finanz- und Wirtschaftskrise begonnen hat und die Verschuldung des Landes hoch ist, erweist sich das Defizit im Haushalt nach einigem innerkoalitionärem Hickhack als beherrschbar.

Dies liegt auch an Wolfgang Voß, den Lieberknecht ein Jahr nach ihrem Regierungsantritt als Finanzminister aus Sachsen holt. Nachdem der Innenminister Huber als Richter ans Bundesverfassungsgericht gerufen wird, nutzt sie die Gelegenheit zur Korrektur ihrer Personalauswahl. Der Staatskanzleiminister wird schnöde entlassen und durch die bisherige Finanzministerin Walsmann ersetzt.

Mohring registriert diese erratische Personalpolitik genau. Und er nutzt jede Gelegenheit, sich an der Ministerpräsidentin vorbei oder gar gegen sie zu profilieren. Sie jedoch wagt nie die offene Konfrontation mit ihm. Allein schon die lokalen Verquickungen verunmöglichen aus ihrer Sicht internen Machtkampf. Sie wohnt in Mohrings Wahlkreis – und er in ihrem. Sie ist seine Landeschefin – und er ihr Kreisvorsitzender. In der SPD wiederum überstrahlt Machnig zunehmend den blassen und spröden Matschie. Mit dröhnendem Selbstbewusstsein startet der Wirtschaftsminister eine Initiative nach der anderen. Bald dominieren Streit und Missgunst die Regierung und die beiden sie tragenden Parteien.

Der Rechtsextremismus bleibt derweil virulent. Bei der Landtagswahl 2009 ist die NPD von 45 451 Menschen gewählt worden. Das entspricht einem Anteil von 4,3 Prozent. Dank ihrer Kooperation mit der DVU hat sich die NPD in ganz Ostdeutschland etabliert. In Sachsen und Mecklenburg-Vorpommern sitzt sie im Landtag. Ihre Thüringer Zentrale hat sie in Eisenach. Von dort aus will sie 2014 den Landtag erobern.

Am 4. November 2011 wird in Eisenach die Sparkasse von zwei bewaffneten Männern ausgeraubt. Wenige Stunden später brennt ein

Wohnwagen im Vorort Stregda. Die Polizeibeamten finden darin die Leichen von Uwe Böhnhardt und Uwe Mundlos. Kurz darauf explodiert eine Haushälfte in einem ruhigen Wohngebiet in Zwickau. Die Brandstifterin Beate Zschäpe stellt sich wenige Tage später der Jenaer Polizei.

Die rechtsextremistische Terrorzelle NSU findet nun dort, wo sie einst ihren Ausgang nahm, ihr vorläufiges Ende. In Thüringen. In den Ermittlungen, die nun beginnen, taucht immer wieder der Name von Thorsten Heise auf. Er war 1999 aus Niedersachsen nach Nordthüringen gezogen. Der Neonazi ist vorbestraft wegen Volksverhetzung, Körperverletzung sowie Landfriedensbruch und hat zwei Haftstrafen absolviert. Seit 2004 sitzt er im Bundesvorstand der NPD, seit 2009 hat er für die Partei ein Mandat im Eichsfelder Kreistag. Von dem kleinen Dorf Fretterode aus vertreibt er rechtsextremistische Zeitungen und Devotionalien. Und er hat seit 2008 einen neuen Nachbarn.

6
Höckes Angriff

Bornhagen, 6. Mai 2018. Der Winter hat die grauen Stelen angegriffen. Nun erst ist gut zu erkennen, dass sie gar nicht aus Beton sind. Die Spanplatten liegen teilweise frei. Es ist ein ungewöhnlich warmer Frühlingstag. Fiona trägt ein ärmelloses Hemd zur schwarzen Latzhose und schmiert mit einer Maurerkelle frischen Mörtel auf den Pressspan. »Wir machen Frühjahrsputz!«, ruft sie.[1]

Die Stelen stehen in einem Hof im kleinen Dorf Bornhagen im Eichsfeld, gleich hinter einem geduckten Mehrfamilienhaus. Direkt daneben, zum Berg und der Burg Hanstein hin, ein großer Garten mit einem alten, sorgfältig restaurierten Pfarrhaus. Dort wohnt Björn Höcke mit seiner Frau und den vier Kindern.

Fiona ist Ende 20 und gehört zu dem halben Dutzend junger Leute, die hier im Einsatz sind. Wie sie stammen die meisten aus Witzenhausen gleich hinter der Grenze zu Hessen. Dort gibt es eine Miniaturhochschule und eine kleine linke Szene, in der man sich einig war, dass man etwas tun müsse. Gegen die AfD. Und vor allem gegen deren Thüringer Landesvorsitzenden.

Anlass war eine Rede, die Höcke im Januar 2017 in Dresden gehalten hatte. Sie brachte ihm neben empörten Protesten ein vom AfD-Bundesvorstand initiiertes Ausschlussverfahren ein. Höcke rief: »Wir Deutschen, also unser Volk, sind das einzige Volk der Welt, das sich ein Denkmal der Schande in das Herz seiner Hauptstadt gepflanzt hat.« Wie er das meinte, machte der Kontext klar: »Diese dämliche Bewältigungspolitik, die lähmt uns heute noch viel mehr als zu Franz Josef Strauß' Zeiten. Wir brauchen nichts anderes als eine erinnerungspolitische Wende um 180 Grad.« Wenige Monate nach der Rede mietete sich das Aktionskünstlerkollektiv »Zentrum für Politische Schönheit«, kurz ZPS, konspirativ in der Nachbarschaft Höckes ein. Von Planen und Folien abgeschirmt, wurden Stelen errichtet, die in Größe und Aussehen dem Berliner Holocaust-Mahnmal nachempfunden waren. Im November 2017 fand dann die medienwirksame Enthüllung des »Mahnmals gegen die schleichende Normalisierung des Faschismus in Deutschland« statt. Es gehe darum, Höcke vor seiner eigenen Haustür mit der von ihm verachteten Erinnerungskultur zu konfrontieren, erklärten die Aktivisten.

Gleichzeitig behauptete das ZPS, Höcke monatelang ausspioniert zu haben. Sogar seine DNA sei analysiert worden. Später hieß es, diese Aussagen seien nur Satire gewesen. Doch die erwünschte Aufregung war da längst produziert. Demonstrationen und Proteste fanden statt, für und gegen das Mini-Mahnmal. Reifen von Autos der Aktivisten wurden zerstochen. Im Internet kämpften besorgte Bürger gegen Aktionskunstliebhaber, in Erfurt stritt der Landtag und das Politfeuilleton debattierte.

Rechtlich konnte Höcke wenig gegen das ZPS ausrichten. Das Kölner Landgericht entschied, dass das Mahnmal Kunst sei. Auch der Eigentümer des Hauses, in das sich die Gruppe eingemietet hat, scheiterte mit seinen Versuchen, den Mietvertrag aufzulösen oder zumindest die Stelen entfernen zu lassen. Von der Staatsanwaltschaft Mühlhausen hieß es, es hätten sich »um den zentralen Vorwurf herum 30 bis 40 periphere Verfahren« angesammelt. Dabei gehe es, nur zum Beispiel, um eine gestohlene Papiertonne Höckes.

Und so herrscht an diesem Frühlingstag in Bornhagen eine Art Waffenstillstand. Das Dorf besitzt eben nun neben der Burg Hanstein und einem Jahrhunderte alten Wirtshaus noch eine Attraktion mehr. Das sogenannte Mahnmal ist an Sonntagen geöffnet, von 14 bis 18 Uhr – und dies soll, sagt Fiona, noch »sehr, sehr lange« so bleiben. Der Mietvertrag laufe unbefristet, das Spendengeld reiche für Jahre.

Und wie geht es dem Hausbesitzer Höcke damit? Nun ja, antwortet er, als man ihn darauf anspricht. Er habe sich daran gewöhnen müssen, dass seine Privatsphäre ignoriert werde. Für seine Kinder sei es schwieriger, sie spielten ja im Garten. Ansonsten versuche der Nachbar immer noch, die Aktionskünstler aus dem Vertrag zu bekommen, der Ausgang sei ungewiss.

»Ich lasse mich nicht vertreiben«, sagt Höcke. In einem Rundbrief an die Mitglieder der Thüringer AfD schreibt er, dass das Eichsfeld zu seinem Refugium geworden sei. »Es ist mir Rückzugs-, Inspirations- und Regenerationsraum« – ein »Schatz«, den es zu bewahren gelte. »Gerade weil ich viel bewegen will, habe ich mich für Thüringen entschieden.«[2]

Dieses Land ist seine Bastion. Von hier aus greift er an.

Der Mann mit den zwei Gesichtern

Geboren wird Björn Höcke am 1. April 1972 in Lünen in Nordrhein-Westfalen. Wenig später ziehen seine Eltern ins Rheinland, nach Neuwied. Die Mutter arbeitet als Pflegerin, der Vater als Sonderschullehrer für Blinde und Sehbehinderte. Höcke sagt, er sei in einer »hochpolitischen Familie« aufgewachsen. Seine Großeltern, die mit dem Ende des Zweiten Weltkriegs aus Ostpreußen vertrieben wurden, hätten ihm oft von dort erzählt: »Durch sie habe ich das Leiden der Kriegsgeneration verstanden.« Aus dieser Zeit besitze er »ein ganz starkes und intaktes Heimatgefühl«.

Diese Heimat ist großdeutsch. »Mein Urgroßvater«, sagt Höcke, »ist nach dem Krieg nicht mit meinen Großeltern geflüchtet und 1945 in Königsberg verhungert.« Das Trauma der Vertreibung vererbt sich auf die nachfolgenden Generationen und prägt sie politisch. Der Name von Höckes Vater taucht auf einer Abo-Liste der antisemitischen Zeitschrift *Die Bauernschaft* auf.[3] Seine Traueranzeige wird später mit der Elchschaufel das Wappen der Landsmannschaft Ostpreußen zeigen.

Die Mutter ist katholisch, der Vater protestantisch, es wird das Tischgebet gesprochen. Ihr Sohn versucht, zur Religion zu finden. »Das war während meiner Konfirmationszeit so ein Lebensgefühl«, sagt er, »da habe ich mich richtig reingestürzt, wollte den Glauben erzwingen.« Auch hier sieht er sich in einer Familientradition: »Der Großvater väterlicherseits war Baptist – und sein Vater Wanderprediger.« Höcke versperrt sich schließlich der Kirche. Seine Ersatzreligion wird Deutschland – oder vielmehr die romantisch-nationalistische Projektion eines Deutschlands, das es so nie gab. Aus ihr wächst seine Mission.

In seiner Selbsterzählung beginnt es als kindliche Schwärmerei: »Im Gegensatz zu meinen Schwestern bewegten mich die Ruinen der Rheinlandschaft sehr viel mehr als die erhaltenen oder wiederaufgebauten Burgen. Diese Anblicke erzeugten schon als Kind bei mir eine Wehmut über das vergangene menschliche Leben.«[4] Der Gedanke, der sich für ihn anschließt: »Was uns heute so romantisch vorkommt, das sind oft gerade jene Züge der kriegerischen Behauptung des Eigenen. Diese Tugend – heute mehr zivil als militärisch – scheint den Deutschen und Europäern abhandengekommen zu sein.« Dass Alexander Gauland ihn einen Nationalromantiker nennt, kann er nachvollziehen: »Ich habe durchaus auch einen romantischen Blick auf Geschichte, auf die Natur, auf Kultur. Wir Deutschen sind ein romantisches Volk.«

Höcke wird Mitglied der Jungen Union, ist dort aber kaum aktiv. »Ich bin mit 14 eingetreten, ich fand den Kohl cool, und auch den Strauß«, sagt er. »Ich war auf einigen Versammlungen, fand aber die Junge Union zu formalisiert. Das hat mich dann nicht mehr interessiert.« Danach absolviert er Abitur und Grundwehrdienst. Nach zwei Jura-Semestern in Bonn entscheidet er sich für den Beruf des Lehrers. Er studiert Sport und Geschichte ausgerechnet in jenen beiden Städten, in denen Bodo Ramelow zuvor zum Kaufmann, Gewerkschafter und in gewisser Hinsicht auch schon zum Politiker wurde: in Gießen und Marburg. Doch Höcke konzentriert sich aufs Lernen. »Während des Studiums war ich dann geradezu apolitisch«, sagt er. »Wenn ich gewählt habe, dann meistens CDU.«

Nach dem Referendariat wird er in den hessischen Schuldienst übernommen. Während er als Studienrat in Groß-Gerau unterrichtet, erwirbt er zusätzlich einen Masterabschluss in Schulmanagement. Einer seiner Schüler heißt André Alexander Kiefer, der später ein Buch über seine Erfahrungen mit Höcke veröffentlicht. Sein Geschichtslehrer, schreibt er, habe zwei Gesichter besessen: Auf der einen Seite das Gesicht des sympathisch wirkenden Vertrauenslehrers, der zuhörte und »wirkliches Interesse an den Fächern zeigte«[5] – und auf der anderen Seite das Gesicht eines erbarmungslosen Exekutors der Schulregeln. Höcke sagt, er könne sich an den Schüler nicht erinnern. Im Jahr 2005 wechselt er an die Rhenanus-Schule nach Bad Sooden-Allendorf. Er hat inzwischen geheiratet, eine Familie gegründet und gilt als freundlicher, korrekter und auf sein Aussehen bedachter Kollege. In einer Abi-Zeitung wird er zum bestgekleideten Lehrer gewählt.[6] Doch auch hier gibt es Erzählungen über seine andere Seite: Schüler berichten, dass er im Geschichtsunterricht Dinge über den Nationalsozialismus erzähle, die sie an anderer Stelle nicht erführen. Niemand will sich mit Namen zitieren lassen. »Ich habe immer klar nach Lehrplan unterrichtet, auch das Thema Nationalsozialismus«, hält Höcke dagegen. Gleichwohl ist dieser Satz von ihm überliefert: »Ich meine, dass es in einer freien Gesellschaft möglich sein muss, auch über das Dritte Reich unorthodoxe Meinungen zu äußern.«[7]

In einem Leserbrief an die *Hessisch-Niedersächsische Allgemeine* äußert der Lehrer 2006 zur Bombardierung Dresdens im Februar 1945 dann diese unorthodoxe Meinung: »In der Weltgeschichte sind niemals zuvor und niemals danach in so kurzer Zeit so viele Menschen vom Leben zum Tode befördert worden wie im ehemaligen Elbflorenz.« Es sei den Alliierten darum gegangen, »bis zum Kriegsende eine möglichst große Zahl deutscher Menschen […] zu töten«.[8] Längst hat sich offenbar aus der jugendlich-romantischen Schwärmerei ein nationalistisch-revanchistisches Weltbild geformt. Die deutsche Vergangenheit wird verklärt und nachträglich von Sünden gereinigt. Aus dieser Perspektive ist der Naziterror, wie Gauland im Jahr 2018 auf einer Rede in Thüringen sagen wird, eben »nur ein Vogelschiss in über 1000 Jahren erfolgreicher deutscher Geschichte«.[9]

Das saubere, nationalbewusste Deutschland, das Höcke vorschwebt, liegt aus Höckes Sicht östlich von Bad Sooden-Allendorf. Die frühere Staatsgrenze zur DDR ist nur wenige Kilometer entfernt und gleich dahinter liegt Bornhagen. In dem Dorf findet er das, was er sein »Bullerbü« nennt. Eine Burg, intakten Wald und viel Fachwerk: Hier ist die Welt noch in der von ihm bevorzugten Ordnung. Er schildert seinen Weg nach Thüringen so:»Wir wohnten in einer Mietwohnung in Bad Sooden-Allendorf gleich neben der Schule und suchten ein Haus für uns und die Kinder. Wir sind dann für ein Jahr die Dörfer in der Umgebung abgefahren, so kamen wir auch zur Burg Hanstein und sahen das Dorf und das Pfarrhaus, das dann bald zum Verkauf stand.«

Auch hier gibt es eine andere, weniger romantisch klingende Geschichte. Beim Umzug jedenfalls wollen Nachbarn auch einen Mann aus dem Nachbardorf Fretterode gesehen haben. *Die Zeit* treibt zwei Dorfbewohner auf, die gesehen haben wollen, wie Höcke gemeinsam mit dem Rechtsextremisten Thorsten Heise Kisten und Mobiliar ins Pfarrhaus schleppt.[10] Die beiden sollen sehr vertraut miteinander gewirkt haben, heißt es. Die Zeugen bleiben anonym, die Wochenzeitung beruft sich aber auf ihre eidesstattlichen Versicherungen. Darauf angesprochen, dementiert Höcke. Doch die Zitate will er später ausdrücklich nicht freigeben. Lieber will er nichts öffentlich dazu sagen.

Was aber durch Videoaufnahmen zweifelsfrei belegt ist: Zwei Jahre nach seinem Umzug nimmt er im Februar 2010 am rechtsextremistischen Aufmarsch anlässlich des 65. Jahrestags der Bombenangriffe auf Dresden teil. Ein Dokumentarfilm zeigt ihn in schwarzem Mantel, grauem Schal und dunkler Pudelmütze zwischen den Demonstranten am Neustädter Bahnhof.[11] Auch der rechtsextreme Verleger Götz Kubitschek und seine Frau sind da.[12] Höcke spricht heute nur ungern darüber. »Wir sind dorthin als Gruppe aus Bornhagen hingefahren«, sagt er nach einigem Zögern. »Ich wollte der Opfer des Bombenangriffs gedenken.« Also habe er, der verbeamtete Geschichtslehrer, mit Vorsatz an einem Neonazi-Aufmarsch teilgenommen? Höcke widerspricht: »Das Publikum war gemischt«, sagt er. »Aber es lag zu viel politische Vereinnahmung in der Luft. Ich bin deshalb auch mit ambivalenten Gefühlen heimgefahren und war nie wieder dort.«

Zwei Jahre später dann fragt ein Autor namens Landolf Ladig in der *Eichsfeld-Stimme*: »Kennen Sie Bornhagen?« Seine Antwort: Das sei ein »klassisches thüringisches Dorfensemble«, durch das sich »sicherlich nicht zufällig die deutsche Märchenstraße« schlängele. Dann beschreibt er ziemlich detailliert das Domizil der Höcke-Familie. Die kleine Kirche, eine frühere Schule, ein altes Pfarrhaus.

Die *Eichsfeld-Stimme* ist ebenso eine rechtsextremistische, vom Neonazi Heise herausgegebene Zeitschrift wie *Volk in Bewegung*. Dort schreibt derselbe Landolf Ladig, dass nicht die »Aggressivität der Deutschen ursächlich für zwei Weltkriege war, sondern letztlich ihr Fleiß, ihre Formliebe und Ideenreichtum«.[13] Bei beiden Weltkriegen habe es sich um »ökonomische Präventivkriege gegen das Deutsche Reich« gehandelt: »Hatte sich im nationalsozialistischen Deutschland doch eine erste Antiglobalisierungsbewegung staatlich etabliert – die, wären ihr mehr Friedensjahre vergönnt worden, wahrscheinlich allerorten Nachahmer gefunden hätte.«

Dem Soziologen Andreas Kemper fällt als Erstem auf: der Autor Landolf Ladig klingt wie Björn Höcke, nur noch radikaler.[14] Ihre Rhetorik, Argumentation und Wortwahl greifen ineinander. Beide benutzen Begriffe wie »Homöostase«, »Entelechie«, »Vernutzung«, »Entropie«, »Pertubation«, »organische Marktwirtschaft«.[15] Und sie zitieren dieselben Werke und Publizisten.

Ladig bezeichnet sich als »kapitalismusmüden Selbstdenker«[16] und sieht sich ebenso wie Höcke auf einer Mission. »Trotz der beinahe totalen Zerschlagung des europäischen Zentrums« namens Deutschland sei »die Glut immer noch nicht erloschen«, schreibt er. Noch existiere eine »kleine politische Avantgarde, die in der Lage ist, dieser Welt den Weg aus der kapitalistischen Sackgasse zu weisen«. In Anlehnung an Karl Marx spricht Ladig von der »Gier des Systems« und seinen »zyklischen Zusammenbrüchen«. Und er klingt wie ein esoterisch angehauchter Grüner, wenn er den »systemimmanenten Wachstumszwang« beklagt, der die »Homöostase von Mensch und Natur« verhindere. Doch die immer wiederkehrende Krise biete auch »Systemoppositionen die Möglichkeit der Einflussnahme«.

Diese Ideologie ist nicht bloß rechtsextremistisch. Sie ist auch antikapitalistisch und nimmt ebenso Anleihen beim Marxismus wie der ökologischen Bewegung. Dieses Weltbild entspricht dem Weltbild des inzwischen zum Oberstudienrat beförderten Geschichtslehrers Höcke, der zur Arbeit von Bornhagen nach Bad Sooden-Allendorf pendelt.

Eine neue Partei namens AfD

Zu Beginn des Bundestagswahljahres 2013 bietet sich der von Ladig postulierten Avantgarde eine Chance. Eine neue Partei wurde gegründet. Sie positioniert sich gleichermaßen rechtskonservativ wie wirtschaftsliberal und nennt sich AfD: »Alternative für Deutschland«. Und sie will vor allem ein Thema besetzen: Europa. Die AfD stellt sich entschieden gegen europäische Integration und den 2000 eingeführten Euro. Sie betrachtet die globale Finanz- und Wirtschaftskrise, die ab 2008 einige Euro-Länder an den Rand der Kreditunwürdigkeit brachte, als Menetekel. In ihren Augen droht die Selbstaufgabe Deutschlands. Für die beiden von Merkel als »alternativlos« bezeichneten Euro-Rettungsschirme hat die Bundesrepublik 21,7 Milliarden Euro an Bareinlagen beigesteuert und für 168,3 Milliarden Euro Garantien abgegeben. Dazu senkte die Europäische Zentralbank die Zinsen drastisch und kaufte unbegrenzt die Anleihen gefährdeter Staaten wie Griechenland auf.

Die Hilfspakete sind unpopulär. In Umfragen hatten sich 54 Prozent gegen den zweiten Rettungsschirm ESM gewandt.[17] 41 Prozent wollten sogar zurück zur D-Mark.[18] Dass die Gelder von Regierung und Bundestag im Eiltempo beschlossen wurden, führte neben berechtigter Kritik, auch zu fundamentalen Attacken auf den europäischen Integrationsprozess.

Die Zielgruppe der AfD sind Menschen, die mit der EU und dem Euro ein grundsätzliches Problem haben. Die neue Bundespartei konstituiert sich Mitte April 2013. Zu den Vorsitzenden werden der Wirtschaftsprofessor Bernd Lucke, die sächsische Unternehmerin Frauke Petry und der frühere Journalist Konrad Adam gewählt.

Nur zwei Wochen später gründet sich in Herrenberg bei Gotha der Thüringer Landesverband. Ihm gehören etwa 140 Menschen an. Bald schon wird neben einem früheren CDU-Kommunalpolitiker Matthias Wohlfarth zum Landesvorsitzenden gewählt. Der Mann lebt mit Frau und vier Kindern auf einem alten Pfarrhof unterhalb der Leuchtenburg bei Kahla. Dort, in Seitenroda, wird Höcke bei einer Versammlung auf Platz zwei der Landesliste für die Bundestagswahl gewählt. Öffentlich gibt sich der Neupolitiker durchaus gemäßigt. Die AfD sei die »Partei des gesunden Menschenverstandes« sagt er.[19] Sie stehe für Reformen und nicht Revolutionen. Es gehe auch nicht darum, die EU abzuschaffen, sondern sie zu verändern. Man strebe nach »Vielfalt in Einheit«.

Das ist er wieder, der freundliche Höcke. Doch er kann auch anders. Im Sommer steht er auf der Bühne eines Gasthauses in Nordhausen und präsentiert einen philosophisch angereicherten Pathosmix aus Untergangs- und Opferrhetorik, den bald ganz Deutschland kennenlernen wird. »Nach der Demokratie kommt die Tyrannis, das hat schon Aristoteles gewusst«, ruft er. »Das ist eine Naturgesetzlichkeit. Aber vielleicht können wir Deutschland noch retten. Die AfD ist die letzte evolutionäre Möglichkeit für dieses Land. Es ist fünf vor zwölf. Danach gnade uns Gott.«[20]

Inzwischen geht es der AfD längst nicht mehr nur um den Euro. Es geht auch um die Migration – die, wie Höcke sagt, von den »Altparteipolitikern« gewollt sei. »Wir von der AfD wehren uns ja nicht gegen eine begrenzte Einwanderung aus kulturell verwandten Gebieten«, ruft er. »Der Massenzuzug aus einem ganz fernen Kulturraum, der islamische, der archaische Kontext, der belastet uns.«[21] Die Verschwörungsthese vom Bevölkerungsaustausch spricht er aber noch nicht öffentlich aus.

Die AfD hat nun inzwischen etwa 300 Mitglieder – und tauscht nur einen Monat vor der Bundestagswahl ihre Landesspitze aus. Die Basis, sagt Wohlfarths neue Co-Landeschefin Michaela Merz, habe »einen Neuanfang erzwungen«, was eine freundliche Umschreibung für den Kampf von Jedem gegen Jeden ist. Aus dem Chaos heraus wird noch ein dritter Landessprecher geboren: Höcke.

Der NSU fliegt auf

Der Zeitpunkt für den Angriff der AfD ist günstig. Die Staatsanwaltschaft ermittelt gegen die Ministerpräsidentin. Der Anlass: Lieberknecht hatte ihren Regierungssprecher Peter Zimmermann, der als Staatssekretär in der Staatskanzlei amtierte, im Alter von 37 Jahren in den einstweiligen Ruhestand versetzt – obwohl der einen lukrativen Job in der Wirtschaft sicher hat. Darin sieht nun die Ermittlungsbehörde den Anfangsverdacht auf Untreue. Ramelow verlangt den Rücktritt der Landesregierung und Neuwahlen. Doch mit persönlichen Attacken auf die Ministerpräsidentin hält er sich auffällig zurück. Er schätzt Lieberknecht, aber er will auch sein staatstragendes Image pflegen. Daran hat er lange gearbeitet. Nach der Landtagswahl 2014 will er die Regierungschefin beerben.

Dafür greift Wirtschaftsminister Machnig Lieberknecht frontal an. Als bekannt wird, dass sie von ihrem eigenen Personalreferat vor Zimmermanns Pensionierung gewarnt wurde, wirft Machnig ihr »arglistige Täuschung« vor.[22] Höcke nimmt die Vorlage auf. Fast alles, klagt er, drehe sich nur noch um Posten, Ämter und Geld. Das Problem sei, dass immer dieselben Parteien das Land regierten: »Das hat zu einer allgemeinen Erstarrung geführt, die durch die Beteiligung des Volkes aufgebrochen werden könnte.«[23]

Die Entwicklung ist bitter für die Ministerpräsidentin. Ähnlich wie Althaus hat sie viele unnötige Fehler gemacht, während ihre Gesamtbilanz befriedigend wirkt. Der Finanzminister hatte zuletzt schuldenfreie Etats vorgelegt und eine Verwaltungs- und Gebietsreform nach sächsischem Vorbild erarbeitet. Die Wirtschaft wirkt nach der Finanzkrise erholt. Die Arbeitslosigkeit liegt bei nur noch sechs Prozent. Mehr als 70 Prozent der Thüringer fanden vor der Affäre, dass ihr Land besser dastehe als der restliche Osten; 60 Prozent waren mit Lieberknecht zufrieden und 40 Prozent erklärten, bei der Landtagswahl CDU wählen zu wollen.

Und was ihr in den überregionalen Medien half: Nach der Selbstenttarnung des NSU im November 2011 hatte sie sich als konservativ-christliche Antifaschistin profiliert. In einer Regierungserklärung bekundete sie stellvertretend für die Thüringer »tiefe Scham« und rief: »Wir müssen gemeinsam den Rechtsextremismus ächten.« Sie setzte eine unabhängige Untersuchungskommission ein, leitete die Reform des Landesamts für Verfassungsschutz ein und trieb im Bundesrat ein neues NPD-Verbotsverfahren voran.

Lieberknecht betrachtet die Verbrechen des NSU als Zäsur. Zehn Menschen hatten Böhnhardt und Mundlos ermordet: den Blumenhändler Enver Şimşek, den Schneider Abdurrahim Özüdoğru, die Obsthändler Süleyman Taşköprü und Habil Kılıç, die Döner-Verkäufer Mehmet Turgut und İsmail Yaşar, den Schlüsseldienst-Inhaber Theodoros Boulgarides, den Kiosk-Besitzer Mehmet Kubaşık, den Internet-

Café-Inhaber Halit Yozgat und die Polizistin Michèle Kiesewetter, die wie ihre beiden Mörder aus Thüringen stammt. Zudem wurden bei mindestens zwei Sprengstoffanschlägen und 14 Banküberfällen dutzende Menschen verletzt und traumatisiert.

Über all die Jahre ermittelte die Polizei fast ausschließlich gegen Migranten oder begab sich wegen eines Laborfehlers sogar auf die Jagd nach einem Phantom. Und der Verfassungsschutz finanzierte über seine V-Leute die Neonazi-Szene. Hinweise zum NSU wurden übersehen. Nach 2011 förderten Generalbundesanwaltschaft, Medien, Rechtsanwälte, Aktivisten und Untersuchungsausschüsse immer skandalösere Details zutage. Als der Prozess gegen Zschäpe und vier Mitangeklagte, von denen drei aus Thüringen stammen, im Mai 2013 begann, versuchte Lieberknecht gar nicht erst, die politische Mitverantwortung zu relativieren. Das verschaffte ihr viel Anerkennung.

Doch nun ist das Renommee zerstoben. Gegen sie wird ermittelt, weil sie ihrem Regierungssprecher die Entlassung ersparen wollte. Immerhin findet eine kleine Revanche statt. Auf klandestinen Wegen erreicht eine heikle Information aus der Landesfinanzdirektion den *Spiegel*: SPD-Mann Machnig hatte eine Pension aus seinem früheren Staatssekretärsposten im Bund nicht mit seinem Wirtschaftsminister-Gehalt verrechnen lassen. Es geht um etwa 150 000 Euro. Die Staatsanwaltschaft ermittelt wegen des Verdachts auf Betrug.

Christine Lieberknecht macht Fehler

Die Bundestagswahl im Herbst 2013 lässt die Thüringer CDU noch einmal Luft holen. Das Ergebnis wird zum Triumph für Angela Merkel – und zum Debakel für den Koalitionspartner FDP, der aus dem Bundestag fliegt. Die SPD kann nur leicht zulegen und muss sich wieder in eine große Koalition begeben. Die Kanzlerinwoge ist derart groß, dass sie Lieberknechts lädierte Union noch einmal auf 41 Prozent trägt. Die SPD rutscht gegen den Bundestrend unter 20 Prozent.

Die AfD erringt im Land 6,2 Prozent der Zweitstimmen, bleibt aber im Bund unter der Fünf-Prozent-Hürde.

Gleichzeitig beginnt die Kampagne für die Landtagswahl 2014. Und die beiden Regierungsparteien hören einfach nicht damit auf, sich selbst zu beschädigen. So glaubt Lieberknecht, dass die Staatskanzleiministerin illoyal sei – und entlässt sie. Wie die weinende Ex-Ministerin mit einer Kiste in der Hand die Treppe der Staatskanzlei hinuntergeht, diese Szene wird bis heute in der CDU erzählt. Als Nachfolger bestellt Lieberknecht einen früheren Staatskanzleichef von Vogel. Dummerweise stellt sich heraus, dass der Mann sich noch im Rechtsstreit gegen das Land befindet: Er beklagt die Höhe der Beihilfezahlungen für seine Gesundheitsversorgung. Opposition und Medien reagieren empört.

In der SPD tritt Wirtschaftsminister Machnig zurück. Daraufhin greift Sozialministerin Heike Taubert nach der Spitzenkandidatur für die Landtagswahl. Matschie wirkt zu schwach, um die Attacke abzuwehren. Er hat als Bildungsminister handwerkliche Fehler begangen und wenig Ausstrahlung entwickelt. Nun muss er hinter Taubert zurückstehen.

Dann ist wieder die CDU an der Reihe. Der neue Staatskanzleiminister hat aus dem Energieunternehmen, bei dem er zwischenzeitlich arbeitete, eine Sekretärin entliehen und sie über Tarif bezahlt. Prompt übernimmt die Staatsanwaltschaft Ermittlungen wegen Untreue. Nachdem auch noch das frühere Unternehmensbüro des Ministers durchsucht wurde, drängt CDU-Generalsekretär Voigt auf einen harten Schnitt. Der Minister muss zurücktreten. Nun ist die Staatskanzlei drei Monate vor der Landtagswahl plötzlich ohne Führung. Lieberknecht hat niemanden mehr, den sie auf die Schnelle noch ernennen könnte. Aber zumindest die Ermittlungen gegen sie selbst werden eingestellt. Es bestehe »kein hinreichender Tatverdacht«, teilte die Staatsanwaltschaft Erfurt mit. Doch das ändert nichts daran, dass die Landesregierung sich selbst blockiert. Die seit

Jahren vorbereiteten Vorhaben implodieren: Nachdem Mohrings CDU-Fraktion die Gebietsreform ausgebremst hat, lässt Matschie im Kabinett die Verwaltungsreform in großen Teilen scheitern.

Ramelow braucht die Wahl nur auf sich zukommen zu lassen. Der Weg zur Macht scheint frei. Die SPD hat sich 2013 auf dem Bundesparteitag in Leipzig endgültig für linke Regierungsbündnisse geöffnet. Matschie erklärte danach, dass damit ein linker Ministerpräsident denkbar sei:»Wir sollten uns diesmal alle Optionen offenhalten und keine Vorbedingungen stellen.«[24]

Die Linke wiederum wirbt mit einem durch und durch verbürgerlichten Ramelow. Auf den Wahlplakaten stehen Themen wie »Wirtschaft«, »Sicherheit« oder »Frauen«. Und der Satz:»Es muss nicht alles anders werden, aber wir können vieles besser machen.« Zum Gesamtbild passt, dass der Spitzenkandidat nach zwei gescheiterten Anläufen offensichtlich glücklich verheiratet ist. Seine Frau Germana Alberti stammt aus dem norditalienischen Parma. Sie arbeitet als Therapeutin, legt Wert auf ihre Eigenständigkeit – und trägt auch den Namen »vom Hofe« aus erster Ehe weiter. Komplettiert wird die Familie durch Attila, einen Terrier, den Ramelow gern zu öffentlichen Terminen mitnimmt und in den sozialen Medien vorzeigt. Nebenbei hat Ramelow für einen geräuschlosen Generationswechsel in der Partei gesorgt. An der Spitze steht nun die 36-jährige Susanne Hennig-Wellsow. Die Tochter eines DDR-Kriminalpolizisten war Eischnellläuferin in der Jugend-Nationalmannschaft und sie betrachtet auch Politik als Leistungssport. Ihr Ziel: Von links regieren.

Auch die AfD hat sich neu sortiert, allerdings mit Getöse. Auf einem völlig chaotischen Listenparteitag setzt sich Höcke als Spitzenkandidat durch. Danach drängt er seine Co-Chefin Merz zum Rücktritt. »Ich sehe vieles an Dir, was ich schätze«, schreibt er in seinem typischen Pathos an die »liebe Michaela«. Doch »die Konstellation« zwinge zu einer Entscheidung. »Du muss Dich ins Schwert stürzen.«[25]

Die Personalie ist mit AfD-Bundeschef Bernd Lucke abgesprochen, mit dem sich Höcke gut arrangiert hat. Noch ist der Landesvorsitzende kaum in der Partei bekannt und tastet das unübersichtliche Terrain der Bundespartei allenfalls ab. Auf dem Bundesparteitag im März 2014, der in Erfurt stattfindet, sitzt er als Gast allein in einer der hinteren Reihen. Er beobachtet eine Weile, wie über Tagesordnung und Satzung gestritten wird. Dann geht er wieder. Erst einmal will er die Thüringer AfD nach seinem Willen ordnen. Nachdem die bei der Europawahl im Frühjahr 2014 überdurchschnittliche 7,4 Prozent (Bund 4,7 Prozent) erzielt hat, entledigt sich Höcke seines Co-Vorsitzenden Wohlfarth. Auch hier hilft Lucke: Der Bundeschef gibt persönlich den Tagungsleiter auf dem Landesparteitag, der Höcke zum ersten Vorsitzenden wählt. Neuer Co-Chef wird der ihm treu ergebene Erfurter Rechtsanwalt Stefan Möller.

In Berlin nimmt noch kaum jemand vom beginnenden Landtagswahlkampf Notiz. Das Land scheint wieder langweilig geworden zu sein. Ramelow ist zwar eine interessante Figur, aber 2009 trotz rot-rot-grüner Mehrheit in der Opposition verblieben. Lieberknecht amtiert als Ministerpräsidentin. Und Höcke, den kennt kaum jemand. Was soll da schon passieren?

Es wird vor allem auf Sachsen geschaut, wo vor Thüringen gewählt wird. Dort kandidiert die Bundesvorsitzende Petry – und setzt ein erstes Zeichen. Ihre Fraktion zieht mit 9,7 Prozent in den Dresdner Landtag ein. Ansonsten geschieht nicht viel: Die Regierungsparteien CDU und SPD bleiben in etwa stabil. Die AfD wächst auf Kosten der FDP, die aus dem Parlament fliegt, und der NPD, die von 4,9 Prozent nahe Null sinkt. Auch die Linke rutscht unter 20 Prozent.

In der Thüringer CDU wächst Hoffnung. Generalsekretär Voigt setzt geradezu auf die AfD. Würde die im Erfurter Landtag genauso stark wie in Dresden, könnte man eine rot-rot-grüne Mehrheit verhindern. Die Gefahr, dass die AfD auch für seine eigene Partei zum Problem werden könnte, sieht er offenkundig noch nicht.

7
Machtwechsel und
ein bisschen Sozialismus

Jerusalem, 26. Oktober 2015. Eine lange, quälende Stunde in Yad Vashem ist schon vergangen. Der Ministerpräsident trägt Kippa. Er hat bereits mehr als die Hälfte jenes Weges, der ihn durch die Geschichte der europäischen Juden und ihrer Vernichtung führen soll, zurückgelegt, da steht er plötzlich vor einem großen Schwarz-Weiß-Foto. Zu sehen ist das Innere der Baracke 56 im Konzentrationslager Buchenwald. In den Verschlägen liegen Männer und Jungen. Ihre Körper sind ausgemergelt, die Gesichter gezeichnet. Sie schauen mit ernstem, aber offenem Blick in die Kamera. Sie sind befreit.

Der Junge auf der dritten Pritsche von oben heißt Naftali Fürst. Seine Familie stammt aus Bratislava. Er war mit seinen Eltern und dem älteren Bruder 1942 interniert worden, später deportierte ihn die SS nach Auschwitz-Birkenau, von dort ging es nach Buchenwald. Naftali, damals zwölf, überlebte den Todesmarsch, 1948 siedelte er nach Israel über. An diesem Vormittag steht er neben Bodo Ramelow. Fürst ist inzwischen 83, ein alter Mann mit weißen Haaren. Er lebt in Haifa, hat fünf Enkel und Urenkel. Er zeigt mit der Hand auf das Kind, das er einst war. Danach greift er die Hand von Ramelow, der ein Mensch ist, der sich gern von Stimmungen und Momenten mitreißen lässt. Zuweilen schwelgt er in seiner Ergriffenheit und redet pathetisch darüber. Doch jetzt schweigt er. Dieser Moment, er ist authentisch.

Ein Besuch in Yad Vashem, der Gedenkstätte auf den Hügeln nahe Jerusalem, gehört zum Pflichtprogramm jedes deutschen Politikers in Israel. Das gilt insbesondere für Ramelow, der einer Partei angehört, die von einem jüdischen Besatzerstaat oder Apartheidregime redet. Er versucht seit Langem, als offensiver Freund Israels ein Korrektiv zu sein.

Bisher waren seine Mühen vergeblich. Aber nun ist er Ministerpräsident, als erster und einziger Linker. Seine Reise ist ein Signal, vor allem in die eigene Partei: »Von Beginn an hatte ich gesagt, dass ich diese erste Auslandreise als Ministerpräsident nach Israel machen wollte, und zwar nur nach Israel.«[1] Deshalb fährt er auch nicht zur palästinensischen Autonomiebehörde nach Ramallah oder in die besetzten Gebiete. Er wolle nichts miteinander vermischen, sagt er. Er war ja schon bei früheren Besuchen im Westjordanland.

Aber was sagt er zu Linken wie Sahra Wagenknecht, die ihn für seine Israelfreundlichkeit kritisieren? Ramelow gibt sich ausdrücklich gelassen: »Wenn Sie auf das Verhalten einzelner Bundestagsabgeordneter abzielen, die sich einseitig und meiner Meinung nach unreflektiert äußern, dann sage ich Ihnen: Solange ich Fraktionsvize im Bundestag war, gab es das nicht. Und solange ich Thüringer Ministerpräsident bin, wird die Thüringer Regierungspolitik von der Freundschaft zu Israel und der Hilfsbereitschaft gegenüber dem palästinensischen Staat geprägt sein.«[2]

Will heißen: Er redet nicht bloß. Er regiert, daheim, in Thüringen, das er auch in Jerusalem, Haifa oder Tel Aviv thematisiert. Sein Kabinett hat den ersten rot-rot-grünen Haushalt mit deutlich mehr sozialen Ausgaben beschlossen. Die seit Jahrzehnten eingeforderte Gebietsreform wurde eingeleitet. Und es werden deutlich weniger Asylbewerber abgeschoben. Ramelow besitzt jetzt die politische Macht in Thüringen. Er bestimmt die Richtlinien der Politik in seinem Land. Er und niemand anderes.

Eine knappe Mehrheit für Rot-Rot-Grün

Ein Jahr zuvor, am Abend des 14. September 2014, ist allerdings noch nicht klar, wer in Thüringen Ministerpräsident wird. Der neue Landtag ist gewählt, und die CDU liegt mit 33,5 Prozent nur knapp über ihrem historischen Negativrekord von 2009, die SPD stürzt auf 12,4 Prozent ab. Die bisherige Koalition verfügt damit nur noch über eine Stimme Mehrheit. Die Linke allerdings hat sich auf 28,2 Prozent verbessert. Das ist ein neuer Höchststand, aber auch nicht so viel, wie sich Ramelow erhoffte. Während die FDP mit 2,5 Prozent das Parlament verlässt, halten sich die Grünen mit 5,7 Prozent. Eine mögliche Mehrheit von Rot-Rot-Grün ist auch auf nur eine einzige Stimme zusammengeschrumpft.

Dies liegt an der AfD. Sie hat es aus dem Stand auf 10,6 Prozent geschafft. Ein sichtlich euphorisierter Höcke zeigt jetzt für alle sichtbar sein zweites Gesicht. Das sei »erst der Anfang«, schreit er, die Stimme schlägt über. Die »blaue Bewegung« werde nach dem »vollständigen Sieg« eine »neue Epoche der Parteiengeschichte« einleiten und »unser gesamtes Vaterland in eine bessere Zukunft« führen.[3]

Es sind 91 statt 88 Abgeordnete, weil die CDU einen Wahlkreis mehr gewonnen hat, als ihr per Zweitstimmenergebnis zusteht. Sie erhält damit ein Überhangmandat. Dafür bekommen Linke und AfD jeweils ein Ausgleichsmandat. Das Büro des Landeswahlleiters fasst die Folgen so zusammen: »Hätte die CDU 14 500 Zweitstimmen mehr erhalten, wäre kein Überhangmandat angefallen und somit auch kein Ausgleichsmandat für die Partei DIE LINKE. Rot-Rot-Grün hätte 44 Sitze errungen.«

Aber, wie Ramelow gerne Peer Steinbrück zitiert: Hätte, hätte, Fahrradkette. Ungeachtet der historischen Prägung, der ökonomischen Struktur, der gesellschaftlichen Stimmung oder der sozialen Verhältnisse; völlig egal, welche strategischen Planungen, fachlichen Kompetenzen, rhetorischen Fähigkeiten oder persönlichen Potenziale es gegeben hat, am Ende hätte ein möglicher politischer Wechsel an 14 500 Stimmen gehangen. So wie zuvor ein tödlicher Skiunfall in der Steiermark oder der Abgang eines Regierungssprechers verändert nun ein einziges Überhangsmandat den Lauf der Thüringer Geschichte.

Aber noch muss sich die SPD entscheiden. Sie kann nämlich auch weiter mit der CDU regieren. Gegenüber 2009 aber haben sich mehrere Faktoren verändert: Juniorpartner der Linken zu sein ist kein Tabu mehr, die Sozialdemokraten haben in einer großen Koalition erneut verloren und sie fühlen sich von der CDU schlecht behandelt. Insbesondere auf Mohring ist die Wut groß. Er hatte Matschies Bildungspolitik als »so schlimm wie zu Zeiten von Margot Honecker«[4] bezeichnet und den Anspruch seiner Partei auf das Ressort erklärt. Noch einmal fünf Jahre unter einer erratisch agierenden Lieberknecht, die von ihrem Fraktionschef belauert wird: Das will sich die SPD nicht antun. Kurz nach dem Wahlabend wird Matschie entmachtet, sein designierter Nachfolger wird der Erfurter Oberbürgermeister Andreas Bausewein. Er hatte 2009 die Basis gegen Schwarz-Rot angeführt.

Auch die Linke hat dazugelernt. Ramelow weiß aus den gescheiterten Gesprächen von 2009, dass er lieber keine altgedienten SED-Genossen in die Sondierungen schicken sollte. Und er hat verstanden, dass er sich selbst stärker zurücknehmen muss. Deshalb übernimmt die Verhandlungsführung diesmal die Landesparteichefin Susanne Hennig-Wellsow. So ideologisch gefestigt sie wirkt: Sie weiß, wie Kompromisse funktionieren. Und arbeitet konzentriert alle Hindernisse ab.

Die SPD sondiert nur formal eine Fortsetzung der Koalition mit der CDU, die ihre ganze Zerstrittenheit vorführt. Zwar versucht Lieberknecht zum Entsetzen Voigts, den Kontrahenten Mohring einzubinden, und unterstützt seine Wiederwahl als Fraktionschef. Aber sie fängt ihn damit nicht ein. Sein Kalkül: Mohring will lieber Oppositionsführer gegen einen linken Regierungschef werden, als nochmal fünf Jahre um Platz zwei kämpfen zu müssen. Aber auch Voigt rechnet mit dem Machtverlust. Er bringt Lieberknecht dazu, Christian Carius als neuen Landtagspräsidenten durchzusetzen. Er soll in der repräsentativen Funktion den symbolischen Gegenpart zu Mohring bilden und damit die künftige Spitzenkandidatur offenhalten.

»Bodo raus, Bodo raus«

Die SPD nutzt die Sondierungen vor allem dafür, um Linke und Grüne gefügiger zu machen. Binnen weniger Wochen sind eine große Gebietsreform, ein beitragsfreies Kindergartenjahr, die Abschaffung des Betreuungsgeldes und ein Landesprogramm gegen den Rechtsextremismus vereinbart. Es soll mehr Lehrer, mehr Flüchtlingsschutz und mehr Geld für die Kommunen geben – wobei SPD und Grüne drängen, dass dafür keine Schulden aufgenommen werden sollen.

Die Vereinbarungen sind ambitioniert, aber keineswegs revolutionär. Gleichzeitig versucht die Linke, die SED hinter sich zu lassen. Ramelow unterzeichnet eine Erklärung, in der es heißt: »Die DDR war eine Diktatur, kein Rechtsstaat.«[5] Danach wird sich über eine lange Wortgirlande zum Kampfbegriff »Unrechtsstaat« gehangelt: »Weil durch unfreie Wahlen bereits die strukturelle demokratische Legitimation staatlichen Handelns fehlte, weil jedes Recht und jede Gerechtigkeit in der DDR ein Ende haben konnte, wenn einer der kleinen oder großen Mächtigen es so wollte, weil jedes Recht und jede Gerechtigkeit für diejenigen verloren waren, die sich nicht systemkonform verhielten, war die DDR in der Konsequenz ein Unrechtsstaat.«

Danach geht alles recht schnell. Knapp 70 Prozent der SPD-Basis stimmen rot-rot-grünen Koalitionsverhandlungen zu. Erst jetzt formiert sich öffentlicher Widerstand. Ein Funktionär der CDU-Mittelstandsvereinigung und einige Sozialdemokraten rufen für den 9. November zur Demonstration auf dem Erfurter Domplatz auf. Wie im Herbst 1989 soll ein »Lichtermeer« gegen Ramelow stehen.

Es kommen 4000 Menschen. Die meisten haben Teelichter und Kerzen mitgebracht. Doch einige tragen auch Fackeln. Die frischgewählten AfD-Landtagsabgeordneten und ihre Anhänger stört offensichtlich nicht, dass der 9. November auch das Datum ist, an dem in Erfurt die Synagogen brannten. Mehrere NPD-Politiker und kleinere, aber deutlich zu erkennende Gruppen von Rechtsextremisten sind auf der Kundgebung zu sehen. Auch CDU-Generalsekretär Voigt ist gekommen. Immerhin sind die Veranstalter so geistesgegenwärtig, eine Gedenkminute für die Opfer des Nazi-Terrors abzuhalten. Ansonsten soll aber mal wieder der Sozialismus aufgehalten werden. Die Menge ruft:»Bodo raus, Bodo raus!«

Im Fernsehen meldet sich Bundespräsident Joachim Gauck. Er, der 1989 als Pfarrer in Rostock die Friedensgebete organisierte, äußert öffentlich laute Zweifel an der Regierungsfähigkeit der Linken.»Menschen, die die DDR erlebt haben und in meinem Alter sind, die müssen sich schon ganz schön anstrengen, um dies zu akzeptieren.«[6] Die SPD keilt zurück:»Ich fürchte, dass es dem Amt des Bundespräsidenten schadet, wenn sich dieser in die Debatte um die Regierungsbildung in einem Bundesland einschaltet«, sagt Mecklenburg-Vorpommerns Ministerpräsident Erwin Sellering.

Linke, SPD und Grüne geben sich unbeeindruckt. Sie beenden zügig ihre Koalitionsverhandlungen, der Vertrag zählt fast 100 Seiten. Die Präambel enthält die Formulierung zum »Unrechtsstaat« DDR. Der Ton ist reformerisch:»Viel wurde in den vergangenen 25 Jahren geschafft, aber noch können nicht alle davon profitieren.« Das solle nun korrigiert werden. Für den Verfassungsschutz, der einst Ramelow überwachte, ist ein Formelkompromiss gefunden. Die V-Leute werden im Grundsatz abgeschaltet. Doch ansonsten wird das Landesamt, dessen Abschaffung die Linke in ihrem Programm seit Langem verlangt, nicht angetastet.

Hart gerungen wird nur um die Ministerien. Fast alle Ressorts müssen neu zugeschnitten werden, um die Extrawünsche zu befriedigen. Ex-SPD-Chef Matschie verhandelt für sich ein kombiniertes Wirtschafts- und Wissenschaftsministerium heraus, nur um zu spät zu realisieren, dass Bausewein dafür den früheren Leipziger Oberbürgermeister und Bundesverkehrsminister Wolfgang Tiefensee vorgesehen hat. Die gescheiterte Spitzenkandidatin Heike Taubert wird in das Finanzministerium befördert.

Auch die Grünen, obwohl nur knapp ins Parlament gekommen, erhalten zwei Ministerien. Neben Fraktionschefin Anja Siegesmund, die das große Umwelt- und Landwirtschaftsressort übernehmen soll, hat sich Landeschef Dieter Lauinger das um den Bereich Migration erweiterte Justizministerium erkämpft. Doch der Preis ist hoch. In der letzten Verhandlungsrunde setzt Ramelow durch, dass das Umwelt-ressort den Agrar- und Forstbereich an das Linke-geführte Infrastruk-turministerium verliert. Der designierte Ministerpräsident hat den besorgten Waldbesitzer- und Bauernverbänden versprochen, dass sie nicht unter grüne Kuratel geraten. Die Grünen sind empört. Ihre Bun-destagsfraktionschefin Katrin Göring-Eckardt, die als Thüringerin die Gespräche mitführte, beginnt sogar zu weinen. Am Ende akzeptiert Siegesmund das gerupfte Umweltministerium. Anschließend gehen die drei neuen Partner in die Pressekonferenz, um das Ergebnis vor-zustellen. Auch die Grünen lächeln tapfer in die Kameras.

Soll man mit der AfD?

Nun steht zwischen Ramelow und der Ministerpräsidentschaft nur noch eine Hürde: die geheime Wahl. Zudem erwägt Mohring eine Gegenkandidatur. Gemeinsam mit der AfD verfügt die CDU über 45 der 91 Sitze. Zur Mehrheit fehlt ihm nur eine Stimme. Ein Überläufer oder zwei Enthaltungen könnten Ramelow scheitern lassen – und Mohring zum Ministerpräsidenten machen. Ein formaler Abgren-zungsbeschluss der Konservativen zur AfD existiert noch nicht. Doch die Kanzlerin hat das Tabu längst formuliert, eine Zusammenarbeit komme »nicht in Betracht«.[7]

Aber die AfD ist noch jung, die Vorsitzenden Lucke und Petry wir-ken zumindest bei differenzierter Betrachtung nicht wie Extremisten – und die Reden des Thüringer Vorsitzenden haben in Berlin längst nicht alle mitbekommen. Dass Höcke mit NPD-Funktionären Kontakt hat, an einem Neonazi-Aufmarsch teilnahm und mutmaßlich unter

Pseudonym volksverhetzende Texte schrieb: Das alles ist noch nicht öffentlich bekannt. So betrachtet Mohring eine gemeinsame Abstimmung als riskantes, aber legitimes Manöver. Er berichtet seinem Fraktionsvorstand, was er angeblich mit Merkel besprochen habe: »Dann sagt sie zu mir: Aber passt auf, dass der Ramelow nicht noch die AfD einkauft. Für mich habe ich im Umkehrschluss festgestellt, wenn sie zu mir sagt, ich soll aufpassen, dass der Ramelow nicht die AfD einkauft, dann muss sie uns aber auch überlassen, dass wir die AfD einkaufen.«

Die Konsequenz für Mohring lautet: »Wenn sie will, dass Ramelow nicht MP wird, brauchen wir die AfD, ob's ihr passt oder nicht. [...] Ich habe das dann mit ihr nicht weiter diskutiert. Mir war in dieser Sekunde klar, das hat sie auch so gemeint.« Jetzt fragen die Vorstandskollegen Mohring, wie gut seine Kontakte zur AfD seien. »Gut«, antwortet er. Er wolle sich demnächst mit ihren Vertretern treffen. »Und dann muss man das besprechen.« Er halte es für gut, »wenn die einen eigenen Kandidaten ins Rennen schicken.« Falls die Koalitionsmehrheit – so wie bei Lieberknecht 2009 – in den ersten beiden Wahlgängen nicht zustande komme, könnte er dann im dritten Wahlgang gegen Ramelow antreten. Dann bräuchte nur das schwarz-blaue Lager zusammenzuhalten: »Mindestens muss klar sein, die CDU muss stehen, und die AfD muss stehen. Also wenn, muss ich mit 45 Stimmen da rausgehen.«[8]

Im November ahnt die Öffentlichkeit davon nichts. Was sie mitbekommt, ist das Angebot, das Höcke der CDU unterbreitet. »Wir werden den Postkommunisten Ramelow nicht wählen«, zitiert ihn *Die Zeit*.[9] »Wir werden aber auch die Politikverwalterin Christine Lieberknecht nicht mittragen, weil sie für all das steht, was uns die Merkel-CDU zu einem roten Tuch macht.« Aber: »Ich denke, wenn CDU-Fraktionschef Mike Mohring gegen Ramelow antritt, kann er nach menschlichem Ermessen mit allen elf Stimmen der AfD-Fraktion rechnen. Mohring ist ein profilierter Konservativer. Er ist ein junger Stürmer und voll im Saft.«

Tatsächlich hat sich Höcke insgeheim mit Mohring getroffen. Doch der CDU-Fraktionschef verfolgt noch eine Alternativtaktik. Auch sie zielt auf den dritten Wahlgang, in dem gemäß Landesverfassung die »meisten Stimmen« reichen, um ins Ministerpräsidentenamt zu gelangen. Bekäme Ramelow als Einzelkandidat mehr Nein- als Ja-Stimmen, könnte die Wahl vor dem Verfassungsgericht angefochten werden. Egal, wie die Richter am Ende entschieden: Vor der Bevölkerung wäre der neue Regierungschef erfolgreich delegitimiert.

Dass die CDU noch fünf Jahre zuvor selbst argumentiert hatte, dass die Nein-Stimmen im dritten Wahlgang nicht gezählt würden: Das ist vergessen. Jetzt vollzieht Lieberknecht die nächste Wendung. Auch sie ist nun dafür, dass die CDU einen eigenen Kandidaten aufstellt. Wenig später schließt sie aber aus, selbst zu kandidieren. »Ich gehe nicht in die Arena des Löwen«, sagt sie. »Ich habe so viele Dinge zu tun, zu denen ich in den letzten 24 Jahren nicht gekommen bin.«[10] Sie gebe deshalb auch den Parteivorsitz ab. Außerdem, fügt sie hinzu, habe sie ja vor der Wahl versprochen, nicht mit der AfD zu paktieren.

Dass die Aussage angesichts der von ihr selbst angekündigten CDU-Kandidatur geradezu schizophren wirkt, nimmt sie billigend in Kauf. Die immer noch beurlaubte Pastorin beherrscht die Pontius-Pilatus-Geste. Egal, was geschehen mag: Sie wäscht ihre Hände in Unschuld. Gleichzeitig ist die Falle für Mohring aufgestellt. Falls er gegen Ramelow anträte, würde ihn wahrscheinlich die AfD unterstützen – und er wäre politisch erledigt. In diesen Tagen geht eine anonyme Anzeige gegen ihn bei der Staatsanwaltschaft Erfurt ein. Sie unterstellt ihm, als Vorsitzender des Kreisverbands Weimarer Land 119 Scheinmitglieder geführt zu haben, darunter 19 Verstorbene. Dass Mohring dementiert, nützt ihm wenig: Die Geschichte steht bereits im *Spiegel*.[11]

Gramsci zieht in die Staatskanzlei

Spätestens jetzt begreift er, dass er mit dem AfD-Flirt seine politische Zukunft riskiert. Doch als Möchtegern-Oppositionsführer steht er unter Druck, einen Kandidaten für den dritten Wahlgang präsentieren zu müssen. Die Zeit drängt. Linke, SPD und Grüne haben die Wahl des Thüringer Ministerpräsidenten für den 5. Dezember beantragt.

Bernhard Vogel sucht für Mohring nach einem Ausweg. Der Ex-Ministerpräsident ist jenseits der 80 und lebt längst wieder in Speyer, schaut aber als Ehrenvorsitzender der Landes-CDU regelmäßig in Erfurt vorbei und pflegt die alten Verbindungen. Zum Beispiel die zu Gerd Schuchardt: Gemeinsam mit seinem alten SPD-Vizeregierungschef fährt Vogel in ein Dorf nahe Jena. Dort wohnt Klaus Dicke. Der vormalige Rektor der Jenaer Universität ist ein wertkonservativer und parteiloser Mann – und er lässt sich trotz des möglichen AfD-Malus dazu überreden, für einen dritten Wahlgang als bürgerliche Alternative zu Ramelow bereitzustehen. Der Politikwissenschaftler würde dann versuchen, eine sogenannte Expertenregierung zu bilden.

Schuchardt gehört zu der kleinen sozialdemokratischen Minderheit, die erbittert gegen eine Regierung unter Ramelow kämpft. Er hat einen Appell unterzeichnet, der eine rot-rot-grüne Machtübernahme als »Konterrevolution« bezeichnet. »Die Befreiung durch die Revolution von 1989 soll in Thüringen revidiert werden«, heißt es.[12] Die Linke strebe die »totale gesellschaftliche Wende« an.

Was im Jahr 2014 natürlich noch keiner ahnen kann: Das alles ist die Generalprobe für das knapp fünf Jahre später aufzuführende Politikdrama um Thomas Kemmerich. Auch das Personal ist bereits eingeführt: Mohring, Vogel, Voigt, Ramelow, Höcke, Lieberknecht. Der einzige Protagonist, der kurzzeitig die Bühne räumen muss, ist Kemmerich selbst. Nachdem er samt seiner FDP-Fraktion den Landtag verließ, ist er vorerst wieder nur Friseurunternehmer und Faschingsfunktionär. Doch er arbeitet an seinem Comeback; ein Jahr später wird er den liberalen Landesvorsitz übernehmen.

Endlich, der 5. Dezember 2014. Die Wahl des Ministerpräsidenten steht an. Am Abend zuvor haben vor dem Landtag noch einmal 2000 Menschen gegen Ramelow demonstriert. Jetzt sind Plenarsaal und Tribünen vollgepackt mit Politikern, Journalisten und Gästen. Fünf Jahre nach der Dieter-Althaus-Katastrophenserie ist die Thüringer Politik wieder zu einem bundesweit wahrgenommenen Politspektakel geworden. Und der erste Wahlgang erfüllt die Erwartungen. Ramelow scheitert knapp. Er erhält nur 45 Stimmen – eine zu wenig für die absolute Mehrheit. Doch im zweiten Versuch steht die Koalition zusammen. Ramelow ist mit 46 von 91 Stimmen gewählt. Reservekandidat Dicke muss nicht in den Landtag eilen.

Nach Vereidigung und Gratulationen tritt Ramelow ans Rednerpult. Er, der jüngste Sohn einer armen Hauswirtschafterin, der kleine Kaufmann aus Marburg, der Legastheniker: Er ist nun wirklich der erste linke Ministerpräsident in Deutschland. Er ist angekommen. In diesem Moment streift Ramelow den Kokon des ewigen Oppositionellen final ab. Jetzt will er nur noch Staatsmann sein. Er dankt so ziemlich allen, aber vor allem und »ausdrücklich« Christine Lieberknecht. Er redet von Gemeinsamkeit, von Vertrauen. Und zitiert Johannes Rau. Er wolle »versöhnen statt spalten«.[13]

Dann ist er bei seiner Partei, die einst SED hieß. Ramelow spricht über einen Freund, einen Journalisten, der in der DDR aus politischen Gründen im Gefängnis saß. »Er hat mich mitgenommen an den Ort, an dem er im Blut gelegen hat«, sagt er. Er könne dafür nur um Entschuldigung bitten. Als Westdeutscher, der erst 1999 der PDS beitrat, kann er das freilich leichter formulieren als der Linke-Abgeordnete Frank Kuschel, der Inoffizieller Mitarbeiter der Staatssicherheit war. Und es folgt noch eine Demutsgeste. »Ich habe in den letzten Tagen häufig gehört, dass heute ein historischer Moment sei«, sagt er. »Nein, der historische Moment war gestern vor 25 Jahren in Erfurt, als die Erfurterinnen und Erfurter sich aufgemacht haben, die Machtzentrale des Machtapparats friedlich zu besetzen, und damit den Prozess eingeleitet haben, der es erst möglich gemacht hat, dass ich heute hier stehen kann.«

Wenig später stellt Ramelow sein Kabinett vor. Sein Staatskanzleiminister – und Minister für Europa, Bundesrat und Kultur – ist Benjamin Immanuel Hoff. Geboren 1976 in Ostberlin, trat er mit 17 in die PDS ein und saß mit 19 im Abgeordnetenhaus. Gleichzeitig studierte Hoff an der Humboldt-Universität und promovierte schließlich über »Solidarität, Wettbewerb und Haushaltskrisen im föderalen Wohlfahrtstaat«. Mit 30 war er Sozialstaatssekretär im rot-roten Senat von Berlin, mit 34 wurde er von der Alice-Salomon-Fachhochschule zum Honorarprofessor berufen. Hoff ist ein Realpolitiker mit Vision. Er betrachtet Thüringen als langfristigen Feldversuch für einen »transformatorischen Reformismus«.[14] In Anlehnung an die Thesen des italienischen Marxisten Antonio Gramsci soll der Kapitalismus durch den Aufbau einer kulturellen Hegemonie in Staat und Zivilgesellschaft überwunden werden. Und das historische Erbe Thüringens wirkt: Die Linke hatte sich 2011 auf ihrem Bundesparteitag in Erfurt offensiv auf das marxistische Erfurter Programm der SPD aus dem Jahr 1891 bezogen.

Für Ramelow bedeutet dies: Als linker Ministerpräsident muss er nicht die reine Lehre vertreten. Vielmehr soll er sein Amt nutzen, um die Akzeptanz der Partei in allen gesellschaftlichen Schichten zu erhöhen. Der Umbruch, so die Hoffnung Hoffs, kommt dann irgendwann automatisch. Die Frage, ob das auch dem Selbstverständnis Ramelows entspricht, ist nur bedingt relevant. Wenn der Politiker und seine Partei sich mal unterscheiden, schadet das der Symbiose nicht. Im Gegenteil: Es erhöht sogar seine Glaubwürdigkeit. Die linke Bundesspitze wirkt jedenfalls nicht sonderlich enttäuscht, als Ramelow ihr nach seiner Wahl mitteilt, dass er fortan »der Ministerpräsident aller Thüringer« sei und ihn die Parteiprogrammatik nur bedingt binde. Ansonsten platziert er sich selbstbewusst in den Geschichtsbüchern. »Meine Wahl«, sagt er, »besiegelt das Ende der DDR.«[15]

Mike Mohring tritt auf

Was in jedem Fall stimmt: Ramelows Wahl besiegelt nach 24 Jahren das Ende der CDU- Regierungsmacht. Auch der Karriereplan von Mike Mohring ist davon betroffen. Seit er mit 27 Jahren in den Landtag einzog, wollte er Ministerpräsident werden. Jetzt ist er knapp 43 – und Oppositionsführer.

Zur Politik hatte Mohring im Herbst 1989 gefunden. Er, der zuvor die FDJ-Organisation an seiner Erweiterten Oberschule leitete, organisierte im heimischen Apolda die Montagsdemonstrationen, engagierte sich im »Neuen Forum« und studierte später Rechtswissenschaften im nahen Jena. 1994 wechselte er in die CDU, wo er sich in der Jungen Union eine Machtbasis schaffte. Dort begegnete ihm der 1977 geborene Mario Voigt. Die Konkurrenz der beiden rührt bereits aus dieser Zeit. Doch Mohring nutzte den Altersvorsprung von sechs Jahren: von Althaus zum Generalsekretär, dann zum Fraktionschef gemacht, wurde er erst von Voigt ausgebremst, als er 2009 auch nach dem Landesvorsitz greifen wollte.

Jetzt, fünf Jahre später, will Mohring diese Niederlage korrigieren. Voigt ahnt, dass er eine Kampfabstimmung wohl verlieren würde – und wartet ab. Erstens gibt es noch die Ermittlungen wegen der Scheinmitglieder und der toten Seelen im Weimarer Land. Und zweitens publiziert der *Spiegel* kurz nach der Wahl Ramelows die geheimen AfD-Planspiele Mohrings. Auch zitiert das Nachrichtenmagazin Höcke als Kronzeugen. »Es gab ein Treffen und danach regelmäßige Telefonate«, sagt der AfD-Landesvorsitzende. Mohring habe ihm versichert, dass er von einer totalen Blockade gegen seine Partei wenig halte. Danach seien alle Optionen, mit denen sich Ramelow verhindern ließe, durchgesprochen worden.

Der Bericht ist für Mohring verheerend, zumal das Timing kaum schlechter sein könnte. Vor dem Landesparteitag findet der Bundesparteitag in Köln statt, auf dem er erneut für den Bundesvorstand kandidiert. In dieser Notlage geht Mohring erstmals auf seinen Widersacher zu und bietet Voigt den Stellvertreterposten an. Der nimmt an. Ein anderer Stellvertreter wird der Bundestagsabgeordnete Christian Hirte, der sich bisher keinem Lager zuordnen ließ. Das Arrangement verhindert allerdings nicht, dass Mohring aus dem Bundesvorstand fliegt. Dennoch, Volker Kauder bekräftigt die Grenze zur AfD: »Der Parteitag hat in der einen oder anderen Entscheidung auch schön dokumentiert, dass wir in diesem Grundsatz durchhalten werden und durchhalten wollen.«[16]

Die Bundesspitze ignoriert bewusst, dass sich die Thüringer CDU zwischen einer linken Ministerpräsidentenpartei und einer erstarkenden Rechten in einem strategischen Dilemma befindet. Stattdessen werden die in Jahrzehnten eingeübten Reflexe vorgezeigt. Merkel geißelt die »Bankrotterklärung« der SPD in Thüringen. Jetzt gehe es um Berlin: »Nur unsere eigene Stärke, nur eine starke Union im Jahr 2017 wird Rot-Rot-Grün im Bund unmöglich machen.«[17]

Der Trost für Mohring folgt: Wenige Tage später ist er mit 90 Prozent zum Landesvorsitzenden gewählt. Die Ermittlungen wegen der angeblich gefälschten Mitgliederlisten werden eingestellt. Zudem regt sein Treffen mit Höcke längst nicht alle auf. »Es muss möglich sein, mit der AfD zu sprechen«, sagt sein Fraktionsvize Michael Heym.[18] Schließlich habe man auch schon mit der Linksfraktion im Parlament Anträge verabschiedet. »Für mich war die AfD von Anfang an kein Schreckgespenst«, sagt Heym. Die CDU müsse »sprechfähig in alle Richtungen« bleiben.

Höcke gründet seinen Flügel

Im Landtag steht Heym tatsächlich in der Raucherecke im Innenhof und spricht mit den Kollegen von der AfD. Aber die elf Abgeordneten sind ja auch neu hier und müssen sich erst einmal zurechtfinden. Und sie müssen Björn Höcke, ihren Partei- und Fraktionsvorsitzenden, noch richtig kennenlernen.

Da ist zum Beispiel seine Bekanntschaft mit dem Neonazi Thorsten Heise. Als er damit konfrontiert wird, gibt er Kontakte zu. Ja, er kenne die Heises, weil die Kinder gemeinsam in die Schule gingen, antwortet er. Die Familie mache einen guten Eindruck, »da gibt man sich natürlich die Hand und kommt ins Gespräch« – und ja, »auch über Politik«.[19] Er wisse, wer Heise sei? »Natürlich, das ist ja ein bekannter Mann im Eichsfeld«, sagt Höcke. Aber eine Nähe zur NPD lasse sich daraus ja wohl nicht herbeikonstruieren. Auch Heise bestätigt eine Bekanntschaft mit Höcke. Er beschreibt die »kurzen, höchstens zehnminütigen Gespräche« als angenehm. Er finde gut, sagt er, dass »Herr Höcke ernst meint, was er sagt«. Es sei »bedauerlich, dass er in der AfD ist und nicht bei uns«.[20]

Doch selbst in Höckes Partei wachsen nun Zweifel. Vor allem die Abgeordneten Oskar Helmerich und Jens Krumpe fremdeln mit dem Landeschef Höcke. Sie finden es etwa merkwürdig, dass die Fraktion einen Ausflug nach Schnellroda im benachbarten Sachsen-Anhalt unternimmt, wo Götz Kubitschek und das Institut für Staatspolitik residieren. Dort wird eine künftige Zusammenarbeit besprochen.

Kubitschek ist nur etwas älter als Höcke und stammt aus Ravensburg. Nach Abitur und Wehrdienst hatte er Germanistik, Philosophie und Geografie auf Lehramt studiert. Er wurde Mitglied der Deutschen Gildenschaft und amtierte als Aktivensprecher. Er arbeitete für die rechtskonservative *Junge Freiheit* und agitierte gegen die Wehrmachtsausstellung. Zur Jahrhundertwende gründete er im hessischen Bad Vilbel das Institut und den Verlag »antaios«, 2002 zog er dann in den Osten um. Spätestens seit er von dort auch die Zeitschrift *Sezession* herausgibt, gilt er als Vordenker der sogenannten Neuen Rechten – und begibt sich, wie Höcke, immer wieder in die Nähe von Rechtsextremen.

Höcke und Kubitschek kennen sich seit Jahren, jetzt bilden sie ein Bündnis. Beide halten den Kurs der Bundespartei unter Lucke für falsch. Und ihr gemeinsames Vorbild ist das Preußen Friedrichs des Großen. Es gebe »keine Alternative im Etablierten«, behauptet Kubitschek.[21] »Die angemessene Haltung des Wahlpreußen von heute dem Staat gegenüber ist die des Getreuen, der die Idee vor der Wirklichkeit retten möchte. Er muss den Tabubruch, den gezielten Regelverstoß, den zivilen Ungehorsam, die Respektlosigkeit als politische Waffe einüben und einsetzen. Er muss bekämpfen, was den Staat zerstört und die Nation kastriert. Er muss den Staat retten, und das bedeutet nichts anderes, als dass er den Staat von seinen abträglichen Institutionen befreit, ohne die Institution des Staats an sich in Frage zu stellen.«

Das ist, Ladigs Antikapitalismus mitgedacht, die eigentliche Mission der Thüringer AfD und sie soll der gesamten Partei aufgenötigt werden. Nachdem der Bundesvorstand Kubitschek und seiner Frau Ellen Kositza Anfang 2015 die Mitgliedschaft in der AfD verwehrt hat, versuchte Höcke ein letztes Mal, Lucke zum Einlenken zu bewegen.[22] Er müsse den »Nationalkonservativen« mehr Raum geben, sagt er. Doch Lucke lehnt kategorisch ab und nimmt den Kampf an – aber er wird ihn verlieren.

Denn Höcke und Kubitschek bekommen längst Verstärkung. Schon seit Oktober 2014 versammeln sich in Dresden tausende Menschen unter der Überschrift »Patriotische Europäer gegen die Islamisierung des Abendlandes«, kurz Pegida. Es geht vor allem gegen die steigende Zahl an Flüchtlingen aus Syrien, Afghanistan und Irak, aber auch vom Balkan. Jeden Montag lädt Pegida zu Spaziergängen, und es kommen immer mehr. Hauptorganisator ist der wegen Diebstahls und Drogenhandels vorbestrafte Lutz Bachmann. Die Teilnehmerzahlen steigen bis Weihnachten auf 15 000 und erreichen im Januar mit 25 000 einen Rekord.

Lucke grenzt sich offensiv gegen die rechte Straßenkonkurrenz ab, auch die Sächsin Petry geht auf Distanz. Kubitschek und Höcke hingegen finden, dass die AfD die neue Bewegung vereinnahmen sollte. Auch sie wollen die gesellschaftliche Hegemonie erringen, wobei sie sich offiziell von jedem Totalitarismus abgrenzen. Ihr Gramsci heißt Alain de Benoist, der skizziert hat, wie in einer »Kulturrevolution von rechts« der »vorpolitische Raum« zu besetzen ist.

Kubitschek liefert schließlich den Entwurf einer Resolution, mit der die Revolte gegen Lucke angeführt werden soll. Höcke und Sachsen-Anhalts Fraktionschef André Poggenburg stellen das Papier auf einem Parteitag der Thüringer AfD in Arnstadt vor. Das »Projekt AfD«, so heißt es darin, befinde sich in Gefahr. »Technokraten« hielten die Partei von »bürgerlichen Protestbewegungen« fern und verhinderten, dass sie das werde, was sie sein müsse: eine »Widerstandsbewegung gegen die weitere Aushöhlung der Souveränität und Identität Deutschlands«.

Parallel zur Verkündung der »Erfurter Resolution« werden auf einer Internetseite unter der Überschrift »Der Flügel« Unterschriften gesammelt. Binnen weniger Stunden haben sich hunderte Unterstützer eingetragen. Darunter befinden sich Alexander Gauland, der inzwischen im Brandenburger Landtag die Fraktion anführt, und sein Stellvertreter Andreas Kalbitz. Auch fast die gesamte Thüringer Fraktion unterschreibt, bis auf die Abgeordneten Krumpe, Helmerich und Siegfried Gentele. Und wer auch nicht unterschreibt, ist Frauke Petry. Sie wartet ab, wer den Kampf gewinnt.

Lucke organisiert mit Henkel eine Gegenresolution, die aber deutlich weniger Unterschriften bekommt. Und er greift die Erkenntnisse des Soziologen Kemper über die erstaunlichen Gemeinsamkeiten der Reden und Schriften Höckes mit den Pamphleten des neonazistischen Autors »Landolf Ladig« in den Heise-Postillen auf. Höcke, so verlangt er, solle an Eides Statt versichern, dass er nicht »Ladig« sei – was der natürlich verweigert. Stattdessen dementiert er nur rhetorisch: »Ich habe niemals unter einem Pseudonym für eine NPD-Zeitung geschrieben, und ich werde jeden juristisch belangen, der anderes behauptet.«[23] Doch obwohl Höcke bis heute von Dutzenden Politikern diverser Parteien und sogar auf Plakaten des »Zentrums für Politische Schönheit« als »Landolf Ladig« bezeichnet wurde, ist bisher keine Strafanzeige bekannt geworden. Dabei klagt er gerne und oft, wenn er sich falsch zitiert oder beschuldigt fühlt.

Schließlich beschließt der Bundesvorstand ein Amtsenthebungsverfahren. Höcke soll den Landesvorsitz abgeben. Doch mit der »Erfurter Resolution« hat er eine große und laute Minderheit der AfD als »Flügel« hinter sich versammelt. Entsprechend selbstbewusst fährt er im Sommer 2015 zum Bundesparteitag nach Essen. Dort schließt er einen kurzzeitigen Pakt mit Petry, gemeinsam stürzen sie Lucke.

Der geschasste Bundesvorsitzende verlässt prompt die Partei. Mit ihm gehen große Teil des sogenannten wirtschaftsliberalen Lagers, darunter auch die drei Thüringer Abgeordneten Helmerich, Krumpe und Gentele. Die AfD entspricht nun schon mehr der Vorstellung von Höcke, wobei er Petry nicht traut. Sie hat sich bei den Vorstandswahlen in Essen nicht an Absprachen gehalten. Aber dennoch, die AfD hat sich das erste Mal gehäutet. Sie ist nicht mehr der eher neoliberale Anti-Euro-Professorenverein, sondern auf dem Weg zu einer völkischen Partei – auch wenn sie sich dabei erst einmal zu marginalisieren scheint. In den Umfragen ist sie unter fünf Prozent gerutscht, selbst in Thüringen sind es nur noch sieben bis acht Prozent. Was die AfD jetzt dringend braucht, ist eine neue Krise.

8
Das Jahr 2015
und seine Folgen

Apolda, 17. August 2017. Der Beutel kostet zehn Euro, ist schwarz und mit einem Foto bedruckt, auf dem eine Frau mit einem jüngeren Mann zu sehen ist. Die beiden schauen sich in die Augen, und es wirkt so, als ob sie sich küssen wollten. »KISS« steht in großen, pinken Buchstaben über dem Foto.[1] Das Besondere und ja, gewollt Irritierende ist: Es zeigt die Bundeskanzlerin und den Thüringer CDU-Vorsitzenden. Das Bild von Angela Merkel und Mike Mohring entstand 2014 während des Landtagswahlkampfs in Apolda. Seitdem vertreibt ein örtliches Geschäft den Beutel, angeblich soll der Umsatz gut sein. Nun, drei Jahre später, soll er eine tragende Rolle spielen. Die Kanzlerin ist nämlich wieder in Apolda. Erneut herrscht Wahlkampf, diesmal aber für den Bundestag – und der thüringische Start in die heiße Phase kann nur in der Mike-Mohring-Stadt stattfinden.

Dass Mohring eine besondere Nähe zur Kanzlerin zelebriert, kann man ruhig als einigermaßen dreist beschreiben. Viele Jahre hatte er sich vor allem als ihr Kritiker von rechts zu profilieren versucht. Er verfasste mit anderen renitenten Regionalpolitikern Offene Briefe, gab mahnende Interviews und flirtete mit dem rechtskonservativen »Berliner Kreis«. Parallel dazu baute er strategische Freundschaften zu Merkel-Kritikern wie Stefan Mappus oder Jens Spahn auf. Als designierter Spitzenkandidat braucht er sie allerdings, zumal er ins Bundespräsidium strebt. Also hat er das mit dem Briefeschreiben und der öffentlichen Kritik wieder sein gelassen. Sein konservatives Netzwerk, zu dem auch Friedrich Merz gehört, pflegt er natürlich trotzdem weiter.

In Apolda hat Mohring eine Harmonieshow vorbereitet. Als Kulisse wählte er das Gelände der Landesgartenschau, das beide im milden Abendlicht durchschreiten. Mohring erklärt, dass er die Ausstellung fast allein in seine Heimat geholt habe. Den Weg säumen Menschen, die Autogramme oder Selfies von Merkel wollen. Schließlich steht sie auf der großen Wahlkampfbühne. Alle Stühle sind besetzt. Auch die Repräsentanten vergangener Macht sind da: Christine Lieberknecht, Dieter Althaus, Birgit Diezel. Etwa 800 Menschen hören, wie die Kanzlerin Apolda als »wunderbar« bezeichnet und auch an den Strickstrumpf erinnert. Der kommt nämlich von hier.

Aber sie sagt auch Wahlkampfsätze wie: »Ich würde gerne mit Ihrer Unterstützung als Bundeskanzlerin der Bundesrepublik Deutschland weiterarbeiten.« Das Publikum klatscht freundlich. Eine Ausnahme jedoch bilden die etwa 30 Männer und Frauen, die »Hau ab!«, »Widerstand!« und »Heuchler!« schreien. Sie sind hier, um gegen die Migrationspolitik der Bundesregierung zu protestieren. Mehr als 1,2 Millionen Geflüchtete haben 2015 und 2016 in Deutschland einen Asylantrag gestellt – allein 40 000 sind nach Thüringen gekommen. Daran soll Merkel Schuld haben. Sie versucht, das Geschrei zu ignorieren. Die Empörung ist ihr im Wahlkampf fast überall gefolgt und hat sie nun auch in Apolda eingeholt. Gutes Zureden bringt eher wenig. Für die Schreienden ist sie der Feind. Für sie muss Merkel weg.

Seit dem sogenannten Flüchtlingsjahr 2015 hat sich die Stimmung in der Republik noch einmal polarisiert. Pegida hat jetzt zahlreiche Ableger. Die Demonstrationen sind zwar kleiner, aber dafür umso radikaler geworden. Die Petry-AfD hat, der Strategie von Höcke und Kubitschek folgend, ein Bündnis mit ihnen gebildet – mit Erfolg. Die Partei ist in den Umfragen mittlerweile zweistellig geworden, in Thüringen steht sie sogar bei 22 bis 27 Prozent.

Aber der mal autoritär, mal libertär, mal völkisch schillernde Rechtspopulismus liegt nicht nur in Deutschland, sondern global im Trend. Der französische Rassemblement National, die österreichische

FPÖ, die ungarische Fidesz, die polnische PiS, die italienischen Fratelli oder die US-Republikaner unter Donald Trump: Sie sind, bei allen Unterschieden, geistige Schwesterparteien der AfD. Sie bieten in einer unübersichtlichen und gefährdeten Welt voll multipler Krisen und Kriegen einfach klingende Antworten, die verlässlich stets auf mehr Nationalismus, Isolationismus und Rassismus hinauslaufen. Und natürlich auch auf Extremismus. In Apolda mischt sich das Geschrei der Wutbesucher mit den Parolen, die von der Seite zur Bühne schallen. Außerhalb des Gartenschau-Geländes, zwischen gut ausgerüsteten Polizeibeamten, hat sich der sogenannte Thügida-Verein postiert. Mithilfe eines Lautsprecherwagens dröhnen sie gegen die Wahlkampf-veranstaltung an.

Thügida ist so etwas wie die hiesige Neonazi-Variante von Pegida. Darin haben sich die NPD und Splitterparteien wie III. Weg und Die Rechte zusammengetan, dazu kommen noch Reichsbürger und sonstige Rechtextremisten. Der Vorsitzende heißt David Köckert, er trägt eine tätowierte schwarze NS-Sonne auf dem Gesicht und das Geburtsdatum Hitlers auf den Fingern. Er schreit in Richtung Kanzlerin: »Ich will der Wolf sein, der dieses Rudel dahin führt und diese bucklige Brotspinne zur Hölle fahren lässt.«[2] Es ist verstörend anzusehen.

Es mag überraschend klingen, aber trotz dieser Störungen funktioniert der Abend für die CDU. Er wird zur Parade einer Partei, die in Thüringen fast ein Vierteljahrhundert regierte und im Landtag die größte Fraktion stellt. Aus ihrer Sicht ist sie nur wegen einiger unglücklicher Umstände in der Opposition gelandet. Nach der Landtagswahl im Herbst 2019 aber will sie wieder in der Regierung sein und Mike Mohring Ministerpräsident. Sein ehrgeiziger Plan: Erst gewinnt man wieder alle Bundestagswahlkreise – dann das Land. Rot-Rot-Grün könne es nicht, ruft er. Die Reformen seien gescheitert, an den Schulen falle immer mehr Unterricht aus, nichts, aber auch gar nichts funktioniere mehr. Damit müsse Schluss sein!

Dann überreicht Mohring der Kanzlerin endlich den schwarzen Beutel und sagt lächelnd, dass sie damit ja in Berlin mal einkaufen gehen könne. Merkel reagiert merkelig. Sie schaut freundlich, aber faltet den Beutel sofort zusammen und steckt ihn in ihre Tasche. Sie muss hier Wahlkämpfe machen. Sie muss sich wegen ihrer Flüchtlingspolitik beschimpfen lassen. Aber sie muss ja nicht jeden Blödsinn mitmachen.

Inschallah, ruft der Ministerpräsident

Als Anfang September 2015 abertausende Flüchtlinge über die Balkanroute nach Deutschland drängen, hatte die Bundeskanzlerin erklärt: Die Grenzen bleiben offen. In den Umfragen trägt eine Mehrheit ihren Kurs. Doch in Ostdeutschland und in Thüringen ist es umgekehrt. Fast 60 Prozent erklären, dass ihnen die Anzahl der Flüchtlinge Angst mache,[3] 42 Prozent sind gegen weitere Aufnahmen. Auch wenn 84 Prozent der Aussage zustimmen, dass sie sich für die gewalttätigen Proteste gegen Flüchtlinge schämten: Allein in Thüringen werden fünf geplante Flüchtlingsheime in Brand und eine Unterkunft unter Wasser gesetzt.[4]

Ramelow und seine Koalition halten offensiv dagegen. Als erste Kabinettentscheidung wurde ein Winterabschiebestopp beschlossen. Allerdings blieb die Maßnahme aus rechtlichen Gründen – Abschiebung ist Bundesrecht – vor allem Symbolpolitik. Nun aber kann der Regierungschef endlich zeigen, wie sehr eine Linksregierung den Unterschied macht. Und so steht er an einem verregneten Septemberabend mit Hemd, Schlips, Outdoorjacke und einem Spielzeugauto in der Hand am Saalfelder Bahnhof. Er begrüßt 570 Menschen, die mit einem Sonderzug aus München nach Thüringen einreisen. Technisches Hilfswerk, Polizei und Sozialarbeiter sind da, aber auch Bürger, die Plakate tragen, Lieder singen und blaue Beutel verteilen. Sie sind mit Äpfeln, Keksen, Datteln, Windeln oder Klopapier gefüllt.

»Inschallah« ruft der Ministerpräsident ins Mikrofon. Er wirkt sehr ergriffen. »Der erste Zug mit syrischen Flüchtlingen in Deutschland!«, ruft er. »Ehrlich gesagt, das ist der schönste Tag meines Lebens!« Zu den Journalisten sagt er immer wieder dasselbe: »Thüringen hilft. Thüringen ist weltoffen.« Ramelow hat dafür ideologische, moralische und politische Gründe. Aber es gibt auch demografische. Die Bevölkerung schrumpft immer noch um 0,5 bis 1 Prozent pro Jahr, der Anteil der Älteren steigt. Das Durchschnittsalter liegt bei 47 Jahren, das sind 9 Jahre mehr als 1990.[5] Die Geburtenrate hat sich etwas erholt, aber die Reproduktionsquote liegt nur bei 71 Prozent.

Seine einfache Rechnung lautet: Ohne Zuwanderung wird Thüringen – mit Ausnahme der Autobahn-4-Städtekette von Eisenach über Erfurt und Weimar bis Jena – ökonomisch und sozial zurückfallen und mancherorts veröden. Daher ist für ihn die Flüchtlingsfrage eine Zukunftsantwort. Seine Botschaft: Migranten nehmen keine Arbeitsplätze weg, sie sorgen dafür, dass es bald überhaupt noch Arbeit gibt. Das sagen nicht nur er und Rot-Rot-Grün. Das sagt auch die Wirtschaft. Allerdings werden sich die Hoffnungen des Jahres 2015 nur bedingt erfüllen. Bis Ende 2022 steigt der Anteil der sozialversicherungspflichtig Beschäftigten unter den Flüchtlingen aus den wichtigsten acht Herkunftsländern auf 36,2 Prozent. Bei Deutschen liegt die Quote bei 65,2 Prozent. Gleichzeitig sind 25,3 Prozent (Deutsche: 5,2 Prozent) arbeitslos gemeldet. 45,3 Prozent der erwerbsfähigen Geflüchteten leben von Sozialleistungen. Bei Deutschen beträgt der Anteil 5,4 Prozent.[6]

Dass die Bilanz gemischt ausfällt, ist angesichts der bekannten Integrationsprobleme bereits 2015 zu erwarten. Aber das will kaum jemand hören. Während die eine Seite unerfüllbare Hoffnungen verbreitet, nährt die andere Seite Angst und Hass.

Höcke klingt wie Goebbels

Die Linie zwischen beiden wird in Thüringen besonders scharf gezogen. Ramelow repräsentiert das Willkommenslager. Und Höcke gibt seinen rassistischen Antipoden. Kein anderer führender AfD-Politiker gebärdet sich so radikal wie er. Etwa zwei Wochen, nachdem Ramelow in Saalfeld war, steht Höcke vor der Erfurter Regierungszentrale und 1000 Menschen hören ihm zu. »Ein bedauernswerter Mensch namens Bodo Ramelow entblödete sich nicht, vor einigen Wochen die Regenbogenfahne vor der Staatskanzlei hissen zu lassen«, ruft er. »Seit Jahrzehnten lässt man Menschen ins Land, die uns nicht nutzen und nicht zu uns passen.«

Höcke beklagt den »Skandal«, dass »eine 1000-jährige Nation«, die »nicht als klassisches Einwanderungsland gegründet« wurde, mit diesem »Asylwahnsinn« in eine multikulturelle Gesellschaft umgewandelt werde. »Die Angsträume für blonde Frauen werden größer«, ruft er. Nötig sei die »medienwirksame Abschiebung aller Asylbewerber«,[7] derweil die Bundeswehr an den Grenzen aufzumarschieren habe. Das alles, ruft Höcke, müsse endlich gesagt werden, entgegen der »politischen Korrektheit«, die »wie Mehltau auf diesem Land« liege. Denn auch die angeblich konservativen Christdemokraten seien nur noch »glattgeschliffene Zeitgeistkastraten«.

Seine Reden gehen in den rechten Internetblasen viral und werden zum Medienthema. Prompt wird er in die ARD-Talkshow »Günther Jauch« eingeladen. Dort drapiert Höcke eine schwarz-rot-goldene Flagge auf der rechten Armlehne und gibt gerne zu, dass nicht ausschließlich blonde Frauen vor den Migrantenmännern Angst haben müssten. Nein, sagt er, natürlich betreffe es auch Rothaarige und Brünette.[8] Die Sendung wird ein Lehrbeispiel dafür, wie klassische Medien im Umgang mit den neuen Rechtsextremisten versagen.

Woche für Woche zieht Höcke mehr Menschen nach Erfurt. Am 23. September werden 5000 gezählt. Die lautstarke Gegendemonstration kommt auf nur ein Zehntel davon, während mehrere Hundertschaften der Polizei dazwischenstehen. So bürgerlich die Mehrheit der Teilnehmer anmutet, so laut skandiert sie »Lügenpresse!«, »Merkel muss weg!« und »Volksverräter!«. Höcke strahlt. »Erfurt ist schön deutsch und Erfurt soll schön deutsch bleiben«, ruft er in den Jubel hinein.

Ende September findet die Kundgebung vor dem Landtag statt. Es sind diesmal mehr Gegendemonstranten gekommen, ein AfD-Chor beschimpft sie als »Lumpenpack«. Höcke tritt in der Pose eines Messias ans Pult. Er hebt theatralisch die Hände und ruft: »Was ich hier sehe, das ist gewaltig, das ist großartig, das ist historisch! Ich sehe Alte und Junge, ich sehe Männer und Frauen, ich sehe eine Gemeinschaft, ich sehe ein Volk, das Zukunft haben will.« In Gestik, Mimik und Wortwahl ähnelt er damit Joseph Goebbels. Als der NSDAP-Propagandaminister im Februar 1943 im Berliner Sportpalast den »totalen Krieg« ausrief, schrie er: »Die Jugend ist hier vertreten und das Greisenalter. [...] Was hier vor mir sitzt, ist ein Ausschnitt aus dem ganzen deutschen Volk an der Front und in der Heimat. [...] Ihr also, meine Zuhörer, repräsentiert in diesem Augenblick die Nation.«[9]

Was bei Höcke hinzukommt, ist sein Ruf »Wir sind das Volk!«, in den die Menge begeistert einstimmt. So wie Pegida okkupiert die AfD systematisch das Vermächtnis der friedlichen Revolution. Im Wahlkampf 2019 wird die Partei Parolen wie »Vollende die Wende« und »Wende 2.0« plakatieren, wobei es ihr natürlich völlig egal ist, dass der Begriff »Wende« vom letzten SED-Generalsekretär Egon Krenz stammte. Vor dem Landtag ruft Höcke wahrheitswidrig: »Ich sehe die größte Demonstration in Erfurt seit dem Epochenjahr 1989.« Er agitiert gegen die »Pseudoelite«, die »Linksfaschisten« und die »Millionen« Migranten aus Afrika und Asien, deretwegen »das Land bald lichterloh« brenne. Und er geißelt die Medien, die ihn, den Patrioten, wahlweise brandmarken oder totschweigen.

Nach besonders extremen Attacken lässt er Pausen, damit die Masse, je nach Thema, »Lügenpresse!«, »Volksverräter!« oder »Aussiedeln!« skandieren kann. Er selbst hört nur zu, während er von der Bühne lächelt. Nur bei »Merkel muss weg« gibt er selbst den Ton an. Typisch für ihn ist auch die larmoyante Opferpose. »Höcke ist ein besonnener Mann«, sagt er von sich in dritter Person. »Er ist ein differenzierter Mensch.« Jeder, der ihn kenne, könne davon Zeugnis ablegen. Aber in der Stunde der Not, in der »unser Land in Gefahr« sei, müsse er eben mit den anderen Aufrechten »für die Zukunft unseres Volkes und unserer Kinder kämpfen«. Jetzt präsentiert er offen das hermetisch geschlossene Weltbild eines Rechtsextremisten.

Im November 2015 referiert er auf einer Tagung bei Kubitschek über den »lebensbejahenden afrikanischen Ausbreitungstyp«, der in Europa »auf den selbstverneinenden europäischen Platzhalter-Typ« treffe, was dort unweigerlich zum »Staatsverfall« führe.[10] Schließlich hält er im Januar 2017 im Dresdner Ballhaus Watzke vor der Jungen Alternative jene Rede, die sein Image prägt – und in der er erstmals wie »Landolf Ladig« das Gedenken an den Holocaust offen verhöhnt. Und er lässt nationalistisches Pathos triefen. »Unser liebes Volk ist im Inneren tief gespalten und durch den Geburtenrückgang sowie die Masseneinwanderung erstmals in seiner Existenz tatsächlich elementar bedroht«, ruft er. Deutschland müsse endlich aufstehen. »Ich will euch als Vater«, ruft er in den Saal. »Ich will euch als Mutter.«

Für Petry ist Höcke längst zum Problem geworden. So lose sein »Flügel« organisiert ist, so sehr dominiert er die Außenwahrnehmung der Partei. Die Thüringer organisieren gemeinsam mit dem Sachsen-Anhalter Verband jährliche »Flügel«-Versammlungen. Der Höcke-Kult wird mit Sammeltassen und bedruckten Einkaufsbeuteln angetrieben. Und während er selbst sich auf den »Kyffhäuser-Treffen« wie der wiederauferstandene Kaiser Barbarossa feiern lässt, spricht er davon, was für ein »relativ bescheidener« und »eher introvertierter Mensch« er doch sei.

Petry geht schließlich in die Offensive und leitet ein Parteiaus-schlussverfahren ein. Der Antrag, den der Bundesvorstand mit Zwei-drittelmehrheit beschließt, ist in jeder Hinsicht bemerkenswert. Er stellt fest, dass »Ladig« und Höcke ein- und dieselbe Person seien und eine »Wesensverwandtschaft mit dem Nationalsozialismus« bestehe. Seine Formulierungen, heißt es, fänden sich »in Wahlkampfreden von Adolf Hitler im Jahr 1932« wieder, eine »Wort- und Sinnverwandt-schaft zu Hitler« sei »nicht zufällig«.[11] Im Ergebnis stelle sich Höcke »unmittelbar gegen die verfassungsgemäße Ordnung«. Bleibe er in der Partei, drohe ein Verbotsverfahren.

Doch egal, wie wortgewaltig der Antrag daherkommt: Er ist ein Pa-piertiger. Denn die erste Entscheidung trifft das Landesschiedsgericht in Thüringen – und das ist mit Höckes Gewährsleuten besetzt. Zudem ist Petrys eigene Position akut gefährdet, ihre Mehrheit im Bundesvor-stand kaum etwas wert. Die Vorsitzende kann die Landesverbände kaum noch kontrollieren und liefert sich seit Längerem eine erbitterte Fehde mit ihrem Co-Chef Jörg Meuthen. Die Geschichte von 2015 wie-derholt sich. Nur wird es diesmal Frauke Petry sein, die gehen muss.

Gemischte ostdeutsche Gefühle

Im Jahr 2016 widmet sich der Thüringen-Monitor der Jenaer Wissen-schaftler dem Migrationsthema.[12] Die Antworten zeigen, dass die Politik der linken Landesregierung keine Mehrheit hat. 58 Prozent der Befragten sind der Meinung, dass »die meisten Flüchtlinge und Asyl-suchenden [...] aufgrund ihrer Kultur gar nicht in Deutschland inte-grierbar« seien. 81 Prozent finden, dass abgelehnte Asylbewerber »ohne Ausnahme abgeschoben« werden müssten. Und 52 Prozent glauben, dass Deutschland durch Ausländer in gefährlichem Maße überfremdet sei. Dennoch bekunden die meisten ebenso Hilfsbereit-schaft, Empathie und Toleranz. 79 Prozent meinen, dass Migranten »legale Möglichkeiten zur Einreise« geboten werden sollten, 77 Prozent befürworten ein Einwanderungsgesetz. 57 Prozent sagen: »Wir müssen uns in Zukunft den Wertvorstellungen und Maßstäben anderer Kulturen stärker öffnen.« Und: Nachdem der Anteil rechtsextremer Einstellungen 2015 auf 24 Prozent angestiegen war, sinkt er mit 16 Prozent auf einen neuen Tiefstwert. Gleichzeitig bleibt die Zufriedenheit mit der Demokratie halbwegs stabil.

Die Autoren attestieren der Bevölkerung also »gemischte Gefühle«. Die wirtschaftliche Situation der Ostdeutschen ist aus ihrer Sicht nur eine Ursache für die teils extremistischen Ansichten. Dahinter stünden insbesondere »kulturelle Stereotype, Wertvorstellungen und biografische Erfahrungen«, die wiederum von Alter, Bildung, Geschlecht oder Konfessionszugehörigkeit abhingen.[13] Dennoch sei die Asylthematik, für sich genommen, kein Grund für eine Krise der Demokratie. Allerdings:»Der Eindruck, dass kritische Meinungen nicht geäußert werden können, ohne deswegen Nachteile zu haben und ›in die rechte Ecke gestellt‹ zu werden, steht einem konstruktiven Dialog [...] im Wege.« 48 Prozent der Befragten glauben, dass man in Deutschland heutzutage seine Meinung nicht mehr frei äußern könne, ohne möglicherweise Nachteile zu erleiden. Nahezu drei von vier Thüringern sind der Auffassung, dass »die Medien« einseitig berichteten und politisch gelenkt seien.

Es ist diese Mischung aus Ressentiments und Extremismus, aus Angst und Trotz, aus dem Gefühl der Zweitklassigkeit und tatsächlicher ökonomischer Benachteiligung, die höchstwahrscheinlich die Basis des besonderen Erfolgs der AfD in Ostdeutschland bildet. Bei der Bundestagswahl 2017 kommt die Partei in Thüringen auf 22,7 Prozent. In Sachsen steht sie sogar mit 27 Prozent knapp vor der CDU. Vor allem solche Rekordergebnisse sorgen dafür, dass sie bundesweit auf 12,6 Prozent kommt. Die Koalitionsparteien dagegen verlieren. Die Union fällt auf historisch niedrige 32,9 Prozent, die SPD kommt mit Kanzlerkandidat Martin Schulz nur noch auf 20,5 Prozent. Die FDP reanimiert sich aus der außerparlamentarischen Opposition auf

10,7 Prozent. Linke und Grüne bleiben in etwa stabil bei um die neun Prozent.

Auch in Thüringen verlieren CDU und SPD. Aber auch Ramelows Linke büßt ein. Viele frühere Ost-Wähler nehmen die einstige PDS vor allem als gesamtdeutsche Partei und weniger als Vertretung ihrer regionalen Interessen wahr. Und nicht wenige laden ihren Protest bei der AfD ab.

Die neue extreme Front

Nachdem die Jamaika-Verhandlungen zwischen Union, FDP und Grünen gescheitert sind und die SPD sich unter Qualen in eine neuerliche Koalitionsfron unter Angela Merkel begeben hat, besitzt die AfD-Fraktion die Oppositionsführerschaft im Bundestag. An der Spitze der fünfköpfigen Thüringer Landesgruppe steht Stephan Brandner. Er stammt aus Nordrhein-Westfalen und kam Ende der 1990er Jahre nach Gera, wo er als Rechtsanwalt arbeitete. Damals war er noch Mitglied der CDU. Ab 2014 amtierte er in der Landtagsfraktion als Höckes Stellvertreter und teilt viele seiner Ansichten. Doch Brandner sieht Politik nicht als Opfergang. Er hat Lust auf Macht und will Karriere machen. Im Gegensatz zu Höckes missionarischer Sprödigkeit präsentiert er sich, je nach Anlass, als Krawallmacher, Karnevalist oder Kumpel.

Sein wichtigstes Instrument ist die Beleidigung. In seinen knapp drei Jahren im Landtag hat er allein 32 Ordnungsrufe gesammelt. In der Legislatur davor gab es ohne die AfD insgesamt nur 43. Nun darf er also im Bundestag pöbeln. Brandner gilt als Höckes Mann in Berlin. Richtig ist: Er stimmt im Bundesvorstand verlässlich in dessen Sinne. Dennoch verfolgt er auch seine eigene Agenda. Der spätere Aufstieg zum Vizechef der Bundespartei ist ebenso sein Werk wie die fortwährenden Eklats, die zu seiner Absetzung als Chef des Justizausschusses führen werden.

Die AfD besitzt nun Wirkmacht. Und die wird mit Steuergeld finanziert. Für jede Zweitstimme gibt es 85 Cent an Wahlkampfkostenerstattung. Die Haupteinnahmen generieren aber die Abgeordneten. Neben ihren persönlichen Diäten überweist der Staat mehrere Millionen Euro für die Ausgaben und Mitarbeiter der Fraktionen im Bundestag sowie in den Landtagen. Und er bezahlt natürlich die Leibwächter. Auch Höcke steht unter Personenschutz, weil er ähnlich wie Ramelow Morddrohungen erhalten hat.

Mit der Bundestagswahl hat sich für ihn auch das Problem Petry erledigt. Die Bundesvorsitzende tritt aus der AfD aus, behält aber ihr Mandat. So wie Luckes Partei »Alfa«, die später »Liberal-Konservative Reformer« heißt, wird auch ihre Parteierfindung »Die Blauen« scheitern.

Ein Jahr später veröffentlicht Höcke einen Gesprächsband. Darin lässt er sich so zitieren: »Die Sehnsucht der Deutschen nach einer geschichtlichen Figur, welche einst die Wunden im Volk wieder heilt, die Zerrissenheit überwindet und die Dinge in Ordnung bringt, ist tief in unserer Seele verankert.« Nötig sei »ein neues Kapitel unserer Geschichte«. Dabei werde das Land, leider, »ein paar Volksteile verlieren«, die »zu schwach oder nicht willens« seien, »sich der fortschreitenden Afrikanisierung, Orientalisierung und Islamisierung zu widersetzen«. Höcke fordert ein »groß angelegtes Remigrationsprojekt«, mit »wohltemperierter Grausamkeit«, bei der sich »menschliche Härten und unschöne Szenen nicht immer vermeiden lassen« würden.[14] Wenn es noch eines Beleges dafür bedurft hätte, was Höcke will: Hier ist er.

Am 1. September 2018 steht er dann zusammen mit Götz Kubitschek, Pegida-Gründer Lutz Bachmann und 4500 Menschen in Chemnitz auf der Straße. Anlass des »Trauermarsches« ist der tödliche Ausgang eines Streits einige Tage zuvor auf dem Stadtfest. Die mutmaßlichen Täter sind Migranten. Hier präsentiert sich zum ersten Mal die neue Front aus AfD, Neuer Rechter und Neonazis. Aus dem Pulk heraus kommt es zu Angriffen auf Gegendemonstranten und ausländisch wahrgenommene Menschen, aber auch auf Polizeibeamte oder Passanten. Ein Sprecher der Bundesregierung spricht von »Hetzjagden«.

Hans-Georg Maaßen widerspricht. Dem Bundesverfassungs-schutz, sagt er, lägen »keine belastbaren Informationen« darüber vor, »dass solche Hetzjagden stattgefunden haben«.[15] Die empörte SPD erzwingt erst die Versetzung und dann die Entlassung des Behörden-chefs, ihm folgt Thomas Haldenwang. Alexander Gauland, der sich nun mit Jörg Meuthen die Parteispitze teilt, hört die Signale. Nachdem der Verfassungsschutz die Thüringer AfD zum sogenannten Prüffall erklärte, droht diese Maßnahme auch der Gesamtpartei. Also reist Gauland im Oktober 2018 zum Landesparteitag nach Arnstadt – und nötigt sich gemeinsam mit Höcke eine bizarre Show ab.

Höcke fordert ein ihm bisher treu ergebenes Parteimitglied vom Rednerpult aus auf, nicht für die Liste zu kandidieren. Der Grund: Er habe im Internet einen Beitrag der NPD geteilt. »Wir haben nichts mit der NPD zu tun«[16], schreit Höcke, während Teile des Saales laut revol-tieren. Aber Gauland assistiert. »Ich finde es völlig richtig, was hier passiert«, ruft er. »Wer Nazi-Schweinkram teilt, hat in der Partei nichts verloren.« Drei Monate später wird die Partei trotzdem zum »Prüffall« erklärt.

Ramelows Integration in die Bundespolitik

Während die AfD sich radikalisiert, stellt die rot-rot-grüne Koalition fest, wie recht Schäuble einst hatte, als er Regieren als »Rendezvous mit der Realität« bezeichnete: Das zentrale Modernisierungsprojekt dieser Wahlperiode, die Kreisgebietsreform, steht nach Protesten und unzähligen Fehlern vor dem Scheitern. Ramelow hat auf Drängen der SPD den zuständigen Innenminister gegen dessen Willen entlassen müssen. Nachfolger wird der bisherige SPD-Wirtschaftsstaatssekretär Georg Maier. Auch er stammt, wie sein Vorgänger, aus dem Westen, hat als Banker bei der Kreditanstalt für Wiederaufbau gearbeitet und traut sich grundsätzlich alles zu. Doch mit der Reform ist auch er überfordert. Frühere Residenzstädte wie Altenburg, Greiz oder Hildburghausen kämpfen erbittert um ihre Landratsämter – und Weimar um seine Kreisfreiheit. Im Dezember 2017 gibt die Koalition schließlich auf: Die seit drei Jahren geplante Reform wird einfach abgesagt. Die Gemeinden können sich nun freiwillig für mehr Fördergeld zusammenschließen. Jene strengen Kriterien, die dafür zuvor per Gesetz aufgestellt werden sollten, gelten bestenfalls noch eingeschränkt.

Auch die hauseigene Behördenreform bleibt Stückwerk. Mittelbehörden werden zwar neu zugeschnitten, Personal aber kaum eingespart. Und die Grünen sorgen für eine richtige Affäre: Ihr Justizminister Dieter Lauinger interveniert persönlich im Schulressort, um seinen im Ausland lernenden Sohn vom gesetzlich vorgeschriebenen Leistungstest am Ende der 10. Klasse zu befreien. Als die Geschichte ruchbar wird, versucht er sich in Lügen und Ausflüchten. Seine grüne Landespartei, die es bei der Konkurrenz mit der Moral sehr genau nimmt, reagiert verständnisvoll und solidarisch. Selbst als ein Untersuchungsausschuss belegt, dass der Minister die halbe Regierung für seine Familie eingespannt hatte, steht man fest zu ihm.

Zwischendurch kommt der SPD auch noch ein Fraktionsmitglied abhanden. Mohring überredet eine Abgeordnete zum Übertritt in die CDU-Fraktion. Die Regierungsmehrheit ist nur deshalb nicht futsch, weil die SPD-Fraktion den vormaligen AfD-Abgeordneten Helmerich aufgenommen hat. Ramelows Macht beruht nun auf der Stimme jenes Mannes, der 2014 auf Platz zwei hinter Höcke in den Landtag einzog – was Mohring unermüdlich thematisiert. Helmerich fällt später dadurch auf, dass er Lesungen mit Thilo Sarrazin organisiert.

Die Episoden zeigen: Ein Vierteljahrhundert nach der Wiedergründung Thüringens bleibt die Politik hier zum Teil eine Amateurveranstaltung. Die Regierung wirkt kaum besser organisiert als das erste Kabinett nach der Wiedervereinigung. Es scheint einfach keine fähigen Leute zu geben. Nur eine Sache macht das Regieren angenehm: das Geld. Dank der stabilen Konjunktur nach der Finanzkrise übersteigen erstmals seit 1990 die Einnahmen die Ausgaben, obwohl

Rot-Rot-Grün viel investiert. Die Jahresetats steigen bis 2019 um 30 Prozent. Lehrer dürfen nun wieder Beamte werden, das erste Kindergartenjahr ist beitragsfrei, für das zweite wird dies auch geplant. Ansonsten gibt es allerlei Geld für Arbeitsmarktprogramme, Initiativen gegen rechts, Wirtschafsförderung, Breitbandausbau, Klimamaßnahmen und natürlich die notorisch unzufriedenen Kommunen. Trotzdem kann Finanzministerin Taubert insgesamt mehr als eine Milliarde an Altschulden tilgen.

Sozialismus ist das trotzdem nicht. Ramelows Standardwitz lautet:»In Thüringen gibt es immer noch Bananen!«. Der Ministerpräsident ist damit beschäftigt, sich beliebt zu machen und lässt als sogenannter Landesvater keine Betriebseröffnung, Großkirmes oder Verbandsversammlung aus. In den sozialen Netzwerken ist er so direkt ansprechbar wie kein anderer Regierungschef. Und wenn er dort mal wieder verbal ausfällig wird, wirkt das mitunter noch nahbarer und authentischer.

Ansonsten vereinnahmt Ramelow, wie Angela Merkel im Bund, die Erfolge der Koalition. Das Scheitern der Gebietsreform überlässt er der SPD und die Lauinger-Affäre den Grünen.

Seine Beliebtheitswerte erreichen bis zu 70 Prozent. Und die Popularität ist parteiübergreifend. Bei einer – nur hypothetischen – Direktwahlfrage überzeugt er deutlich mehr CDU-Wähler als Mohring. Auch im Bund ist er angekommen. Er duzt sich mit vielen Amtskolleginnen und -kollegen, empfängt als Chef der Ost-Ministerpräsidenten-Konferenz die Bundeskanzlerin und schafft es, die Linke pragmatisch aussehen zu lassen.»Er kommt mir vernünftig vor«, sagt sogar Kurt Biedenkopf.»Sicher ist es so, dass die Linke heute nicht mehr die Partei ist, wie wir sie noch vor zehn Jahren kannten. Sie hat sich verändert.«[17] Der Kieler Regierungschef Daniel Günther sagt:»Die Zeit der Ausgrenzung ist vorbei.«[18] Ähnlich formuliert es nun auch Bundespräsident Gauck. Mit ihm hat sich Ramelow beim Schnaps im Wartburghotel längst versöhnt.

Thüringen droht die Blockade

Der Amtsbonus hat einen ähnlichen Effekt wie in Baden-Württemberg, wo der Grüne Kretschmann die Konkurrenz dominiert. Auch Ramelow koppelt seine Partei vom Bundestrend ab. Er konserviert sie bei über 20 Prozent, während sie im restlichen Osten schrumpft. Bei den Landtagswahlen in Sachsen-Anhalt und Mecklenburg-Vorpommern erreichte sie nur noch 16,3 Prozent beziehungsweise 13,2 Prozent.

Dennoch wirkt die rot-rot-grüne Mehrheit gefährdet. Der Grund ist die Schwäche der SPD. Sie wird für die Gebietsreform abgestraft und von der langwierigen Suche nach einer neuen Parteiführung im Bund belastet. Dass die FDP unter ihrem Spitzenkandidaten Kemmerich in Richtung fünf Prozent tendiert, stellt die Koalitionsmehrheit zusätzlich infrage. Aber auch bei der CDU sieht es kaum besser aus. Sie ist in den Umfragen in Thüringen unter die 30 Prozent gerutscht. Selbst für ein Viererbündnis mit SPD, Grünen und FDP reicht es nicht, weil AfD und die Linke gemeinsam mehr als die Hälfte der Stimmen blockieren. In Wahrheit gibt es nur eine sichtbare Mehrheit: Die Linke müsste sich dafür mit der CDU zusammentun. Doch eine solche ostdeutsche Groko gilt allen Seiten als ausgeschlossen. Aber vielleicht wäre doch ein Tolerierungsmodell möglich?

Mohring jedenfalls denkt insgeheim längst darüber nach. Im August 2018 ist er zu Ramelows Ferienhaus an der Bleiloch-Talsperre gefahren, um mit ihm darüber zu sprechen, was in dieser Lage zu tun sei. Die beiden sind sich in ihrer Analyse einig, haben aber keine Lösung. Denn selbst wenn es überraschenderweise doch zu einem solchen Bündnis käme: Beide würden auf das Ministerpräsidentenamt bestehen. Aber immerhin versprechen sie sich gegenseitig, im Gespräch zu bleiben.

Abgesehen davon ist Mohring ausreichend mit sich selbst beschäftigt. Weil er seine Steuererklärungen zu spät abgab, ermittelt die

Staatsanwaltschaft gegen ihn wegen des Verdachts der schweren Steuerhinterziehung. Prompt aktiviert Mario Voigt acht aktuelle und zwei ehemalige Landräte, die Mohring auffordern, seine Akklamation zum Spitzenkandidaten zu verschieben. Doch die Behörde stellt die Ermittlungen gegen Mohring rasch ein. Es hat sich herausgestellt, dass der Fraktionschef sogar zu viel Steuern zahlte. Im Dezember 2018 wird Mohring dann sogar ins Präsidium der CDU gewählt – was er zumindest indirekt Merkel verdankt. Als die westdeutsche Annegret Kramp-Karrenbauer Parteivorsitzende wird, wird ein Ost-Platz im Präsidium frei. Mohring tritt ohne Konkurrenz an und wird gewählt.

Auf dem Parteitag in Hamburg gießt die Union zudem ihre Äquidistanz nach links und rechts erstmals in einen Parteitagsbeschluss. Darin heißt es: »Die CDU Deutschlands lehnt Koalitionen und ähnliche Formen der Zusammenarbeit sowohl mit der Linkspartei als auch mit der Alternative für Deutschland ab.« Damit, das weiß Mohring, sitzt die Thüringer CDU in der strategischen Falle. Aber das kann er natürlich nicht laut sagen. Und noch etwas behält er für sich: Im Herbst wurden in seinem Körper Krebszellen gefunden. Er bekommt seit Wochen Chemotherapie.

Erst als die Nebenwirkungen nicht mehr zu übersehen sind, macht Mohring zu Beginn des Landtagswahljahres seine Erkrankung öffentlich. Der Thüringer CDU droht damit das nächste existenzielle Drama. Genau zehn Jahre, nachdem Althaus im Koma lag, ist der Spitzenkandidat schwer erkrankt. Immerhin sind die Umstände diesmal völlig anders. Mohring erhält viel Zuspruch und Empathie – und seine Zustimmungswerte steigen. Ramelow, dessen beide Söhne an Krebs erkrankten, schickt ihm einen hölzernen Schutzengel.

Im Sommer 2019 hat es Mohring überstanden. Bis zum Wahltermin am 28. Oktober bleibt ausreichend Zeit. Gleichzeitig ist in den Umfragen immer noch keine Mehrheit jenseits von AfD und Linke zu sehen. Die Rechten in der CDU machen mobil. Für den Verein »Werteunion« geht der geschasste Spitzenbeamte Hans-Georg Maaßen auf

Ost-Tour, schließlich werden auch in Sachsen und Brandenburg wieder die Landtage gewählt.

In Thüringen tritt Maaßen viermal auf. In seinen Reden agitiert er gegen Zuwanderung, wendet sich aber gegen ein formales Bündnis mit der AfD. Hingegen wirbt die frühere Thüringer Bundestagsabgeordnete Vera Lengsfeld, die erst Bürgerrechtlerin war, dann Grüne und es jetzt an den rechten Rand der CDU geschafft hat, zumindest indirekt für eine Kooperation mit der AfD – allerdings ohne Höcke.

Am 1. September kann die AfD in Sachsen und Brandenburg ihre Ergebnisse von 2014 auf 27,5 beziehungsweise 23,5 Prozent verdoppeln. Trotzdem können Michael Kretschmer in Dresden und Dietmar Woidke in Potsdam stabile demokratische Mehrheiten bilden. Ihr Amtsbonus und die frühere SED haben sie gerettet. Die Linke hat in beiden Ländern nur noch knapp über zehn Prozent bekommen.

Die politische Blockade, wie sie in Thüringen droht, ist in der Republik ohne Beispiel.

9
Ein Ministerpräsident von Höckes Gnaden

Erfurt, 7. Februar 2020. Noch hängt die Dunkelheit über Erfurt, selbst auf den großen Straßen der Stadt fährt kaum ein Auto. Es ist ein Uhr nachts und sehr still. Nur im Landtag herrscht reges Treiben. Das Gebäude ist hell erleuchtet, im Innern lärmt eine halbe Hundertschaft von Journalisten, Kameraleuten, Tonassistenten. Der Pulk vermischt sich mit Dutzenden Abgeordneten, Parlamentsangestellten, Parteifunktionären und Neugierigen.

In Thüringen ist gerade passiert, was so noch nie geschah. Die Kurzvariante: Der einzige linke Ministerpräsident Deutschlands ist nicht mehr im Amt. Stattdessen wurde der erste Ministerpräsident der FDP seit fast 70 Jahren gewählt – und zwar mit den Stimmen von CDU und AfD. Daraufhin drohte die SPD in Berlin damit, die Große Koalition platzen zu lassen, erklärte Angela Merkel, dass die Wahl »rückgängig« zu machen sei und forderte das CDU-Bundespräsidium die Neuwahl des Landtags. Parallel dazu wurde der soeben gewählte und einzige FDP-Ministerpräsident von seiner eigenen Partei zum Rücktritt gedrängt. Und das alles innerhalb von gut 24 Stunden.

Aber jetzt, mitten in der Erfurter Nacht, geschieht wieder etwas, was so noch nie geschah: Die CDU-Vorsitzende ist eigens angereist, um die Landtagsfraktion dazu zu bringen, für die Auflösung des Parlaments zu stimmen, um einen politischen Neuanfang zu ermöglichen. So hatte es das CDU-Bundespräsidium tags zuvor in Absprache mit der Bundeskanzlerin beschlossen und verkündet. Und so sollte es in Erfurt geschehen.

Doch nun ist sie komplett aufgelaufen. Annegret Kramp-Karrenbauer steht vor den Kameras und versucht, ihre Niederlage rhetorisch zu verbrämen. Doch die Chronik ihrer Demütigung hat längst per SMS zu den Journalisten gefunden. Zuerst hatte Kramp-Karrenbauer sehr lange im Fraktionstrakt warten müssen, weil Mohring damit beschäftigt war, ein Vertrauensvotum des Landesvorstands einzuwerben. Danach musste sie über mehrere Stunden Kritik und Anfeindungen der Abgeordneten ertragen. Und schließlich wird ihr unmissverständlich erklärt, dass das, was in einem Thüringer Parlament passiere, allein hier entschieden werde. Und nirgendwo sonst. Natürlich geht es vielen Abgeordneten vor allem darum, ihr Mandat zu retten. Doch es ist auch ein trotziges Zeichen föderaler Souveränität: Diese Fraktion will sich nicht von der Parteizentrale in Berlin vorschreiben lassen, wie sie abzustimmen hat.

Kramp-Karrenbauer hat sich verkalkuliert. Die Nacht in Erfurt markiert auch das Ende ihrer kurzen bundespolitischen Karriere. Nur zwei Jahre zuvor hatte die erfolgreiche Ministerpräsidentin aus dem Saarland sich entschieden, die nächste Kanzlerin zu werden. Sie ging nach Berlin und diente als Generalsekretärin der Vorsitzenden Merkel. Als die von ihrem Parteiposten zurücktrat, setzte sie sich gegen Friedrich Merz und Jens Spahn als Nachfolgerin durch. Im Sommer 2019, nach der Wahl von Ursula von der Leyen an die Spitze der EU-Kommission, übernahm sie das Amt der Verteidigungsministerin. Aber die Neue beging Fehler. Mal war es ein sexistischer Witz auf einer Karnevalsveranstaltung, der hilflose Umgang mit der Affäre Maaßen, die verunglückte Replik auf Kritik durch einen Video-Blogger. Dazu verlor die CDU im Akkord immer wieder Wahlen.

Die Häme der Konkurrenten nahm zu, auch die Kanzlerin ging auf Abstand. Auf dem Bundesparteitag im November 2019 hatte Kramp-Karrenbauer die Angriffe noch mutig abgewehrt. Doch ihr Scheitern in Erfurt ist offenkundig ein Scheitern zu viel. Ihre Stimme klingt müde und monoton, als sie sagt: »Es gibt jetzt Initiativen, die, äh, auch darauf abzielen, dass innerhalb des jetzt bestehenden Parlamentes klare Verhältnisse geschaffen werden können. Die CDU wird diese Initiativen nicht blockieren.« Die Übersetzung der kryptischen Sätze lautet: Der von ihr etwa 30 Stunden zuvor herbeigeführte Beschluss ist nichts mehr wert. Gar nichts. Die Abgeordneten der CDU-Fraktion hatten sich entschieden, ihre Sitze zu behalten. Erst ihr Mandat. Dann die Partei.

Nachdem Kramp-Karrenbauer ihre Sätze abgespult hat, eilt sie zu ihrer Limousine und lässt sich auf der nachtleeren Autobahn nach Berlin fahren. Vier Tage später verkündet sie ihre Kapitulation offiziell: Sie werde sich nicht um die Kanzlerkandidatur bewerben – und den Parteivorsitz im April abgeben. Bis heute stellen sich einige hypothetische Fragen. Was wäre geschehen, wäre die Parteivorsitzende damals nicht nach Erfurt gekommen? Hätte sie dann noch einige Wochen weitergekämpft – bis die Pandemie, während der er ihre Popularität tatsächlich wieder anstieg, ihre Position stabilisierte? Gäbe es dann heute eine Kanzlerin namens Kramp-Karrenbauer?

Doch eine ostdeutsche Groko?

Die Suche nach Antworten ist wohl ebenso vergeblich wie die Suche nach funktionsfähigen Mehrheiten im Thüringer Parlament. Diese Suche hatte gut drei Monate früher begonnen. Am 28. Oktober 2019 ist der neue Landtag gewählt – und Rot-Rot-Grün besitzt keine Mehrheit mehr. Für Kenia oder Simbabwe oder jede andere halbwegs bürgerliche Koalition reicht es auch nicht.

Die Linke verbessert sich auf 31 Prozent – und ist erstmals stärkste Kraft in einem deutschen Parlament. Die AfD verdoppelt sich auf 23,4 Prozent. Die CDU dagegen wurde zwischen den Antipoden Ramelow und Höcke wie zerrieben: 21,7 Prozent ist das schlechteste Ergebnis ihrer Nachwendegeschichte. Die SPD sinkt auf 8,2 Prozent ab.

Die Grünen verlieren entgegen dem Bundestrend leicht und kommen auf 5,7 Prozent. Und: Die FDP schafft es mit fünf Prozent gerade so zurück in den Landtag. Nur 73 Stimmen sorgen am Ende dafür, dass Thomas Kemmerich wieder Abgeordneter wird und die Thüringer Geschichte einige Monate später eine besonders absurde Wendung nehmen kann.

Der neue Landtag hat 90 Sitze, für eine Mehrheit werden 46 benötigt. Linke, SPD und Grüne kommen gemeinsam nur noch auf 42 Mandate, zusammen mit der FDP wären es 47. AfD, CDU und FDP verfügten gemeinsam über 48 Sitze. Linke plus CDU kämen auf 50.

Die AfD hat die in 70 Jahren Bundesrepublik erprobten Koalitionsmodelle verunmöglicht. Doch wer hat die Partei gewählt? Ein knappes Drittel ihrer Zweitstimmen stammt von früheren Nichtwählern.[1] Ein weiteres Drittel sind Wechselwähler, die meisten kommen von der CDU und, mit einigem Abstand, von der Linken. 83 Prozent davon machen sich »große Sorgen, dass sich unser Leben in Deutschland zu stark verändern wird«. Eine knappe Mehrheit von 53 Prozent hat für die Partei »aus Enttäuschung« und nicht »aus Überzeugung« gestimmt. Und nur 13 Prozent geben den Spitzenkandidaten als Grund für ihre Wahlentscheidung an. 44 Prozent stimmen sogar der Aussage zu: »[Höcke] ist mir zu nahe an rechtsextremistischen Positionen.« Etwa die Hälfte der Menschen haben die AfD also trotz ihres Landesvorsitzenden gewählt. Doch das muss ihn nicht bekümmern. »Der Mief und der Muff werden jetzt abgeräumt werden, liebe Freunde«, ruft Höcke, während Gauland und Kalbitz neben ihm stehen. »Wir werden jetzt unser Land wieder zurückholen.«

Das ändert allerdings nichts daran, dass der Wahlsieger Bodo Ramelow heißt. Und im Unterschied zu Höcke darf er sich den Erfolg auch persönlich anrechnen. Sein Popularitätswert liegt bei knapp 70 Prozent und reicht weit ins bürgerliche Milieu. Und er hat ein altes Tabu aufgebrochen: Zwei Drittel der CDU-Wähler sind der Meinung, dass die Partei ihren Ausschluss einer Zusammenarbeit mit der Linken »neu entscheiden« sollte. Gauck, inzwischen Altbundespräsident, hatte schon vor der Wahl gesagt, dass Ramelow »mit seinem linken Profil dieser Gesellschaft nicht schadet«.[2] Unter Umständen müsse man die »früheren Abgrenzungen noch mal überprüfen.« Dies gelte »auch parteipolitisch«.

Ramelow bekräftigt seinen Führungsanspruch. Er und seine Partei hätten den klaren Auftrag, die nächste Regierung zu bilden. »Ich traue mir zu, mit allen Beteiligten so zu reden, dass wir zu einer Handlungsfähigkeit im Parlament kommen«, sagt er.[3] »Es wird funktionieren.« Und seine CDU-Vorgängerin Christine Lieberknecht stimmt ihm zu. In einer SMS schreibt sie an ihn, das Ergebnis sei Ansporn, zu einem »innovativen Miteinander von parlamentarischer und direkter Demokratie« zu kommen.[4]

Tag eins nach der Wahl

Auch Mohring hat ein starkes Motiv, mit der Linken ins Geschäft zu kommen. Obwohl er als Spitzenkandidat das Desaster zu verantworten hat, ist er fest entschlossen, um seine Ämter zu kämpfen. Nachdem er den Krebs überstand hat, will er auch politisch überleben. Das hat für ihn oberste Priorität. Aber er weiß, dass alles gegen ihn steht: Der Abgrenzungsbeschluss, seine alten rechtskonservativen Freunde überall in Deutschland und die Voigts daheim. Aber er weiß auch, er kann sich nur an der Macht halten, wenn die CDU mitregiert. Dafür muss er jetzt mit Ramelow reden – und dafür benötigt er die Zustimmung seiner Partei.

Die Haltung des Konrad-Adenauer-Hauses in Berlin scheint klar. »Unser Wort gilt nach den Wahlen genau wie wir es vor den Wahlen gesagt haben«, sagt Generalsekretär Paul Ziemiak und dekretiert: »Es wird keine Koalition mit der Linkspartei oder der AfD geben.« Eine Koalition mit der Linken jedoch will auch Mohring nicht, er könnte sie in seiner Landespartei nie durchsetzen. Er präferiert eine Allparteienregierung ohne AfD mit einem parteilosen Ministerpräsidenten. Eine Expertenregierung, gebildet aus Verantwortung für das Land. Die Linke gehörte zwar dazu, aber nur als ein Partner von vielen. Damit wäre Ramelows Amtsbonus futsch.

Dieser Plan, den Mohring noch für sich behält, ist mindestens waghalsig. Aber ungewöhnliche Situationen verlangen bekanntlich ungewöhnliche Antworten. Also steht der Fraktionschef am Morgen nach der Wahl im Berliner ARD-Studio und sagt: »Die CDU ist bereit für Verantwortung, wie auch immer die aussehen kann und sollte.« Es gehe darum, Gespräche zu führen, »in Ruhe und Besonnenheit« – und zwar »ohne etwas auszuschließen«. Und dann sagt er den Satz, den auch Kramp-Karrenbauer in der Nacht zum 7. Februar zu hören bekommen wird: Über diese Fragen werde »allein in Thüringen« entschieden.

Als er kurz danach im Präsidium im Adenauer-Haus sitzt, wirkt er allerdings weniger kämpferisch. Mohring bittet, wirbt, ja fleht nun. Es gehe, sagt er, gar nicht um ein Bündnis mit der Linken, sondern allein um die Erlaubnis, mit Ramelow zu verhandeln. »Ich brauche das Vertrauen und die Freiheit, dass ich mit ihm reden kann«, sagt er. Dann fügt er an: »Ramelow ist inhaltlich leer. Und wir werden als Union alles mit ihm machen können.« Sein Problem: Diese Sätze gehen sofort per SMS an die *Bild* – und erreichen so auch den Ministerpräsidenten, der ebenfalls in Berlin mit dem Linke-Bundesvorstand zusammensitzt. Ramelow reagiert angefasst. Er hatte Mohring noch am Morgen per SMS geschrieben, dass er jederzeit zu vertraulichen Gesprächen bereit sei. Und das soll nun die Antwort sein?

Ramelows Empörung steigert sich, als er hört, was Mohring auf der Pressekonferenz mit Kramp-Karrenbauer sagt: Er sei dem Präsidium dankbar dafür, dass er »der Einladung des Ministerpräsidenten, Gespräche zu führen, aus staatspolitischer Verantwortung nachkommen« könne. Es gehe dabei allein darum, zu sondieren, was »überhaupt möglich« sei. Mit der linken Landesvorsitzenden werde er nicht reden. Mit diesem Spin ist aus einer internen SMS binnen Stunden eine offizielle Einladung geworden. Susanne Hennig-Wellsow ist brüskiert. Das will und kann wiederum Ramelow nicht akzeptieren. Auf seiner Pressekonferenz im Karl-Liebknecht-Haus erklärt er, dass die Linke als stärkste Partei alle anderen »demokratischen Parteien« zu Gesprächen einlade. Wer die Einladung nicht annehme, wolle den Dialog nicht. Seine Botschaft an Mohring: Ich rede nur noch mit dir gemeinsam mit Hennig-Wellsow. Damit ist das bisschen Vertrauen, das die beiden vor der Wahl aufgebaut hatten, einschließlich der Verständigung darüber, gemeinsam nach einer Lösung zu suchen: zerstört. Ramelow schreibt noch eine zweite SMS: »Werter Herr Mohring, wenn das Ihre Sicht ist, ziehe ich meine SMS von heute Morgen mit Bedauern zurück.«

Aber nicht nur mit Ramelow hat sich Mohring überworfen. Auch einige seiner Getreuen zu Hause wollen nicht glauben, was der Vorsitzende da in Berlin macht. Der Fraktionsvize sagt es als Erster offen: Wenn die CDU mit der Linken rede, müsse sie auch mit der AfD sprechen. Schließlich gebe es auch eine potenzielle schwarz-blau-gelbe Mehrheit. »Man tut der Demokratie keinen Gefallen, wenn man ein Viertel der Wählerschaft verprellt«, sagt Heym. Auch Mario Voigt nutzt die Chance zum Angriff. Einer seiner Vertrauten, der Landtagsabgeordnete Christian Herrgott, bezeichnet »jede Form der Zusammenarbeit mit der Linken« als »Todesstoß für die Thüringer CDU«. Voigt selbst formuliert es feiner: »Ich bin irritiert über die öffentlichen Gesprächsangebote in Richtung Linkspartei.« Es dürfe da keine Alleingänge geben. Im Übrigen müsse man erst einmal den »Scherbenhaufen in der CDU aufkehren«. Der Landesverband sei mindestens mitverantwortlich für die Wahlniederlage, es sei »zu einfach, das in Richtung Berlin zu schieben«.

Mohring verändert nun seine Taktik: Er reanimiert Simbabwe. Es existierte, sagt er im Fernsehen, ja »noch eine zweite Minderheits-

option«. Er würde gerne gemeinsam mit SPD, Grünen und FDP eine
»Minderheit in der Mitte« führen. Er werde deshalb die drei Parteien
zu Gesprächen einladen.

Geheimgespräche und Gauck als Vermittler

Tatsächlich kommt es in den nächsten Wochen zu einigen Treffen.
Die FDP erklärt schnell, für eine Regierung zur Verfügung zu stehen.
Auch Teile von SPD und Grünen wären theoretisch verführbar: Sie
sind nämlich unterdessen Ramelows Stimmungsschwankungen und
die Arroganz mancher Linker leid. Außerdem mussten sie im Wahlkampf bitter erfahren, dass die Linke vor allem auf ihre Kosten zugelegt hatte. Gleichzeitig trauen beide dem CDU-Mann Mohring nicht
über den Weg. Er gilt als Taktiker, Spieler, scheut sich vor keiner In-
trige. Also wiederholt sich letztlich doch das Szenario von 2014: Sozialdemokraten und Grüne verhandeln mit Ramelow – und führen
nur formal Gespräche mit Mohring und Kemmerich.

Der CDU zeigt sich nun ihre ganze Zerrissenheit. Der Eichsfelder
Landrat Werner Henning wirbt für eine Koalition mit der Linken. Fraktionsvize Heym fordert erneut Gespräche mit der AfD, aber ohne Höcke.
Der Landtagsabgeordnete Raymund Walk, den Mohring zu seinem
Generalsekretär gemacht hatte, fasst die prekäre Situation der Partei
so zusammen: Ein Drittel der Mitglieder könnte sich eine Kooperation
mit Ramelow vorstellen und ein Drittel eine Zusammenarbeit mit der
AfD. Und ein Drittel würde die Partei verlassen, wenn es zu einer von
beiden Optionen käme. Nebenher wogt eine bundesweite Unionsde-
batte. Bundestagsabgeordnete, Landesvorsitzende, Ministerpräsidenten mischen sich ein. Hier überwiegt die orthodoxe Haltung: Die CDU,
heißt es, müsse ihre Äquidistanz gegenüber Linke und AfD wahren. So
sagen es auch Mohrings Stellvertreter Voigt und Christian Hirte.

In diese Situation hinein verschickt der AfD-Landesvorsitzende
zwei gleichlautende Briefe an Mohring und Kemmerich, inzwi-

schen Chef der fünfköpfigen FDP-Landtagsfraktion. Höcke zitiert die »staatspolitische Verantwortung«, von der die CDU ständig redet, und unterbreitet einen Vorschlag, um die »politische Blockade« zu beenden: »Eine von unseren Parteien getragene Expertenregierung oder eine von meiner Partei unterstützte Minderheitsregierung«. Das ist nichts anderes als das Weimarer Modell von 1924, als sich der Thüringer Ordnungsbund von den Völkischen stützen ließ. Auch wenn Höcke weiß, dass seine Idee keine Chance hat, ihm geht es jetzt darum, die CDU zu spalten und das gegenseitige Misstrauen der etablierten Parteien zu verstärken. Das System soll sich selbst diskreditieren – und er hilft nur da und dort ein bisschen nach.

Und die Taktik funktioniert. Aus dem CDU-Kreisverband von Schmalkalden-Meiningen wird ein Papier veröffentlicht, in dem Landespartei und Landtagsfraktion aufgefordert werden, »sich aktiv am Gesprächsprozess mit ALLEN (sic!) demokratisch gewählten Parteien im Thüringer Landtag zu beteiligen«.[5] Von den 17 Unterzeichnern gehören einige der »Werteunion« an. Sie alle stehen in Kontakt mit Hans-Georg Maaßen. Obwohl Mohring seit 2014 weiß, wie toxisch jede Bewegung in Richtung AfD ist, lässt er solche Aktionen geschehen. Er braucht für seine Wiederwahl als Fraktionschef jede Stimme. Die spätere Abstimmung – 14 Ja, sieben Nein – zeigt das. Der Countdown für seine Entmachtung läuft bereits.

Mohring wirkt immer verzweifelter. Da die Gespräche mit SPD und Grünen nichts bringen, mäandert er wieder Richtung Linke. Gemeinsam mit Dieter Althaus präsentiert er das Modell einer »Projekte-Regierung«, also einem Bündnis, das eine Liste genau definierter Projekte abarbeitet. Das Kabinett sollte bevorzugt aus Fachleuten bestehen. Auch Vogel wird einbezogen. Er ist skeptisch, hat aber auch keine bessere Idee.

Ramelow lässt sich nun zu einem geheimen Treffen mit Althaus und Mohring überreden. Er weiß, dass er zumindest einige CDU-Stimmen oder Enthaltungen braucht, um seine Wiederwahl zu überstehen. Also lässt er sich die Idee erklären. Sie schlagen ihm Joachim Gauck als offiziellen Vermittler vor, er soll dem riskanten Unterfangen eine präsidentielle und überparteiliche Aura verleihen. Ramelow ist tatsächlich einverstanden. Seinen Linken, die gerade mit SPD und Grünen über die Feinheiten des Koalitionsvertrages verhandeln, sagt er von all dem: nichts.

An dieser Stelle zeigt sich wieder die unorthodoxe Art des Solitärs Ramelow. So, wie er als Gewerkschafter stur parteilos blieb, 2009 auf den ihm zustehenden Ministerpräsidentenposten verzichtete und in der Regierung mehrfach linke Grenzlinien verletzte, so handelt er auch hier eigenständig und, wie er zumindest findet, ausschließlich lösungsorientiert. Er weiß natürlich um die Schwierigkeiten des Plans und ahnt dessen taktische Hintergründe. Gleichzeitig will er sich nicht nachsagen lassen, nicht alles probiert zu haben.

Anfang Januar ist dann auch Gauck selbst zum Mittun überredet und Althaus macht die Pläne öffentlich: Der Altbundespräsident solle mit Ramelow und Mohring über die komplizierte Lage in Thüringen sprechen. Dass die beiden längst eingeweiht sind und sich bereits getroffen haben, sagt Althaus dabei natürlich nicht. Auch Ramelow und Mohring spielen mit. Sie geben sich öffentlich total überrascht. Und erklären, von dem Vorschlag erst aus der Zeitung erfahren zu haben. Zudem geben sie sich eher distanziert. Damit führen sie ihre Parteien gezielt in die Irre. Gleichzeitig stellt Althaus den Unvereinbarkeitsbeschluss der CDU offensiv infrage. Er ergebe »in der jetzigen Form keinen Sinn«.[6]

Die Union reagiert erwartbar. CSU-Landesgruppenchef Alexander Dobrindt warnt vor jedweden Gesprächen; Kramp-Karrenbauer lässt auf die Beschlusslage verweisen. Aber die Zeit drängt: Linke, SPD und Grüne haben ihr Regierungsprogramm fast fertig verhandelt. Es gebe nur ein Projekt, sagt Hennig-Wellsow, und das sei Rot-Rot-Grün. Die Wahl soll am 5. Februar stattfinden. Was die Linke-

Chefin nicht weiß: Ihr Ministerpräsident trifft sich tatsächlich noch einmal mit dem CDU-Fraktionschef. Am Abend des 13. Januar sitzt er mit Mohring in Erfurt zusammen – auch der Altbundespräsident ist angereist. Gauck schlägt eine »begrenzte Form der Duldung« einer Ramelow-Regierung durch die CDU vor. Mohring beharrt auf der »Projekteregierung« und verlangt, die Wahl zu verschieben. Nach zwei Stunden versenden sie gleichzeitig eine ähnlich klingende SMS an Journalisten, in der von »Projekten« die Rede ist und dass man weiterreden wolle. Zweieinhalb Monate nach der Wahl sind die beiden Männer also keinen Schritt vorangekommen – stattdessen wird Ramelow von seiner Landesvorsitzenden zusammengefaltet.

Für den nächsten Tag ist das einzige Treffen aller Parteien – außer der AfD – angesetzt. Aber Kemmerich, den Mohring für sein Manöver unbedingt benötigt hätte, spielt nicht mit. Er zeigt gleich, was er von der Veranstaltung hält. »Ich glaube nicht, dass wir hier stundenlang sitzen«, sagt er. Also wiederholt Mohring gegenüber Rot-Rot-Grün seine Vorstellung einer Projekteregierung nicht. Stattdessen erklärt er gemeinsam mit Kemmerich, dass man sich vorstellen könnte, im Parlament bei einzelnen Abstimmungen zusammenzuarbeiten. Mehr nicht. Dasselbe erzählen sie später auch vor den Kameras. Das Momentum, auf das Mohring gehofft hatte, ist damit binnen 24 Stunden verpufft.

Er will nun Zeit gewinnen und fordert die Verschiebung der Wahl des Ministerpräsidenten. Es gebe eine Themenliste, über die man reden könne. Gleichzeitig sagt er, dass das »ideologische Projekt Rot-Rot-Grün« nicht verlängert werde. Tatsächlich beschließt die CDU-Fraktion auf einer Klausur noch am selben Tag eine Liste mit 22 Themen, die vor allem mehr Geld für Kommunen, Polizisten und Lehrer beinhalten. Doch dabei streicht eine Mehrheit der Abgeordneten den von Mohring gewünschten Satz, in dem eine »zeitlich befristete und inhaltliche Expertenregierung« gefordert wird. Voigts Leute und andere haben sich gegen Mohring verbündet. Spätestens jetzt hat sich jede Möglichkeit einer organisierten Zusammenarbeit von Rot-Rot-Grün mit CDU und FDP erledigt.

»Wer uns wählt, sollte uns schnurz sein«

Bis zum Wahltermin sind es nun noch gut drei Wochen. Sie verstreichen mit allerlei klandestinen Treffen und vielen SMS. In Teilen kommt es zur Wiederaufführung der Ereignisse vor Ramelows Wahl im Jahr 2014. Voigts Lager drängt gemeinsam mit Hirte und Vogel den Landesvorsitzenden zur Gegenkandidatur. Auch Mohring ahnt, dass mindestens ein Drittel seiner Fraktion gegen ihn stimmen wird – und die AfD geschlossen für ihn. Und dass dieser Ausgang unweigerlich sein politisches Ende bedeuten würde.

Oder? Bestünde nicht vielleicht doch eine geringe Wahrscheinlichkeit, dass die CDU mit AfD und FDP geschlossen für ihn stimmte? Und hatte nicht Maaßen auf einer Veranstaltung in Nordthüringen für »eine Mehrheit jenseits einer sozialistischen Regierung« geworben? Wenn die AfD einen CDU-Kandidaten mitwählen würde, dann sei das halt so, sagte er. »Wer uns wählt, sollte uns schnurz sein!«

Doch zumindest Mohring weiß genau, was ihm dann drohte: er würde binnen Sekunden zum politischen Zombie mutieren. Und Voigt wäre der Erste, der laut »Skandal« riefe. Das einzige Szenario, dass funktionieren könnte: Er würde gewählt und nähme die Wahl nicht an, während er gleichzeitig Rot-Rot-Grün dafür verhaftete, eine solche Abstimmung erzwungen zu haben. Damit bliebe Ramelow zwar geschäftsführend im Amt, wäre aber politisch erledigt. Der Weg für die Expertenregierung, vielleicht sogar unter Mohrings Führung, erschiene dann wieder offen.

Doch die Wahrscheinlichkeit eines solchen Szenarios ist eben auch sehr gering. Und so recycelt Mohring sein schon 2014 gescheitertes Interpretationsmanöver mit der Landesverfassung. Die Idee war bekanntlich die: Wenn CDU, AfD und FDP gemeinsam gegen den Einzelkandidaten Ramelow stimmten, erhielte er mehr Nein- als Ja-Stimmen. Und wenn er dann, weil er ja trotzdem die »meisten Stimmen« hätte, das Amt annähme, wären er und seine Minderheitsregierung zumindest moralisch delegitimiert. Allerdings: Diese Taktik funktioniert nur, wenn die AfD keinen Gegenkandidaten aufstellt. Davon ist Mohring überzeugt: Höckes einziger potenzieller Kandidat – ein parteiloser Ex-Landrat – hat inzwischen abgesagt. Damit, sagt er, sei das Thema erledigt.

Doch er irrt. Höcke kündigt nämlich trotzdem an, dass seine Fraktion einen parteilosen Bewerber präsentieren werde. Den Namen werde er später verkünden. Höcke blufft und erhöht so den Druck auf Mohring. Sogar Vogel lässt sich davon beeindrucken. Wenn jetzt tatsächlich ein Linker und ein Rechter gegeneinander anträten, so argumentierte er – müsse auch das bürgerliche Lager vertreten sein. Schließlich sei ja damit die Gefahr gebannt, von der AfD gewählt zu werden. Kemmerich sieht es auch so. Eine Woche vor der Wahl erklärt er, dass auch die FDP erwäge, einen Kandidaten aufzustellen. Dass er dieser Kandidat sein will, sagt er noch nicht.

Mohring kämpft unermüdlich. In unzähligen Gesprächen versucht er, eine CDU-Kandidatur abzuwenden. Er telefoniert mit Merkel und Kramp-Karrenbauer, um sich ihrer Unterstützung zu versichern. Gleichzeitig bedrängt er Kemmerich, auf keinen Fall anzutreten. Höcke, sagt er, habe keinen Kandidaten, das wisse er genau. Doch wieder wird Mohring von der AfD überrascht. Kurz vor Ablauf der Nominierungsfrist hat sie den parteilosen und ehrenamtlichen Dorfbürgermeister Christoph Kindervater aufgetrieben. Der Mann ist bereit, sich ohne jede Erfahrung in das Amt des Ministerpräsidenten wählen zu lassen. Er musste sich nur kurz in der Fraktion vorstellen und wird dann eilig nominiert. Der AfD ist eigentlich jeder recht. Hauptsache, ein Kandidat.

Inzwischen hat sich Rot-Rot-Grün sortiert. Für viele Beteiligte waren die Koalitionsverhandlungen nur noch Quälerei. Die Partner sind untereinander zerstritten, ihr kleinster gemeinsamer Nenner ist allein der Machterhalt. Auch wenn sie bei der Vorstellung des Koalitionsvertrages Einigkeit und Zuversicht demonstrieren: Es ist nur noch ein Notbündnis.

Gleichzeitig beginnt in der CDU der finale Machtkampf. Ebenfalls wenige Stunden vor dem Ende der Bewerbungsfrist versammelt sich ein Großteil der Fraktion, um einen Kandidaten zu nominieren. Auch hier ist der Name egal, auch hier soll es nur um ein Zeichen gehen. Doch ohne den Vorsitzenden Mohring, der Termine in Berlin vorschützt, konnte nicht satzungsgerecht zur Sitzung eingeladen werden. Die Revolte fällt also aus.

Inzwischen aber gibt es für Mohring ein neues Problem. Es heißt Kemmerich. Denn die FDP hat beschlossen, dass der Landeschef gegen Ramelow antreten soll – allerdings nur spontan in einem möglichen dritten Wahlgang und nur, falls dann noch der AfD-Kandidat dabei ist. Kemmerich meint, sich damit gefahrlos auf Kosten der CDU als bürgerliche Alternative zum Sozialisten Ramelow profilieren zu können. Und um den Plan noch gebührend sinister zu gestalten, haben ihn Mohrings Stellvertreter Voigt und Hirte insgeheim zu dem Schritt ermuntert.

Was die drei verdrängen, ignorieren oder – ausschließen lässt sich das nicht – möglicherweise sogar einkalkulieren, ist ein Wechselmanöver der AfD. Die Fraktion Höckes könnte insgeheim für Kemmerich statt für Kindervater stimmen – und der Liberale wäre Ministerpräsident. Am Abend vor der Wahl warnt Mohring seine Fraktion exakt vor dieser Rochade. Falls Kemmerich tatsächlich gewählt würde, führe dies zu einem politischen »Tsunami«, warnt er. Er werbe deshalb für eine kollektive Enthaltung.

Doch die anderen Abgeordneten sind unbeeindruckt. Sie erklären, für Kemmerich stimmen zu wollen. Mohrings Hypothese eines AfD-Tricks sei falsch, erklären sie. Der Vorsitzende ist isoliert. Selbst Vogel, den Mohring eigens aus Speyer herbeiholen ließ, spricht sich für die

Wahl Kemmerichs aus. Ramelow werde gewählt, prognostiziert er. Dann wiederholt er das, was ihn die alte Bundesrepublik gelehrt hatte: Wenn die CDU die Wahl zwischen einem Bürgerlichen und einen Sozialisten habe, müsse sie den Bürgerlichen wählen und dürfe sich nicht enthalten.

Parallel zur CDU tagt auch die AfD-Fraktion. Erstmals reden die Abgeordneten offen darüber, was zuvor in vielen geheimen Gesprächen Thema war. Und erstmals wird ernsthaft erwogen, im dritten Wahlgang Kemmerich statt den eigenen Kandidaten zu wählen. Doch die Entscheidung darüber wird vertagt.

Der 5. Februar 2020

Endlich ist der 5. Februar da. Der Wahlgang soll um elf Uhr beginnen, der Landtag ist mit Menschen gefüllt wie nie. Denn das, was jetzt passiert, ist wirklich neu: Ein geschäftsführender Ministerpräsident tritt gegen einen Dorfbürgermeister an – und keiner von beiden hat eine Mehrheit.

Doch zu diesem Zeitpunkt glaubt Ramelow noch fest daran, gewählt zu werden. Er und Hoff hatten in den vergangenen Wochen mit etlichen CDU-Abgeordneten vertraulich geredet. Ihr Eindruck ist, dass vier Ja-Stimmen aus der Union sicher sind. Mehrere Abgeordnete haben aus unterschiedlichen Motiven zugesagt, für Ramelow zu votieren. Was beide allerdings unterschätzen: In der Thüringer CDU ist nichts gewiss.

Kurz nach elf Uhr beginnt die Abstimmung. 46 Stimmen sind für die absolute Mehrheit nötig. Die Koalition besitzt 42. Um 11:23 Uhr wird das Ergebnis des ersten Wahlganges verkündet: Ramelow hat 43 Ja-Stimmen erhalten. Das ist tatsächlich eine Stimme mehr, als die Koalition besitzt. Aber drei fehlen. Kindervater hingegen bekommt mit 25 Ja-Stimmen drei mehr, als die AfD-Fraktion Mitglieder hat. Die restlichen Stimmen sind Enthaltungen.

Ramelow und Hoff wissen jetzt, dass sie getäuscht wurden. Nur einer von vier CDU-Abgeordneten hat offenbar seine Zusage eingehalten. Aber sie können die Wahl nicht mehr aufhalten. Zöge der Ministerpräsident seine Kandidatur zurück, bliebe allein Kindervater als Bewerber. Und er wäre dank »der meisten Stimmen« im zweiten Durchgang gewählt. Ramelow muss da jetzt also durch. Im nächsten Wahlgang erhält er ein Ja mehr. Doch 44 Stimmen sind immer noch zwei Stimmen weniger als die absolute Mehrheit. Kindervater hat diesmal nur 22 Stimmen bekommen, dies entspricht der Anzahl der AfD-Abgeordneten. Der Rest sind wieder Enthaltungen.

Die AfD-Fraktion beantragt eine Unterbrechung und versammelt sich im Sitzungsraum. Nun erklärt Höcke den Abgeordneten jenen Plan, der am Morgen im kleinen Kreis beredet wurde. Auch mit Gauland wurde er besprochen. Falls Kemmerich wie angekündigt antrete, sollte er geschlossen von der AfD gewählt werden. Man wisse ja inzwischen, dass die CDU auch für den Liberalen stimmen wolle. Zusammen mit den FDP-Stimmen müsste es dann für eine Mehrheit gegen Ramelow reichen. Die Fraktion stimmt nach kurzer Debatte geschlossen zu. Auch Kindervater, der hinzugerufen wird, ist mit seiner Scheinkandidatur einverstanden.

Die Entscheidung ist ein Wagnis, aber keine völlige Überraschung. Nicht nur Mohring hatte vor genau diesem Manöver gewarnt. Es war seit Tagen in politischen Zirkeln, Unternehmerkreisen und sogar sozialen Netzwerken wie Twitter debattiert worden. Bloß wollten die wenigsten daran glauben. Aber Zweifler werden schließlich von der Realität belehrt. Im dritten Wahlgang tritt Kemmerich an. Er bekommt 45 Stimmen. Ramelow erhält 44. Damit ist der FDP-Vorsitzende gewählt – und er nimmt ohne Zögern die Wahl an. Der Ministerpräsident des Freistaats Thüringen heißt nun Thomas Kemmerich.

Nach seiner Vereidigung steht er im Plenarsaal, um Blumen und Glückwünsche entgegenzunehmen. Zwei Bilder, die über die Agenturen in die Welt versendet werden, erhalten sofort ikonische Kraft. Das eine zeigt den Händedruck von Kemmerich und Höcke – das andere einen Blumenstrauß, den Susanne Hennig-Wellsow dem neuen Regierungschef vor die Füße wirft. Damit wird dieser Moment auch das Leben der Linke-Landeschefin verändern.

Dann folgt der Tsunami, den Mohring prophezeit hatte. Es ist das passiert, vor dem einige warnten und das doch viele nicht wahrhaben wollten: Erstmals seit 1945 hat eine extrem rechte Partei in Deutschland wieder für die Wahl eines Regierungschefs gesorgt. Und erstmals seit der Niederlage des Nationalsozialismus haben sich bürgerliche Parteien, ob nun gewollt oder ungewollt, für dieses Ziel vereinnahmen lassen. Dies ist ein historischer Moment, eine Zäsur in der Geschichte der Bundesrepublik, der die Zeit in ein Davor und ein Danach teilt – und nicht nur die Thüringer Politik, sondern auch die Bundesregierung in die Krise stürzt. Der dominante Hashtag auf Twitter ist #Dammbruch. In der gesamten Republik beginnen Demonstrationen gegen Kemmerich und die FDP. Hennig-Wellsow spricht von einem »Pakt mit dem Faschismus«.

In Berlin brodelt es. Grünen-Chefin Annalena Baerbock empört sich über die »Ruchlosigkeit und Verantwortungslosigkeit von CDU und FDP«. Norbert Walter-Borjans, der kurz zuvor mit Saskia Esken in einer Urwahl an die Spitze der SPD gewählt worden war, spricht synchron von einem »Skandal erster Güte«. Und der sonst eher nüchtern formulierende Vize-Kanzler Olaf Scholz erklärt: »Was in Erfurt passiert ist, war kein Zufall, sondern eine abgekartete Sache.«

Allerdings: Bis heute fehlen Belege für eine Verschwörung. Stattdessen existieren mehr oder minder plausible Erzählungen, deren Ausgangspunkt zumeist das seltsame Verhalten Kemmerichs ist. Warum zum Beispiel behauptete er vor der Wahl, dass er kein Zählkandidat sei, sondern ein Kabinett mit SPD und Grünen bilden wolle? Warum traf er am Tag vor der Abstimmung in Berlin den Rechtsliberalen Reinhard Zitelmann? Und wieso behaupten Politiker von CDU und FDP bis heute in nicht zitierfähigen Gesprächen, den Entwurf einer gemeinsamen Kabinettsliste gesehen zu haben?

Die Fragen sind tatsächlich zahlreich. Was ist mit den aus der AfD kolportierten Informationen, dass mit einigen CDU-Lokalpolitikern und FDP-nahen Unternehmern über eine Scheinkandidatur gesprochen wurde? Was wurde am Abend vor der Wahl zwischen Abgeordneten besprochen, nachdem CDU- und AfD-Fraktion parallel nebeneinander getagt hatten? Und warum wurden nach der Wahl die Sektflaschen auf dem Flur der CDU-Fraktion geöffnet?

Die offiziellen Antworten bestehen aus Dementis und Ausflüchten. Aus der CDU kommt ein kollektives Nein zu möglichen Absprachen mit der AfD. Auch Kemmerich versichert, nie direkt oder indirekt mit der AfD in Kontakt getreten zu sein. An einen Erfolg habe er nie geglaubt, versichert er. Das, was er über die Kabinettsbildung gesagt habe, sei das, was ein Kandidat, der ernst genommen werden wolle, eben sagen müsse. Von all dem muss nichts geglaubt werden, schon gar nicht in Thüringen. Was jedoch dafür spricht, dass Kemmerich keinen Plan besaß, ist die Tatsache, dass er hinterher völlig planlos agierte. Er hatte keine Rede vorbereitet und präsentierte keinen einzigen Minister. Die FDP-Fraktion wirkte stattdessen so, als stünde sie unter Schock.

Diesen Eindruck vermittelt auch Ramelow. Nach seiner Abwahl ist er aus dem Landtag geeilt, ohne Kemmerich zu gratulieren. In der Staatskanzlei angekommen, verstaut er die persönlichen Dinge in Kisten und lässt sich anschließend von seiner Frau im Škoda in sein Ferienhaus an der Talsperre fahren. Mit der Presse redet er nicht. Nur der *Spiegel*-Journalist Steffen Winter, der aus Thüringen stammt und Ramelow seit bald 30 Jahren kennt, dringt zu ihm durch. Und so gibt der Abgewählte in der Küche ein emotionales Interview, in dem er sein Schicksal bewusst in den Kontext des Nationalsozialismus und der Thüringer Geschichte stellt. Er wirft CDU und FDP vor, »lieber mit Faschisten regieren zu wollen, als nicht zu regieren«.[7]

Mohring habe den »Steigbügel von Höcke« gehalten. Dies erinnere ihn an die erste NSDAP-Regierung in Thüringen: »Auch das war damals ein Tabubruch.«

Die AfD triumphiert. »Gratulation nach Thüringen!«, twittert Meuthen. »An der AfD führt kein Weg mehr vorbei«, erklärt Weidel. Höcke feiert sich dafür, dass der »kryptokommunistische Ministerpräsident« weg sei. »Darauf können wir alle stolz sein«, sagt er. Auch Maaßen zeigt sich begeistert. Die Wahl Kemmerichs sei »ein Riesenerfolg«, sagt er.[8] »Hauptsache, die Sozialisten sind weg.« Mohrings Parteivize Hirte, der auch als Ostbeauftragter der Bundesregierung amtiert, twittert Glückwünsche an den neuen Ministerpräsidenten: »Deine Wahl als Kandidat der Mitte zeigt noch einmal, dass die Thüringer Rot-Rot-Grün abgewählt haben.«

Die Bundeskanzlerin greift ein

In Erfurt belagern mittlerweile Tausende Bürger die Staatskanzlei und demonstrieren gegen den von der AfD gewählten neuen Regierungschef. Auch in Jena, in Weimar und sogar im sächsischen Leipzig finden Demonstrationen gegen Kemmerich statt. Drinnen, im Barocksaal, steht ein einsamer Ministerpräsident, der mit erstaunlicher Durchhaltekraft in die Kameras von ARD, ZDF und Privatsendern die immer selben Durchhaltesätze wiederholt. Gleichzeitig eskaliert in der CDU der Machtkampf: In Thüringen ist Mohring gefährdeter denn je und auch Annegret Kramp-Karrenbauer gerät noch stärker in die Defensive.

Angela Merkel aber hat andere Sorgen. Sie fürchtet um die Stabilität ihrer Regierung. Als die Nachricht aus Thüringen Deutschland erschüttert, befindet sie sich gerade auf dem Weg zu einem Staatsbesuch in Südafrika. Bald erreicht sie im Regierungsflieger die Forderung der SPD: sofortige Neuwahlen in Thüringen. Wenig später telefoniert sie mit Kramp-Karrenbauer, die eine Schalte des Präsidiums organisiert. Das höchste Gremium der CDU beschließt noch am Abend ebenfalls die Forderung nach einer Neuwahl. Kramp-Karrenbauer twittert, dass »am besten [...] die Wählerinnen und Wähler in Thüringen erneut die Wahl haben« sollten.

Der Einzige, der in der Telefonschalte der Parteispitze widerspricht, ist Mohring. Er hatte zuvor – mal wieder – seine Taktik geändert und insgeheim eine mögliche Regierungsbeteiligung sondiert. Schon kurz nach der Wahl waren die FDP-Abgeordneten in seine Fraktion gekommen, um über eine Zusammenarbeit zu sprechen. Entscheidungen gab es nicht. Mohring stellte aber seinen Fraktionsgeschäftsführer als Kontaktmann zum neuen Ministerpräsidenten in der Staatskanzlei ab. Doch spätestens jetzt muss Mohring klar sein, dass aus einem Ministerposten unter Kemmerich nie etwas werden kann. Gleichzeitig weiß er aber auch: In seiner Fraktion gibt es keine Mehrheit für eine rasche Neuwahl. Im Gegenteil: Gerade im Angesicht der schweren Parteikrise wollen die meisten Abgeordneten nur ihr Mandat behalten.

Doch mit dieser Botschaft dringt Mohring in Berlin nicht durch. Der Druck steigt, aus dem Willy-Brandt-Haus, aber auch aus Pretoria, wo die Kanzlerin inzwischen gelandet ist. Und er lastet zunehmend auch auf dem FDP-Vorsitzenden. Christian Lindner erhält Anrufe aus der Union: Er müsse Kemmerich zum Rücktritt zwingen, ansonsten seien die CDU-FDP-Regierung in Nordrhein-Westfalen und die Jamaika-Koalition in Schleswig-Holstein in Gefahr. Als Ersatzpartner würde dann die SPD dienen. Aber das ist nur eines von mehreren Problemen Lindners. Denn die Demonstrationen gegen seine Partei werden immer größer und aggressiver. Und anders als sein Stellvertreter Wolfgang Kubicki, der Kemmerich gratulierte, ist die Mehrheit der Parteispitze über die Thüringer Vorgänge empört. Sie nimmt Lindner in Mithaftung.

Und so erscheint seine bis dahin so stabil wirkende Position plötzlich akut gefährdet. Als Konsequenz geht er aufs Ganze: Lindner fährt nach Erfurt, er will Kemmerich dort ein Ultimatum stellen. Somit kommt es am Vormittag des 6. Februar in der Staatskanzlei zur nächsten Politikpremiere: Der FDP-Vorsitzende nötigt den einzigen Ministerpräsidenten seiner Partei zur Aufgabe. Tue Kemmerich das nicht, trete er selbst zurück. Und die Drohung wirkt. Der Regierungschef ohne Regierung, der noch am Morgen einen Rücktritt kategorisch ausgeschlossen hatte, beruft am Mittag eine Pressekonferenz ein, um seinen Rückzug anzukündigen. Außerdem, sagt er, werde seine Fraktion die Neuwahl des Landtags beantragen. Schuld an allem trage übrigens keinesfalls er, sondern vor allem die AfD: Sie habe das Parlament mit einem »perfiden Trick« hereingelegt. Dass er die Wahl annahm, als der Trick offenkundig war, ist für ihn ebenso offenkundig kein Widerspruch.

Parallel dazu findet in Südafrika noch eine andere Politikpremiere statt. Merkel steht neben dem südafrikanischen Präsidenten und hält während der Pressekonferenz ein längeres Referat zu Thüringen. Der zentrale Satz lautet: »Da dies absehbar war, in der Konstellation, wie im dritten Wahlgang gewählt wurde, muss man sagen, dass dieser Vorgang unverzeihlich ist und deshalb auch das Ergebnis wieder rückgängig gemacht werden muss.« Die Bundeskanzlerin fordert also die Rückabwicklung einer demokratischen Wahl: Auch das gab es bisher nicht – und wird es wohl auch so bald nicht wieder geben. Im Jahr 2022 wird das Bundesverfassungsgericht urteilen, dass diese Aussagen verfassungswidrig waren. Die AfD, die in Karlsruhe geklagt hatte, benutzt die Entscheidung bis heute, um von einem »Putsch« zu sprechen.

Tatsächlich scheint Merkel dazu bereit zu sein, die demokratischen Regeln stark zu dehnen. Nachdem Kramp-Karrenbauer in Erfurt scheiterte, greift sie persönlich durch. Zuerst entlässt sie ihren Ost-Beauftragten Hirte, dann sorgt sie dafür, dass Kemmerich – um es mit ihren Worten zu formulieren – seine Wahl rückgängig macht. Dieses Eingreifen ist in seiner Wirkung bemerkenswert. Am frühen Nach-

mittag des 8. Februar befindet sich der immer noch amtierende Ministerpräsident Kemmerich auf dem Weg nach Österreich. Dort will er
– als noch weitere Absurdität – mit seiner Familie Skiurlaub machen.
Plötzlich klingelt sein Mobiltelefon. Lindner ist dran. Er teilt ihm
mit, dass Merkel ihn angerufen habe, direkt aus dem Kanzleramt. Dort
tage gerade der Koalitionsausschuss. Die Sozialdemokraten forderten
Kemmerichs sofortigen Rücktritt. Falls das nicht geschehe, werde die
Partei die Bundesregierung verlassen. Und deshalb habe die CDU wiederum die FDP-Regierungsbeteiligungen in Düsseldorf und Kiel infrage gestellt. Bis zum Ende der Runde, also bis 15 Uhr, müsse der
Rücktritt vollzogen sein.

Die beiden haben sich inzwischen auch mit der Verfassungslage
beschäftigt. Tritt der Ministerpräsident zurück, ist er bloß noch geschäftsführend im Amt und kann selbst im Notfall keinen Stellvertreter oder Minister mehr benennen. Dann hätte Thüringen keine
Regierung mehr. Hinzu kommt: Ein geschäftsführender Regierungschef kann auch nicht mehr die Vertrauensfrage stellen, um auf diesem
Weg Neuwahlen herbeizuführen. Es spricht also viel gegen einen sofortigen Rücktritt. Sogar die linksgeführte Landtagsverwaltung hatte
dringend davon abgeraten. Doch Kemmerich ist es inzwischen alles
zu viel: Vor seinem Wohnhaus in Weimar lagern Demonstranten,
seine Frau wurde auf der Straße beleidigt, die Kinder in der Schule
gemobbt. Und jetzt noch ein neues Ultimatum, diesmal aus dem
Kanzleramt. Kemmerich ruft seinen Sprecher an, damit der einige
Minuten später die Rücktrittserklärung verbreitet. Allerdings besitzt
er keine offizielle Vorlage der Staatskanzlei. Und so trägt das Schreiben den Briefkopf der FDP-Landtagsfraktion.

Aber es geht an diesem Samstag noch ungewöhnlicher. Denn Merkel versucht schon eine ganze Weile, Ramelow zu erreichen. Der abgewählte Regierungschef allerdings wandert mit den beiden Söhnen
und Hund Attila durch die Funklöcher rund um sein geliebtes Thüringer Meer. Erst als ein Berg nahe dem Schloss Burgk erklommen ist,

sieht er auf seinem Handy die Anrufe. Er ruft eine Nummer zurück – und landet bei Dobrindt im Koalitionsausschuss. Das Gespräch wird auf Laut gestellt, danach wird debattiert, wie der Linke wieder ins Regierungsamt befördert werden könnte.

Der einfachste Weg sei die Vertrauensfrage, sagt Ramelow. Deshalb dürfte Kemmerich nicht zurücktreten. In der Leitung herrscht ein kurzer Moment Stille. Dann erfährt der verblüffte Ramelow, dass sein Nachfolger bereits nicht mehr im Amt ist.

Ein Stabilitätspakt wird erfunden

Aber es geschieht so vieles gleichzeitig. Nicht nur Kemmerich hat sein Amt aufgegeben, auch Mohring wurde – vorerst – besiegt. In jener Nacht, in der Kramp-Karrenbauer scheitert, wird auch er entmachtet. Er bittet am Ende unter Tränen um eine Frist von drei Monaten. Als er aber am nächsten Morgen die Vereinbarung bereits wieder öffentlich infrage zu stellen versucht, wenden sich auch seine letzten Getreuen gegen ihn. Eine Neuwahl des Vorstandes, heißt es, werde so schnell wie möglich stattfinden. Erst jetzt scheint Mohring aufzugeben. Kurz nachdem Kramp-Karrenbauer ihren Abschied angekündigt hat, teilt auch er mit, dass er nicht wieder als Vorsitzender antrete. Seine Ära ist vorbei. Einerseits. Andererseits besitzt er noch sein Landtagsmandat und einen Sitz im Präsidium. Und formal amtiert er immer noch als Landes- und Fraktionschef. Die Gespräche darüber aber, was nun mit dem Land ohne Regierung passieren soll, werden ab sofort von Mario Voigt geführt. Nun steht der Parteivize vor demselben Dilemma wie sein vorerst besiegter Widersacher: Er muss mit Rot-Rot-Grün reden.

Doch der 5. Februar hat die politische Realität verändert. Zumindest für den Moment wirkt die strategische Blockade der Bundespartei gegenüber Links porös. Merkel will die Wiederwahl Ramelows ermöglichen: In ihrem Telefonat mit ihm hat sie insinuiert, dass die vier fehlenden Ja-Stimmen von der CDU kommen sollten. Doch Voigt kennt seine renitente Fraktion besser. So einfach, wie sich die Kanzlerin das vorstellt, dürfte das nicht funktionieren, zumal Hennig-Wellsow öffentlich die Unterwerfung der CDU einfordert. »Wir werden Ramelow nur in die Wahl schicken, wenn wir eine demokratische Mehrheit haben«, dekretiert sie.[9] Die Union müsse die Stimmen garantieren.

Von außen gibt Maaßen die Kampflinie von rechts vor. »Eine Mitwirkung an einer Wahl von Ramelow, und sei es auch nur durch Stimmenthaltung, wäre ein Verrat an den Werten der CDU [...] und an den Opfern des SED-Regimes«, sagt er.[10] Der Südthüringer CDU-Bundestagsabgeordnete Mark Hauptmann, ein Freund von Voigt seit Studienzeiten, assistiert per Mitteilung: »Wer jetzt in Berlin verlangt, Ramelow aktiv oder passiv ins Amt zu verhelfen, der schadet der CDU langfristig.«

Ramelow und Hoff sind besorgt über die Zerrissenheit der CDU. Sie brauchen ein Angebot, das die Partei nicht ablehnen kann. Und das ist nun die nächste politische Premiere – was sonst.

Es ist mittlerweile der 17. Februar. Am Abend steht das erste Gespräch mit Voigts Arbeitsgruppe an. Einige Stunden davor klingelt das Telefon von Christine Lieberknecht in Ramsla im Weimarer Land. Ramelow ruft bei ihr an und hat mal eine Frage. Ob sie sich nicht vorstellen könnte, noch einmal Ministerpräsidentin zu werden?

Sein Plan geht so: Zuerst würde der Landtag mit Zweidrittel-Mehrheit seine Selbstauflösung beschließen. Die Neuwahl müsste dann laut Verfassung binnen 70 Tagen stattfinden. Damit nicht Kemmerich geschäftsführend im Amt bliebe, würde man Lieberknecht zur Regierungschefin wählen. Sie müsste, sagt Ramelow, dann ein rot-rot-grünes Rumpfkabinett ernennen und so lange amtieren, bis nach Neuwahlen und Koalitionsverhandlungen der nächste Ministerpräsident – also wahrscheinlich er selbst – vom Parlament gewählt werde. Lieberknecht erbittet sich eine kurze Bedenkzeit. Dann sagt sie zu.

Nun informiert Ramelow die verdutzten Koalitionspartner. Und er meldet sich bei Merkel. Die Bundeskanzlerin, die Lieberknecht seit den frühen 1990er Jahren kennt, zeigt sich einverstanden. Allein die Thüringer CDU weiß von nichts. Voigt erfährt von der Volte erst in der Verhandlungsrunde mit Linke, SPD und Grünen. Er schickt eine hilflose SMS an Lieberknecht, die ihre Zusage bestätigt. Nun bittet Voigt um Vertagung.

Thüringen hat seine nächste Sensation: Ein abgewählter Linker schlägt eine CDU-Übergangsministerpräsidentin vor. Sofort wittert Mohring seine Chance zur politischen Wiederauferstehung. Nach seiner Logik ist eine CDU-Ministerpräsidentin eine CDU-Ministerpräsidentin, ganz egal, ob sie dank Rot-Rot-Grün regiert. Sie müsste nur so lange im Amt bleiben, bis sich die Union erholt. Also sagt er in der Fraktion, dass man nicht die sofortige Neuwahl akzeptieren dürfe. Nötig sei eine Regierung für mindestens ein Jahr, am besten mit parteilosen Fachleuten und mit einem fest vereinbarten Datum für die Selbstauflösung des Landtags. Die Abgeordneten sind mehrheitlich davon angetan.

Natürlich muss Voigt ahnen, dass Ramelow diese Bedingungen nicht akzeptieren kann. Aber Mohrings Vorschlag könnte ihn zumindest aus seiner misslichen Lage befreien. Und so fährt er gemeinsam mit Mohring zu Lieberknecht. Sie hört den beiden Männern zu, sagt weder Ja noch Nein. Am nächsten Morgen ruft sie mehrere Journalisten an und zieht ihre Bereitschaft zur Kandidatur zurück. Aus ihrer Sicht hat sie Ramelow einen Freundschaftsdienst erwiesen. Doch jetzt will sie sich nicht auch noch von ihrer früheren Fraktion instrumentalisieren lassen. Stattdessen übermittelt sie ihren Parteifreunden eine deutliche Botschaft: »Wer jetzt keine Neuwahlen will, muss Bodo Ramelow mit verlässlicher Mehrheit zurück ins Ministerpräsidentenamt verhelfen und dann am besten mit ihm in eine Regierung gehen, ob das nun Projektregierung oder anders heißt.«

Bis auf den schwerkranken Josef Duchač haben damit alle bisherigen Ministerpräsidentinnen und Ministerpräsidenten ihren Auftritt in dieser jüngsten, besonders dramatischen Folge der Thüringen-Serie absolviert. Althaus wollte eine Regierung unter Ramelow organisieren. Vogel hat mit dafür gesorgt, dass die CDU Kemmerich wählte. Und Lieberknecht kümmert sich nun mit darum, dass diese Wahl korrigiert wird. Nachdem auch diese Phase vorbei ist, gehen die Gespräche von CDU und Rot-Rot-Grün erneut weiter. Wenige Tage später finalisiert Voigt mit Rot-Rot-Grün einen Kompromiss, den er vor dem 5. Februar noch als Sakrileg verdammt hätte. Der »Stabilitätsmechanismus« – der aus der Euro-Krise geborgte Begriff wird von den Medien rasch in »Stabilitätspakt« umbenannt – sieht vor, dass Ramelow am 4. März wiedergewählt werden soll. Danach wollen die unfreiwilligen Partner ausschließlich miteinander abgestimmte Anträge und Gesetze auf die Tagesordnung setzen. Damit wird ausgeschlossen, dass sich Mehrheiten mit der AfD bilden können. Und: Nach der Verabschiedung des Landesetats für 2021 soll sich der Landtag selbst auflösen. Der Termin der geplanten Neuwahl wäre dann der 25. April 2021.

Im Kern bedeutet dies eine zeitlich und inhaltlich begrenzte CDU-Tolerierung einer linksgeführten Minderheitsregierung. Aber so will das Voigt natürlich keinesfalls betrachtet haben oder nennen. Er spricht von »konstruktiver Opposition«. Mit Tolerierung oder Duldung, sagt er, habe der Vertrag selbstverständlich nichts zu tun.

Ramelow wird doch gewählt

Mohring nutzt den Stabilitätspakt zur öffentlichkeitswirksamen Revanche an Voigt. Als Forum wählt er die *Bild*-Zeitung: Er sei als Spitzenkandidat mit dem »klaren Versprechen angetreten, Rot-Rot-Grün in Thüringen zu beenden«.[11] Jetzt aber stehe »eine Tolerierung« im Raum, und dies sei »das Gegenteil unseres Wahlversprechens«. Deshalb werde er auch als Vorsitzender der Thüringer CDU zurücktreten.

Mohrings Taten allerdings bezeugen das Gegenteil. Zum Politischen Aschermittwoch im heimischen Apolda zelebriert er vor 1500 Gästen seine persönliche Interpretation von »Willkommen und Abschied«. Die Hauptrede hält der Comeback-Routinier Friedrich Merz, der erst tags zuvor zum zweiten Mal seine Kandidatur für den Vorsitz erklärt hat. Er ruft der Menge zu, dass Mohrings Zeit längst nicht vorbei sei. Der Jubel ist groß.

Derweil beginnt in Erfurt die Rückabwicklung der Regierung Kemmerich. Linke, SPD und Grüne beantragen die Wahl des Ministerpräsidenten. Die AfD benennt umstandslos einen Gegenkandidaten, der diesmal Björn Höcke heißt. Und die Unionsfraktion wählt Voigt mit 15 von 21 Stimmen zum Vorsitzenden. Auch sein Pakt mit Ramelow ist von Berlin gebilligt. Zuvor hatte Voigt in den Spitzengremien viele kritische Fragen beantworten müssen, aber am Ende sorgte vor allem Merkel dafür, dass es ein mürrisches Okay gibt.

Alles scheint diesmal halbwegs geordnet zu laufen, doch dann nimmt das Drama seine nächste abrupte Wendung. Schuld daran ist ein Virus. Und das kommt so: Der Landtagsabgeordnete Volker Emde, der für die CDU die Verhandlungen mitführte, war nach der Einigung über den Pakt zum Skifahren in die Dolomiten gereist. Nach der Rückkehr wird ein Teilnehmer der Reisegruppe ins Krankenhaus gebracht. Die Laboruntersuchung ist eindeutig: Der thüringische Patient Zero hat sich mit Sars-CoV-2 infiziert.

Das neuartige Corona-Virus beginnt, die Nachrichtenlage zu dominieren. Es hat sich vom chinesischen Wuhan aus nach Europa verbreitet, in Italien wurden bereits 34 infizierte Verstorbene registriert. Auch in Deutschland sind die ersten Großveranstaltungen und Messen abgesagt worden. Doch könnte das Virus sogar die Wiederwahl Ramelows gefährden: Falls auch Emde sich infiziert hat, müsste der halbe Landtag in Quarantäne.

Am Abend vor der geplanten Wahl sitzen Ramelow und Voigt zur Krisensitzung beisammen. Die Notgemeinschaft tagt in der Wohnung von Staatskanzleichef Hoff. Zuerst eröffnet der frisch gewählte Fraktionschef den beiden Linken, dass er wie erwartet nicht vier Ja-Stimmen versprechen kann. Mehr als eine kollektive Enthaltung sei nicht drin. Ramelow akzeptiert, was er nicht ändern kann: Er muss sich wieder durch drei Wahlgänge kämpfen. Dann wird darüber diskutiert, was eine Infektion des Abgeordneten bedeuten würde. Schließlich brummen die Handys: Emdes Corona-Test ist negativ. Die Wahl kann stattfinden.

Am 4. März wirkt der Landtag noch einmal voller als vier Wochen zuvor. Alle wichtigen Medien der Republik wollen dabei sein, wenn die nächste Sensation geschieht. Doch die fällt aus: Ramelow erhält in den ersten beiden Wahlgängern die 42 Stimmen seiner Koalition, der Rest sind die AfD-Stimmen für Höcke oder Enthaltungen. Die FDP-Abgeordneten, einschließlich Kemmerich, bleiben während des Wahlakts sitzen und vermeiden so jeden Verdacht, dass Stimmen für den Rechtsextremisten von ihnen stammen könnten. Im dritten Wahlgang dann wiederholt sich das Ergebnis der ersten beiden Runden. Doch diesmal reicht die einfache Mehrheit – und die CDU-Fraktion enthält sich fast geschlossen. Wohl nur ein CDU-Abgeordneter stimmt für Höcke, der jetzt 23 Stimmen erhalten hat.

Nach seiner Vereidigung hält Bodo Ramelow eine kurze Rede. Er dankt der CDU, geißelt die AfD und er äußert sich zu seinem Vorgänger, der sein Nachfolger war. Er finde es »beklemmend«, was Kemmerich an Anfeindungen widerfahren sei. Aber auch seine Familie und er hätten aushalten müssen, »was Familie Kemmerich ausgehalten hat«. Dann ernennt er sein Kabinett für ein Jahr. Zumindest glaubt er das in diesem Moment.

10
Die Wunde Thüringen

Heldburg, 16. April 2021. Es ist ein trüber und kalter Nachmittag in Südthüringen. Der Mann, der bis November 2018 als Präsident des Bundesamts für Verfassungsschutz amtierte, sitzt am Steuer eines kleinen Mietwagens. Vorsichtig bugsiert er den Seat durch ein enges Tor in den Innenhof der Veste Heldburg. Die Burg gehörte einst den Ernestinern. Herzog Georg II. von Sachsen-Meiningen, der vorletzte seiner Art, war ein kunstsinniger Mann. Er förderte das Hoftheater, unterstützte Maler und Komponisten und heiratete in dritter Ehe eine Schauspielerin, die er zur Freifrau von Heldburg erhob.

Von den Türmen der Veste, die auf einem steilen Berg errichtet wurde, bietet sich ein weiter Blick über den Thüringer Wald, die Rhön und den Frankenwald – und damit über den Bundestagswahlkreis 196. Obwohl dieser eine größere Fläche als das Saarland umfasst, leben hier gerade einmal 280 000 Menschen. 230 000 davon sind stimmberechtigt. Von ihnen will sich Hans-Georg Maaßen, gebürtiger Mönchengladbacher, wohnhafter Berliner, Volljurist und Ex-Skandalpräsident, in rund fünf Monaten für die CDU in den Bundestag wählen lassen.[1] Zu diesem Zwecke hat der 58-Jährige seinen grauen Anzug, den er üblicherweise trägt, gegen eine beige Hose und ein zünftiges, grün schimmerndes Wams eingetauscht. Komplettiert wird die Bewerberuniform mit einem schwarzen Mantel und einem rot-grau gestreiften Schal. Ansonsten aber sitzt sein Erkennungszeichen, die Nickelbrille, wie immer fest auf der Nase.

Eigentlich ist die Burg mitsamt dem Museum geschlossen. So gebietet es der Paragraf 25 der »Thüringer Verordnung zur Eindämmung des Coronavirus«. Aber praktischerweise ist Christopher Other nicht nur der CDU-Vorsitzende hier im Landkreis, sondern auch der Bürgermeister von Heldburg. Er gibt Maaßen an diesem Tag kurzerhand eine Privatführung. »Ja, so stelle ich mir eine deutsche Burg vor!«, ruft der designierte Kandidat aus, als er eine Wendeltreppe emporsteigt. Other und Maaßen kennen sich gut. Maaßen war hier schon im Wahlkampf 2019 zu Gast und warb damals für die Wahl eines CDU-Ministerpräsidenten mithilfe der Höcke-Partei.

Jetzt aber will er Bundestagskandidat werden. Da die AfD für ihn inzwischen zur direkten Konkurrenz geworden ist, redet er plötzlich anders. Es dürfe keine Zusammenarbeit mit ihr geben, wiederholt er bei nahezu jedem Auftritt. Auf der Heldburg sagt Maaßen: »Ich hoffe, dass wir hier mit mir als Kandidaten viele, viele Wähler von der AfD zurückgewinnen.« Mit »Rückgrat, Geradlinigkeit und einem klaren Kompass« werde es wieder aufwärtsgehen. Dass die Thüringer CDU in den Umfragen nur bei 19 Prozent liege, sei schon »eine schwere Enttäuschung«. Der letzte Satz richtet sich gegen die Führung der Landespartei, die sich ähnlich wie das Adenauer-Haus so gar nicht über den Möchtegernbewerber freut. Christian Hirte, der nach der Entlassung als Ost-Beauftragter prompt zum CDU-Landeschef gewählt wurde, hatte vergeblich versucht, die südthüringischen Kreisverbände von der Unterstützung Maaßens abzubringen.

Doch Lokalfunktionäre trauen Maaßen zu, den Wahlkreis für die CDU zu retten. Gegen den bisherigen Abgeordneten Mark Hauptmann ermittelt die Staatsanwaltschaft, weil er an der Vermittlung von Maskengeschäften üppig verdient haben soll. Inzwischen ist er aus der Partei ausgetreten. Damit ist der Wahlkreis vakant, derweil die SPD mit dem einstigen Biathlon-Olympiasieger Frank Ullrich einen bekannten und populären Konkurrenten aufgestellt hat. Aber auch die AfD, die vielerorts schon die stärkste lokale Kraft ist, darf nicht unterschätzt werden.

Die Rechnung der Lokalfunktionäre geht so: Maaßen soll Ullrich und die AfD besiegen und dann im Bundestag möglichst viele Fördergelder nach Südthüringen bugsieren. Die dafür nötige Demut hat der schon drauf. »Ich möchte in Berlin der Botschafter für Südthüringen sein«, sagt er im Hof der Veste Heldburg. Und er wolle eine Zweitwohnung im Wahlkreis beziehen. »Ich brauche diese Bodenhaftung.« Nebenbei kann er natürlich auch noch seine andere Mission verfolgen. Mit einem Bundestagsmandat will er effizienter dazu beitragen, dass, wie er meint, endlich »der Kommunist Ramelow mit seinen linken Ministern durch eine demokratische Regierung ersetzt wird«.[2]

Denn für Maaßen ist das, was ein Jahr zuvor im Erfurter Landtag geschehen ist, »ein Putsch«.[3] Gemäß seiner Interpretation der Ereignisse war es Angela Merkel, die mit ihrer Forderung, eine demokratische Wahl rückgängig zu machen, »dem Kommunisten Ramelow« zurück ins Amt verhalf. Kemmerich sei damit der »letzte demokratisch gewählte Ministerpräsident«. Was er bewusst ignoriert: Wie das angebliche Putschopfer wurde auch Ramelow im dritten Wahlgang mit einer einfachen Mehrheit in geheimer Abstimmung gewählt. Er ist ebenso legitimiert wie Kemmerich. Und er hat sogar eine Regierung ernannt.

Die Beschädigten

Dennoch ist die Stimmung in der Minderheitsregierung mies. Die Regierungskrise hatte die Partner, die sich zuvor gerne stritten, nur kurzzeitig zusammengeschweißt. Nun brechen die alten Gräben wieder auf. In der SPD drängt es Innenminister Maier zum Parteivorsitz. Er ist Anfang 50, will Ministerpräsident werden und greift deshalb Ramelow auch öffentlich an. Die Grünen leisten sich trotz ihrer minimalen Größe inzwischen mindestens drei Lager: Dass sich der bisherige Fraktionschef Dirk Adams selbst zum Justiz- und Migrationsminister machte, hat sowohl Umweltministerin Anja Siegesmund als auch die neue Fraktionsvorsitzende Astrid Rothe-Beinlich irritiert. Gleichzeitig sind die beiden Frauen seit Jahrzehnten verfeindet.

Die einzige Koalitionspartei, die zumindest nach außen geschlossen wirkt, ist die Linke. Sie wird von Hennig-Wellsow straff geführt. Doch das ändert wenig an der Fragilität des Koalitionskonstrukts, das in der Hauptsache vom allgegenwärtigen Benjamin Hoff zusammengehalten wird. Der Minister leitet nicht nur die Staatskanzlei und ist für Bundesrat, Europa und Kulturpolitik verantwortlich, sondern führt zeitweise noch das Infrastrukturressort. Auch hält er engen Kontakt zum neuen CDU-Fraktionschef, der eine völlig zerrüttete Partei wieder aufrichten soll. Ähnlich wie Hoff ist Voigt mittlerweile Professor an einer Berliner Hochschule. Nebenbei hat er eine Ein-Mann-Politikberatungsfirma gegründet. Hauptkunde ist ausgerechnet die eigene Partei: Im Bundestagswahlkampf 2017 hat er sogar die digitale Kampagne der CDU geleitet, im EU-Wahlkampf 2019 die Europäische Volkspartei beraten. Immer irgendwie dabei war eine Jenaer Digitalagentur, die einer seiner früheren Mitarbeiter gegründet hatte. Auch sie wurde von Voigt beraten.

Das Beratungsgeschäft sollte dem Abgeordneten wohl einst als Vorsorge dienen, falls Mohring dauerhaft Erfolg haben und ihn aus der Politik verdrängen sollte. Doch nun haben sich die Verhältnisse umgedreht: Voigt ist Fraktionschef – und sein Vorgänger, immerhin noch Abgeordneter und Mitglied im CDU-Bundesvorstand, wartet auf seine Revanche.

Einfach im Parlament bleiben und schauen, wann sich die nächste Chance ergibt: Das ist auch die Strategie von Thomas Kemmerich. Und warum auch nicht? Die Landtagsfraktion hat ihn wieder zum Vorsitzenden gewählt. Er sehe sich, sagt er, »als Führungsfigur der Mitte«.[4] Dass er in der Bundespartei fast vollständig isoliert ist, ignoriert er.

Damit sind fast alle Beteiligten durch die Krise beschädigt: die Koalition, die CDU und natürlich Kemmerich. Sogar in der AfD-Fraktion ist die Euphorie verflogen. Nach dem Rausch des Abstimmungscoups folgt nun die Ernüchterung. Die Umfragelage der Partei stagniert genauso wie ihre Stimmung.

Die vier Wochen im Winter 2020 haben das Land verändert – und die Republik gleich mit. Für Jürgen Habermas hat der »Schock von Erfurt«[5] das strategische Dilemma der Union offenbart. Die Gleichsetzung der AfD mit der Linke, schreibt er, habe die »Farce einer Beziehungsfalle« erzeugt: »Wie sollte Mike Mohring dem linken Minderheitenkabinett in den Sattel helfen, ohne sich durch Verletzung der geforderten ›Äquidistanz‹ die Hände schmutzig zu machen?« Am Ende habe sich Kramp-Karrenbauer, die nach dem Desaster in Erfurt ihren Rückzug vom Parteivorsitz ankündigte, »mit ihrem gebetsmühlenartig wiederholten, aber angesichts der Person von Bodo Ramelow, des biederen christlichen Gewerkschafters aus Hessen, völlig unrealistischen ›Weder-noch‹ ihr eigenes Grab geschaufelt«.

Doch dass Karrieren beendet wurden und Parteibeschlüsse mit der Wirklichkeit kollidierten, ist nur der kleinere Teil der Kollateralschäden. Fataler ist der Verlust von Vertrauen: zwischen den politisch Handelnden genauso wie zwischen den Regierten und Regierenden – und in das Funktionieren parlamentarischer Demokratie. Das, was am 5. Februar und in den Tagen danach geschah, hat dem Verfassungsakt der Regierungsbildung in Thüringen seine Würde geraubt. Dass eine extreme Partei ein ganzes Parlament austrickste, dass ein liberaler Politiker seine Wahl durch diese Partei annahm und dass eine Bundeskanzlerin für die Stabilität ihrer Regierung ihre im Grundgesetz fixierten Amtspflichten beugte: All das wirkt nach und nährt Ressentiments und Verschwörungsthesen.

Wie bei einem schweren Unfall beginnen nach dem Schock die wirklichen Schmerzen. Diese sind hier umso größer, da es schon zuvor Verletzungen gab, die nie ausheilten. Jetzt zeigt sich endgültig, dass die Demokratie in Thüringen aus der Geschichte des Landes heraus besonders verwundbar ist.

Die nächste Krise kommt bestimmt

Auch den alten und neuen Ministerpräsidenten haben die Ereignisse mitgenommen. Einen langen Monat befand sich Ramelow im persönlichen Ausnahmezustand. Seine Dünnhäutigkeit, seine Sprunghaftigkeit, seine cholerischen Ausfälle zeigten sich stärker als zuvor. Zudem hat nun bereits die nächste Großkrise begonnen: die Corona-Pandemie.

Mitte März 2020 sitzt ein sichtlich erschütterter Ramelow in der Staatskanzlei vor eilig herbeitelefonierten Journalisten. Sein Gesicht wirkt ebenso grau wie in jenem Moment, als er das Ergebnis des dritten Wahlgangs erfuhr. Zuerst erzählt er davon, welche Todesangst die Familie seiner Frau in Norditalien gerade durchlebe. Dann berichtet er, was er wenige Stunden zuvor beim Krisentreffen mit den anderen Ministerpräsidenten und Wissenschaftlern im Bundeskanzleramt hörte – und rechnet die Prognose der Virologen auf Thüringen herunter: Binnen zwei Jahren, sagt er, könnten 60 000 Menschen schwer an Corona erkranken. Danach kündigt er die ersten Maßnahmen an. In den Krankenhäusern werden Operationen ausgesetzt, zusätzliche Intensivbetten aufgestellt und Sauerstoffgeräte angeschafft. Auch sollen ab sofort größere Veranstaltungen unterbleiben.

Und das ist nur der Anfang. Im Wochenrhythmus werden zusätzliche Schutzmaßnahmen verordnet, die mit Einschränkungen von Grundfreiheiten einhergehen. Bald gelten auch weitgehende Kontaktbeschränkungen und nächtliche Ausgangssperren. Schließlich beginnt der erste Lockdown.

Die überall in Deutschland zu beobachtende Überforderung wird in Thüringen durch die politische Situation noch verstärkt. Die Landesregierung findet nach der einmonatigen Zwangspause nur mühsam wieder Tritt. Rangeleien um Zuständigkeiten häufen sich, auch weil mit der Wiederwahl Ramelows de facto der Landtagswahlkampf begonnen hat. Die historisch gewachsene Kleinteiligkeit des Landes wirkt sich erkennbar negativ aus: Um eine Bevölkerung von gut zwei

Millionen Menschen zu schützen, kämpfen 22 kleine und zumeist mangelhaft ausgestattete Gesundheitsämter gegen das Virus. Vielerorts fehlen sogar die Amtsärzte.

Der Ministerpräsident spürt, wie ihm das alles »zu viel wird«.[6] Sein altes Ekzem bricht auf – und natürlich muss er der Öffentlichkeit davon berichten. »Diese Dauerbelastung geht mir im Wortsinne unter die Haut«, sagt er. Umso erleichterter schwenkt er um, als die erste Infektionswelle Thüringen nur halb erwischt. Zwar behauptet er nicht wie Höcke, dass Corona »vorbei« sei und »nicht wiederkommen«[7] werde. Aber auch er nährt Hoffnungen auf ein dauerhaftes Ende der Einschränkungen. Nebenbei verliert er sein wichtigstes Korrektiv: Der Blumenstrauß-Wurf nach der Kemmerich-Wahl hatte die linke Landes- und Fraktionschefin weit über Thüringen hinaus bekannt gemacht. Nun nutzt Hennig-Wellsow das Momentum, um sich mit Janine Wissler für die neue Doppelspitze der Bundespartei zu bewerben.

Die CDU-Fraktion unter Voigt versucht im Landtag den Spagat zwischen der von ihm angekündigten »konstruktiven Opposition« und der notwendigen Profilierung vor der geplanten Neuwahl. Also stimmt die Fraktion auf der einen Seite den Hilfspaketen für die Wirtschaft und schließlich auch dem Landeshaushalt für 2021 zu. Auf der anderen Seite skandalisiert Voigt jeden tatsächlichen oder vermeintlichen Fehler der Regierung. Er schichtet das Fraktionsbudget um, um die Presseabteilung auszubauen. Auch die Jenaer Digitalagentur seines Bekannten erhält einen Großauftrag.

Kemmerich, der gerade noch im Zentrum eines der größten politischen Skandale in der Geschichte der Bundesrepublik stand, schaltet ungerührt auf Angriff um. Im April 2020 nimmt er in Gera an einer der ersten größeren Demonstrationen gegen die Corona-Maßnahmen teil und lässt sich dort als »einziger legitimer Ministerpräsident« begrüßen. Dass während der Veranstaltung weder Maske getragen noch der Mindestabstand eingehalten wird, stört Kemmerich genauso wenig wie der Umstand, dass AfD-Politiker und Rechtsextremisten mitmarschieren.

In Berlin reagiert Lindner alarmiert auf die neuen Eskapaden in Thüringen. »Ich habe dafür kein Verständnis«, schreibt er per Twitter. Die Chefin der Jungen Liberalen, Ria Schröder, erklärt: »Wer bewusst Hygienemaßnahmen missachtet und sich mit Rechtsextremen einreiht, der ist nicht Mitte, sondern gefährdet uns alle.«[8] Kemmerich entschuldigt sich teilweise. Doch Einsicht ist das nicht. Nur wenige Monate später fasst er die Ereignisse vom 5. Februar so zusammen: »Nicht die Annahme der Wahl war der Fehler, sondern der Umgang der anderen demokratischen Parteien mit der Situation.«[9]

Jetzt greift Lindner durch. »Das FDP-Präsidium distanziert sich geschlossen von den aktuellen Äußerungen«, erklärt Generalsekretär Volker Wissing. Es werde »keinerlei finanzielle, logistische oder organisatorische Unterstützung für einen Wahlkampf eines Spitzenkandidaten Thomas Kemmerich durch den Bundesverband geben«.[10] Und dabei wird es bleiben.

Im Zickzack durch die Pandemie

Im Herbst 2020 kommt Corona zurück. Doch Ramelow will es nicht wahrhaben. Aus »grundsätzlichen Erwägungen« werde er neuen pauschalen Einschränkungen nicht zustimmen, sagt er. »Wir reden hier von massiven Eingriffen in die Grundrechte.«[11] Für ihn gelte: »Keine Panik bitte!« Die Behörden müssten lokal beschränkte Maßnahmen treffen. Im Übrigen sei die Ministerpräsidentenkonferenz keine »Kanzlerinkonferenz«.

Dann plötzlich ist alles anders. Merkel hat in der Staatskanzlei angerufen – und Ramelow ändert während der Videokonferenz der Ministerpräsidenten abrupt seine Haltung. Auf einmal sind für ihn die Infektionszahlen in Thüringen derart hoch, dass der Lockdown unvermeidlich ist. Um die Wendung zumindest symbolisch zu legitimieren, erklärt Ramelow, dass er dafür auf einer Sondersitzung des Landtags die Zustimmung der Abgeordneten einholen werde. Der Plan ist derart spontan, dass nicht einmal Zeit bleibt, die eigene Fraktion zu informieren.

Die Demütigung arbeitet in Ramelow. Nur kurz nach der Schalte mit der Kanzlerin behauptet er: Das Reden über »Corona-Tote« sei »einfach falsch«.[12] Die offenkundige Relativierung der Gefahr hat nicht bloß damit zu tun, dass Ramelow ein notorischer Rechthaber ist. Er ist auch ein Instinktpolitiker und spürt, dass die Stimmung kippt. Bisher lag die Zustimmung für die Maskenpflicht bei 83 Prozent,[13] die Zufriedenheit mit der Regierung war hoch. Doch der zweite Corona-Winter kostet zusätzliches Vertrauen. Der neue Lockdown zieht sich, ständig wechseln sich neue Maßnahmen ab, die Kakofonie der Debatten wirkt betäubend. Gleichzeitig wird Thüringen nun besonders hart getroffen. Zehntausende Menschen stecken sich mit dem Virus an, Landkreise wie Hildburghausen oder Greiz führen die nationale Infektionstabelle an. Die Intensivstationen und ganze Krankenhäuser gelangen an ihr Limit, Patienten müssen in andere Länder ausgeflogen werden.

Hinzu kommt: Die Impfquote bleibt im Ländervergleich niedrig. Nur in Sachsen und Brandenburg ist die Ablehnung noch größer.[14] Dabei stehen – nach Sachsen – die meisten Verstorbenen pro 100 000 Einwohner mit dem Corona-Virus in Verbindung.[15] Die Meinungen von Befürwortern und Gegnern der Corona-Maßnahmen verhärten sich. Die Haltungen zu den Schutzmaßnahmen spalten Familien, Freundeskreise, Arbeitskollegen und Nachbarschaften. Die Umfragewerte der Thüringer Regierungsparteien geben nach. Die CDU schwächelt nach wie vor. Der einzige Krisengewinnler ist wieder die AfD. Schließlich einigen sich die Minderheitskoalition und die Union, die Neuwahl um einige Monate zu verschieben. Als Grund wird mit großer Einigkeit die Pandemie angegeben. Nun soll erst am 26. September 2021 gemeinsam mit dem Bundestag gewählt werden. Ganz sicher.

Wie eine Neuwahl Geschichte wird

Was bisher nur in der CDU-Fraktion bekannt ist: Auch dieses Datum ist keineswegs sicher. Vier Abgeordnete wollen überhaupt keine Neuwahl mehr. Ihnen geht es um ihre Mandate und Einkommen, aber auch um die Partei insgesamt. Angesichts der Umfragen, sagen sie intern, drohe die CDU-Fraktion halbiert zu werden.

Natürlich richtet sich der Widerstand auch gegen Voigt. Alle vier Abgeordneten gehören zum Umfeld Mohrings. Der gestürzte Vorsitzende hat gleich zwei Motive, die Neuwahl zu verhindern. Zum einen will er seinen Nachfolger scheitern sehen. Zum anderen benötigt er sein Landtagsmandat als Absicherung für den Fall, dass sein neuester Karriereplan nicht funktioniert: Mohring hat in seiner Heimatregion den langjährigen CDU-Bundestagsabgeordneten erfolgreich ausmanövriert und sich selbst als Direktkandidat für Berlin nominieren lassen. Und da er nicht parallel in Bund und Land kandidieren kann, steht ihm die Neuwahl im Weg.

Voigt und Hirte müssen Mohring ebenso gewähren lassen wie Hans-Georg Maaßen. Sie besitzen schlicht nicht die Autorität, dagegen vorzugehen. Aber auch der neue CDU-Vorsitzende Armin Laschet belässt es gegenüber Maaßen, der sich als Rächer der Ostdeutschen inszeniert, bei einigen kritischen Bemerkungen.

Im Mai 2021 machen die vier CDU-Renegaten ihren Widerstand öffentlich. Die nötige Zweidrittel-Mehrheit ist damit akut bedroht. Mindestens 60 der 90 Abgeordneten müssten für die Selbstauflösung des Parlaments stimmen. Zu den 42 Stimmen von Linke, SPD und Grünen müssten also mindestens 18 CDU-Stimmen kommen. Jetzt sind es nur noch 17, und die FDP hat bereits erklärt, sich durch den Pakt nicht gebunden zu fühlen.

Aber noch hält das Notbündnis. »Das Land braucht Neuwahlen«, sagt Voigt. »Wir stehen zu unserem Wort«, erklären die Koalitionsfraktionen in einer gemeinsamen Mitteilung und reichen den Antrag zur

Auflösung des Landtags ein. Die linke Parlamentspräsidentin setzt die entscheidende Sitzung für den 19. Juli 2021 an. Ab dann liefe die 70-Tage-Frist, die genau mit der Bundestagswahl Ende September enden würde. Doch noch fehlt eine Stimme für die Zweidrittel-Mehrheit – und auf AfD-Stimmen will die Koalition nicht angewiesen sein. Zwar argumentiert Staatskanzleichef Hoff, dass es durchaus einen Unterschied mache, ob ein Ministerpräsident gewählt oder ein Landtag aufgelöst werde. Aber er dringt damit nicht durch. Es weiß ja niemand, wie die AfD abstimmen würde. Höcke taktiert wieder einmal. Er kennt die Umfragen, die besagen, dass eine überwältigende Mehrheit der Bevölkerung die Neuwahl will. Käme sie nicht, würde dies die Wut auf die Regierenden noch mehr steigern. Und Wut ist ein Elixier der AfD.

Auch Kemmerich, der bei der Ankündigung im Februar 2020 als Erster die Neuwahl vorgeschlagen hatte, spielt jetzt auf Zeit. Er will nicht riskieren, dass die FDP an der 5-Prozent-Hürde scheitert – und er will wieder als Spitzenkandidat antreten. Doch dagegen steht das Veto der Bundespartei. Darüber hinaus hat Kemmerich noch ein Problem: Die FDP-Abgeordnete Ute Bergner erwägt seit Monaten den Austritt. Aus Protest gegen die Corona-Schutzmaßnahmen hatte sie den Verein »Bürger für Thüringen« gegründet, aus dem sich inzwischen eine Kleinpartei entwickelt hat. Mit ihr will die Abgeordnete zur Neuwahl antreten. Die Situation nimmt die Konstellation um Sahra Wagenknecht und die Linke im Bundestag vorweg. Träte Bergner aus der FDP aus, verlöre die Partei ihren Fraktionsstatus im Landtag. Ihre Ansage an Kemmerich ist deutlich: Stimmt die FDP nicht für die Neuwahl, geht sie sofort.

Doch Kemmerich, der gerade für zwei Jahre im Amt des Landesparteichefs bestätigte wurde, ist sein persönlicher Verbleib im Landtag offenkundig wichtiger. Er verkündet, dass sich die FDP bei der Abstimmung enthalten werde.

Prompt verlässt Bergner die Partei und erklärt, für die Auflösung des Landtags zu stimmen. Sie sei die 60. Stimme, die Zweidrittel-

Mehrheit stehe. Doch nun teilen plötzlich zwei Linke-Abgeordnete mit, dass sie eine gemeinsame Abstimmung mit einer »Corona-Leugnerin« nicht mit ihrem Gewissen vereinbaren könnten. Die Koalitionsfraktionen versammeln sich mit Ramelow zur Krisensitzung. Danach erklärten Linke und Grüne, dass der Antrag auf Selbstauflösung des Parlaments zurückgezogen werde. Nur die SPD beharrt noch auf der Neuwahl. Die CDU, die das Debakel ausgelöst hat, beschuldigt Rot-Rot-Grün, die Vereinbarung gebrochen zu haben – und lässt den Stabilitätspakt auslaufen. »Mit der parlamentarischen Sommerpause endet jegliche Zusammenarbeit«, sagt Voigt.[16] Die einzige Minderheitsregierung der Republik hat fortan keinen Partner mehr.

Die ausgefallene Neuwahl ist mehr als ein gebrochenes Versprechen: Sie ist für viele Menschen die Bestätigung ihres Gefühls, dass hier Demokratie versagt. Ihnen war das eilig zusammengebastelte Konstrukt nach der Wahl Kemmerichs mit der Ansage verkauft worden, dass es nur zeitweiligen Bestand haben werde. Danach sollten sie, das Volk, als wahrer Souverän die Regierungsmacht neu legitimieren. Stattdessen bekamen sie erneut ein Schauspiel voller Selbstsucht, Intrigen und eklatanter Führungsschwäche vorgeführt. Die einzige Partei, die dabei gezwungenermaßen außen vor blieb, ist die AfD. Wenn Höcke sagt, dass »Rot-Rot-Grün und CDU den Wählern ›dreist ins Gesicht gelogen‹, das Land ›zum Gespött der Republik‹ gemacht hätten, dann lässt sich, die übliche Polemik einmal abgezogen, kaum widersprechen.

Das Ende der Schamfrist

Am 26. September 2021 wird der Bundestag ohne den Landtag gewählt. Höckes AfD hat als einziger Landesverband zugelegt und steht nun in Thüringen mit 24 Prozent auf Platz 1 der Zweitstimmen. Sie ist auch Sieger in den Wahlkreisen und hat fünf der acht Direktmandate gewonnen.

Aber auch die Landes-SPD feiert. Sie kann ihr 2017er Ergebnis auf 23,4 Prozent fast verdoppeln. Was auch bundesweit eine Nachricht ist: Der Neu-Sozialdemokrat Ullrich hat Maaßen klar geschlagen. Auch Mohring scheitert, er kommt nur auf Platz 3 hinter SPD und AfD – und bleibt damit Voigt im Landtag erhalten. Die Linke sinkt auf 11,4 Prozent ab und verfehlt im Bund die 5-Prozent-Hürde. Nur weil sie drei Direktmandate in Berlin und Leipzig gewinnt, gelangt sie noch einmal gerade so in den Bundestag.

Die FDP hingegen steigert ihr Ergebnis von 7,1 auf 9 Prozent, und dies, obwohl ihre Fraktion nach dem Austritt Bergners gerade öffentlich implodiert ist. Kemmerich wirkt wie Teflon: Nichts scheint ihm etwas anhaben zu können. Er führt jetzt eine Parlamentarische Gruppe, mit weniger Rechten, Mitarbeitern und Zuschüssen – aber umso größerem Selbstbewusstsein.

Wie widersprüchlich die Thüringer Politik ist, zeigt auch die AfD. Nur Wochen nach ihrem Wahlsieg wird ein Abgeordneter nach streng geheim gehaltenen Querelen aus der Fraktion ausgeschlossen. Danach tritt eine Abgeordnete, ihres Zeichens Unternehmerin, aus der AfD aus, weil sie Höckes Politik des »solidarischen Patriotismus« als unternehmerfeindlich empfindet. Im März 2022 folgt der nächste Abgang. Im Ergebnis besitzt die AfD nur noch 19 Mandate. Die CDU rutscht dadurch auf Platz 2 nach vorn. Voigt darf sich nun Oppositionsführer nennen.

Dies alles zeigt, dass die AfD innerlich längst nicht so gefestigt ist, wie sie vorgibt. In der Fraktion mischen sich Amateure mit machtbewussten Karrieristen und ideologischen Überzeugungstätern. Jenseits des Flüchtlingsthemas und der demagogischen Phrasen sind kaum konsistente Inhalte zu erkennen. Der Partei reicht ihre schiere Anwesenheit zur Destruktion. Sie will das sogenannte System Stück für Stück destabilisieren. Irgendwann wird es schon einstürzen.

Dazu passt, dass die AfD ein konstruktives Misstrauensvotum gegen Ramelow beantragt und damit die CDU vorführt. Sie echot und verstärkt die Diktatur-Rufe der Corona-Demonstranten. Und sie wartet geduldig auf die nächste Gelegenheit, Mehrheiten zu bilden. Diese Gelegenheiten ergeben sich. So beschließt die Höcke-Fraktion gemeinsam mit der CDU einen Antrag gegen das Gendern in der öffentlichen Verwaltung. Ein FDP-Gesetzentwurf zu den Regeln von Spielhallen findet nur dank CDU und AfD eine Mehrheit. Schließlich wird ein CDU-Gesetzentwurf, der einen größeren Mindestabstand von Windrädern zu Wohngebieten vorschreibt, im zuständigen Ausschuss mit den Stimmen von AfD und FDP beschlossen. Erst nach Protesten von Bundespolitikern und einem Anruf von Merz in Erfurt kommt es nach einem Krisentreffen von Voigt mit Ramelow zu einem Formelkompromiss.

Gelegentlich verhilft die AfD sogar der Linke-geführten Minderheitskoalition zur Mehrheit. Als es etwa darum geht, per Kommunalordnung die Ausschusssitzungen von Stadträten oder Kreistagen öffentlich zu machen, stimmt Rot-Rot-Grün mit der Höcke-Fraktion dafür. Die FDP enthält sich. Zwar verweist Ramelow darauf, dass nicht alle CDU-Abgeordneten an der Abstimmung teilgenommen haben, weshalb die Mehrheit auch so zustande kam. Dennoch muss sich Rot-Rot-Grün vorwerfen lassen, die AfD-Stimmen billigend in Kauf genommen zu haben.

In den Kommunen ist Grenzziehung noch komplizierter. In Gera wird ein AfD-Politiker mutmaßlich mithilfe der CDU zum Chef des Stadtrats gewählt. Im Hildburghäuser Stadtrat initiieren drei Sozialdemokraten mit AfD, Ex-Christdemokraten und dem Feuerwehr-Verein ein Abwahlverfahren gegen den Linke-Bürgermeister. Und im Kreistag des Weimarer Landes überstimmen Linke, SPD und Grüne gemeinsam mit Freien Wählern und AfD die Fraktionen von CDU und FDP.[17]

Auch im Landtag ist die Schamfrist endgültig vorbei. Das gilt insbesondere für Kemmerich. »Wir brauchen politisch gute Ideen aus der Mitte«, sagt er. »Und wenn die dann eine Mehrheit finden, trotz oder mit der AfD, dann ist die Mehrheit halt da.«[18] Dass die Partei-spitze in Berlin das anders sieht, scheint ihm nach wie vor egal zu sein. Die CDU hingegen schwankt. Im Gegensatz zur FDP kann sie sich nicht vollends der Kooperation mit Rot-Rot-Grün verweigern. Auch nach dem Auslaufen des Stabilitätspakt muss sie mindestens dafür sorgen, dass das Land einen Haushalt bekommt. Denn ohne Etat gäbe es keine neuen Investitionen und keine verlässlichen Zuschüsse – und die CDU hätte Kommunen, Unternehmen und Verbände gegen sich. Also fordert sie drastische Kürzungen und gleichzeitig zusätzliche Ausgaben für Kommunen, Feuerwehr oder Krankenhäuser. Nach har-tem Streit wird der Landeshaushalt mit gut einmonatiger Verspätung Anfang Februar 2022 verabschiedet.

Dysfunktionalität

Nur drei Wochen später herrscht Krieg. Am 24. Februar 2022 überfällt Russland die Ukraine. Binnen eines Jahres reisen 30 000 Flüchtlinge aus dem Land nach Thüringen ein. Rasch bringen sie die Landkreise und Städte an ihr Limit, zumal sie ab Sommer Hartz IV erhalten, das jetzt Bürgergeld heißt. Die Inflation steigt in Thüringen auf mehr als 8 Prozent und liegt damit noch über dem Bundesdurchschnitt. Die Löhne halten allein schon deshalb nicht mit, weil die allermeisten Unternehmen im Land nicht tarifgebunden sind.

Dennoch gibt es deutlich mehr Hilfsbereitschaft als gegenüber anderen Flüchtlingen. Gleichzeitig wirkt gerade bei den Älteren die DDR-Zeit nach. Sie setzen Russland mit der früheren Sowjetunion gleich; für sie ist die Ukraine kein souveräner Staat, weshalb auch die Moskauer Propaganda, dass es die Nato-Expansion war, die einen Präventivkrieg gegen die Neonazis in Kiew erzwang, zuneh-mend verfängt. Auch die Weltfriedensrhetorik, mit der die DDR-Führung einst die Militarisierung des Alltags überdeckte, hat Nach-wirkungen.

Die AfD muss die alten Reflexe nur abrufen. Sie gebärdet sich als »Friedenspartei« und verbündet sich mit rechtsextremen Vereinen wie den »Freien Thüringern«, die ihre Corona-Demonstrationen schrittweise zu Pro-Russland-Märschen umgestalten. Damit mobilisiert Höcke nicht nur Anhänger, sondern trifft die Linke ins ideologische Mark. Denn Ramelow, der einst im Bonner Hofgarten gegen die Aufrüstung demonstrierte, sieht sich nun als Ministerpräsident in der Situation, die deutschen Waffenlieferungen an die Ukraine zu verteidigen.

In der Partei bleibt er damit in der klaren Minderheit. Auf dem Bundesparteitag, der im Juni 2022 in Erfurt stattfindet, wird nur ein Formelkompromiss gefunden. Die Delegierten verurteilen den »verbrecherischen Angriffskrieg Russlands«, fordern den Rückzug aller russischen Truppen und »erkennen das Recht des ukrainischen Volkes auf Selbstverteidigung« an.[19] Waffenlieferungen werden trotzdem abgelehnt.

In Erfurt wird Martin Schirdewan zum neuen Parteichef an der Seite von Janine Wissler gewählt. Hennig-Wellsow hatte wenige Wochen zuvor ihren Rücktritt verkündet. Die Verluste bei der Bundestagswahl, Aussetzer in Live-Interviews und die Attacken aus dem Wagenknecht-Lager haben sie zermürbt. Vor allem aber ist sie mit ihrem Ziel, das Erfurter Modell nach Berlin zu exportieren und eine reformierte Partei in die Bundesregierung zu führen, komplett aufgelaufen. Ihr persönliches Scheitern steht damit auch exemplarisch für das Thüringer Modell.

Doch Ramelow kann nicht einfach hinschmeißen. Zwar könnte eine verlorene Vertrauensfrage im Landtag auch zur Neuwahl führen – aber nur dann, wenn nicht binnen drei Wochen ein Nachfolger gewählt ist. Und niemand weiß, ob die AfD den Weg freimacht oder doch wieder Höcke aufstellt, um eine Ministerpräsidentenwahl zu erzwingen, womit sich die Situation vom Winter 2020 wiederholen würde.

Die Minderheitskoalition quält sich derweil durch die Inflations- und Energiekrise. Nur unter Mühen gelingt es Rot-Rot-Grün, sich mit der CDU auf mehrere Hilfspakete zu einigen. Parallel dazu verstärkt sich der Eindruck der parlamentarischen Dysfunktionalität. Die frühere FDP-Abgeordnete Bergner und die drei Ex-AfD-Abgeordneten bilden eine Parlamentarische Gruppe, nur, um sich wenige Monate später im Streit aufzulösen. Und in der CDU beginnt der nächste Machtkampf.

So erklärt Mohring, dass er für den Vorsitz der Landespartei bereitstünde. Er weiß um die Unzufriedenheit an der Basis mit Landeschef Hirte, der als Bundestagsabgeordneter zumeist in Berlin ist. Also sieht sich Voigt genötigt, selbst den Landesvorsitz zu übernehmen, womit Mohring sein Mindestziel erreicht hat: Sein Konkurrent müsste eine Niederlage bei den Landtagswahlen im Herbst 2024 allein verantworten. Und für diesen Moment steht Mohring bereit. Es wäre seine ultimative Revanche.

Doch das Thüringer Politdrama hält schon den nächsten Cliffhanger bereit: 24 Stunden vor dem Parteitag am 17. September 2022, auf dem sich Voigt zum Parteichef wählen lassen will, wird seine parlamentarische Immunität aufgehoben. Die Staatsanwaltschaft Erfurt beschuldigt ihn, seine Beratungstätigkeiten für die Europäische Volkspartei und die Jenaer Digitalagentur vermischt zu haben. Die Kurzversion der Vorwürfe: Er habe als »Head of Digital Campaign« im EU-Wahlkampf 2019 mit dafür gesorgt, dass die Thüringer Firma von der EVP einen Auftrag erhielt. Gleichzeitig habe er von der Agentur Geld erhalten, was den Anfangsverdacht der Bestechlichkeit im geschäftlichen Verkehr rechtfertige.

Voigt beteuert seine Unschuld und die Delegierten auf dem Parteitag müssen ihm glauben. Außer dem verhinderten Bundestagsabgeordneten Mohring gibt es keine sichtbare Alternative – und so wird Voigt mit 85 Prozent zum Landesvorsitzenden gewählt. Die neue Nummer 1 der Thüringer CDU muss sich fortan parallel mit

Ermittlern und Minderheitskoalition auseinandersetzen. Während die Polizei seine Wohnungen durchsucht, versucht er in den Verhandlungen zum Landeshaushalt 2023 eine neue Strategie. Nachdem er Rot-Rot-Grün Dutzende Änderungen abgerungen hat, stimmt seine Fraktion dem Etat nicht zu, sondern enthält sich geschlossen. Damit ist der Haushalt verabschiedet, ohne dass die Union dafür Verantwortung übernimmt.

Personalaffären

Doch nicht nur die CDU bleibt angeschlagen. Auch die rot-rot-grüne Koalition weiß nicht mehr so recht, warum es sie gibt. »Man muss sich ganz grundsätzlich von der Vorstellung verabschieden, Koalitionen seien Gemeinschaftsprojekte, bei denen es darum geht, gemeinsam wahrgenommen zu werden«, sagt SPD-Finanzministerin Heike Taubert.[20]

Die grüne Umweltministerin Siegesmund entscheidet sich vorsorglich zum Ausstieg. Kurz vor Weihnachten 2022 kündigt sie ihren Rücktritt an. Sie wolle eine Auszeit zu nehmen, sagt sie. Auf Nachfrage versichert Siegesmund immer wieder: Nein, es gebe keine konkreten Anschlusspläne. Sie wisse noch nicht, was sie machen werde. Partei und die Fraktion sind konsterniert, eine Nachfolgelösung existiert nicht.[21] Nach Dauerkrisengesprächen über die Feiertage ruft sich Landeschef Bernhard Stengele selbst zum Nachfolger für Siegesmund aus. Gleichzeitig verkündet er einen Wechsel im Migrationsressort: Dirk Adams wird von Doreen Denstädt ersetzt. Der Minister wehrt sich öffentlich und muss deshalb von Ramelow entlassen werden.

Das Kabinettsmanöver folgt der grünen Quotenlogik, ist aber in seiner Kälte bemerkenswert. Zudem ist das Risiko groß: Die politischen Erfahrungen des früheren Schauspieldirektors und Quereinsteigers Stengele beschränken sich auf seine Zeit als Landesvorsitzender.

Und die Polizeibeamtin Denstädt arbeitete zuletzt als Sachbearbeiterin im Innenministerium.

Was den Vorgang noch verheerender für die Grünen macht: Siegesmund hatte bei ihrer Rücktrittsankündigung gelogen. Entgegen ihren Beteuerungen, keine konkreten Pläne zu haben, lag ihr ein Angebot des Bundesverbands der Deutschen Entsorgungs-, Wasser- und Kreislaufwirtschaft (BDE) vor. Schon bald will sie sich zur geschäftsführenden Präsidentin wählen lassen und das Amt zum 1. Oktober 2023 antreten. Nur wegen des Lobbypostens, dessen Entlohnung ihr Ministergehalt deutlich übersteigt, trat sie derartig überstürzt zurück.

Und es gibt noch ein zusätzliches Problem: Ihr geplanter Wechsel in die Wirtschaft kollidiert mit dem Ministergesetz, das für frühere Regierungsmitglieder, die in einem ähnlichen Bereich wie bisher tätig sein wollen, eine Karenzzeit von bis zu zwei Jahren vorschreibt. Schließlich beschließt das Kabinett eine Kompromisslösung: Siegesmund muss 16 Monate warten, bevor sie wechselt.

Während die grünen Personalgeschichten für schlechte Nachrichten sorgen, wird bekannt, dass die Staatsanwaltschaft Erfurt gegen die Landesregierung wegen des Verdachts auf Untreue ermittelt. Formal richtet sich das Verfahren gegen unbekannt. Anlass sind zwei Prüfberichte des Landesrechnungshofs, in denen der Regierung vorgeworfen wird, Spitzenbeamte nach Parteizugehörigkeit und nicht nach Leistung eingestellt zu haben. »Die Verstöße waren systematisch und schwerwiegend«, heißt es. Voigt, über dem selbst ein Bestechungsskandal schwebt, wirkt beglückt. Seine Fraktion beantragt im Landtag einen Untersuchungsausschuss.

Vor dem Beschluss durch das Parlament fordert Rot-Rot-Grün allerdings, den Auftrag des Gremiums zu erweitern: Es soll auch die Einstellungspraxis früherer CDU-geführter Regierungen geprüft werden. Union und FDP sind dagegen, nur die AfD stimmt dafür. Sie hat ein verständliches Interesse daran, dass auch die alten CDU-Personalaffären aufgearbeitet werden. Wieder rechnen Linke, SPD und Grüne vergeblich vor, dass die AfD nicht die entscheidenden Stimmen lieferte. Dabei ist die Rechnung eindeutig genug: Hätte die AfD mit Nein gestimmt, wäre der Untersuchungsauftrag nicht im Sinne der Linkskoalition erweitert worden.

Der Vorgang zeigt erneut, dass auch die Regeln des sogenannten negativen Parlamentarismus, wie er in Ländern Skandinaviens üblich ist, in Thüringen nicht funktionieren. Im Ergebnis erfährt die AfD mit ihren nur noch 19 Abgeordneten eine bizarre Bedeutungserhöhung. Der Landtag ist hauptsächlich damit beschäftigt, um die extreme Partei herum zu manövrieren.

Darunter leidet die Gesetzgebung. Bis Juni 2023 werden 193 Gesetzentwürfe im Landtag behandelt. Das sind in etwa so viele wie im vergleichbaren Zeitraum der vorherigen Legislatur. Doch nur 54 Entwürfe stammen von der Landesregierung. Davor waren es 126. Der zentrale Grund: Da sich die die Beratungen im Landtag deutlich länger ziehen, bringen anstatt des Kabinetts die Koalitionsfraktionen die rot-rot-grünen Entwürfe ein. Das spart die Beratungen der Regierung einschließlich der ersten Anhörungsphase. Diese Praxis, so klagen Kommunen und Verbände, resultiere in weniger Transparenz und mehr handwerklichen Fehlern.

Im Bemühen, die AfD auszuschließen, wird die Arbeitsfähigkeit des Parlaments gemindert. Ein Beispiel dafür ist die Parlamentarische Kontrollkommission (PKK). Sie kontrolliert das Landesamt für Verfassungsschutz, das die Höcke-Landespartei frühzeitig als »erwiesen rechtsextremistische Bewegung« eingestuft hat und sie mit sämtlichen nachrichtendienstlichen Mitteln beobachtet. Ausgerechnet in dieser Kommission stehen der AfD zwei der fünf Sitze zu, was auch das Landesverfassungsgericht im Oktober 2020 auf Antrag der Fraktion bestätigt. Also nominiert die AfD im Monatsrhythmus Kandidaten, die keine Mehrheit erhielten, derweil die Kommission mit drei Mitgliedern aus der vorherigen Wahlperiode weiterarbeitet.

Nachdem nahezu drei Jahre vergeblich gewählt wurde, ändert Rot-Rot-Grün im Dezember 2022 mit Zustimmung der FDP und bei Enthaltung der CDU eine Novelle des Verfassungsschutz-Gesetzes, laut der die Fraktionen in der PKK nur noch »angemessen« vertreten sein müssen. Doch mit der Änderung ist nicht viel für die Koalition gewonnen: Die von ihr aufgestellten Kandidaten finden immer wieder nicht die nötige Mehrheit.

Die AfD nutzt dies, um ihren Opfermythos zu pflegen. Höcke hat längst gemerkt, dass ihm die Beobachtung durch den Verfassungsschutz nicht schadet. Eher schärft es sein Image als Führer des Widerstands. Dasselbe gilt für die Anklage wegen Volksverhetzung gegen ihn: Es bestätigt nur seine angebliche Verfolgung durch den Staat.

Auch sonst entwickeln sich die Dinge in seinem Sinne. Auf dem Europa-Parteitag der AfD im Frühjahr 2023 in Magdeburg werden vor allem Kandidaten gewählt, die sich dem früheren »Flügel« zurechnen lassen. Programmatisch setzt sich Höckes Linie mit wenigen Abstrichen durch: EU und Nato sollen überwunden werden. Zudem wirkt die AfD erstmals einigermaßen diszipliniert. Ihre inhaltlichen Leerstellen und Widersprüche kaschiert sie mit populistischen 10-Punkte-Plänen und Propaganda-Kacheln im Internet.

Parallel zu dieser Professionalisierung treibt die Partei ihre Normalisierung voran: Zwar ist die jüngere Generation keineswegs weniger extrem als Höcke. Aber sie gibt sich geschmeidiger, verbindlicher, pragmatischer. Ein Musterbeispiel dafür ist sein Landesparteivize René Aust. Der frühere Sozialdemokrat wird in Magdeburg auf Platz 3 der EU-Wahlliste gewählt. Dass auch er aus Westdeutschland stammt, folgt einem bekannten Muster. Bis auf Höckes Co-Vorsitzenden Stefan Möller bleiben gebürtigen Ostdeutschen oft nur Hilfsjobs in der Partei.

Zu den einheimischen AfD-Abgeordneten, die in Erfurt kaum auffallen, gehört Robert Sesselmann aus Sonneberg. Er hatte sich 2018 in seinem Heimatlandkreis als Landrat beworben. Seine knapp 30 Prozent hatten allerdings nicht gereicht, um in die Stichwahl zu gelangen. Ein Jahr später zog er über die Landesliste in den Landtag ein.

Der erste AfD-Landrat Deutschlands

Im Frühjahr 2023 versucht es Sesselmann nochmals als Landratskandidat in Sonneberg. Der parteilose Amtsinhaber ist erkrankt, weshalb vorzeitig ein Nachfolger zu wählen ist. Der Landkreis im südlichsten Zipfel Thüringen repräsentiert die Besonderheiten des Landes. Mit 56 000 Menschen handelt es sich um die zweitkleinste Verwaltungseinheit der Bundesrepublik. Die Einwohnerzahl ist seit 1990 um mehr als 15 000 gesunken.

Die Leute sprechen fränkisch, die Grenze zu Bayern ist nur wenige Kilometer entfernt. Viele pendeln ins Nachbarland, weshalb die Arbeitslosenquote hier schon immer niedriger war als im Durchschnitt. Dennoch blieben die Einkommen gering. 44 Prozent der Arbeitnehmer erhalten Mindestlohn,[22] das ist Negativrekord für Thüringen. 17 Prozent arbeiten in energieintensiven Betrieben wie der Glasindustrie, die besonders unter den extrem gestiegenen Gas- und Energiepreisen leidet. Zudem ist die von hier hinter dem Thüringer Wald liegende Landeshauptstadt weit weg. Etwa 23 000 Menschen wohnen in Sonneberg, das einst ein Schloss mit eigener Herrschaft besaß, später aber an die Henneberger Grafen und die Wettiner fiel. Mit der Industrialisierung wurde die Stadt wegen seiner Spielwaren weltberühmt. Doch davon sind nur ein paar Kleinbetriebe und ein Museum geblieben.

Die Mehrzahl der Menschen im Landkreis lebt in den umliegenden Dörfern, zumeist in bescheidenen Eigenheimen. In diesen Orten gibt es kaum noch Läden, die meisten Sparkasse- und Postfilialen wurden vor Jahrzehnten geschlossen. Die Wege sind lang und bergig, die Bahnstrecken stillgelegt oder kaum befahren. Der nächste Lebensmittelladen lässt sich oft nur per Auto erreichen, die Arbeitsstellen sowieso. Immerhin, die Lebenshaltungskosten sind niedrig und die neue Autobahn 73 verbindet seit 2008 die Sonneberger mit der Welt. Dennoch misstrauen viele Menschen einer Obrigkeit, von der sie sich missachtet fühlen. Der geplante Zusammenschluss mit dem Nachbarkreis Hildburghausen wurde zweimal erfolgreich wegdemonstriert. Während der Pandemie war die Impfquote im Landkreis besonders niedrig – und die Ansteckungs- und Letalitätsrate besonders hoch.

Für die AfD ist Sesselmann der perfekte Kandidat. Der gebürtige Sonneberger ist 50, Rechtsanwalt, hat Kinder. Neben der Landespolitik ist er in Kreistag und Stadtrat aktiv. Er folgt Höcke loyal, doch vermeidet zu extreme Äußerungen. Das meiste, was er auf Facebook teilt, könnte auch von der »Werteunion« stammen. Sein wichtigster Konkurrent ist der amtierende CDU-Beigeordnete, der kaum anders klingt als die AfD: Berlin sei daran schuld, dass sich alles ständig ändere, teurer werde und nicht mehr so gut wie früher funktioniere. Der Feind steht links.

Damit befindet sich der lokale CDU-Kandidat im Einvernehmen mit seiner Partei. Der christlich-demokratische Kulturkampf gegen die sogenannte linke Identitätspolitik macht aus geschlechtergerechter Sprache »Gender-Gaga« und deutet Klimaschutz-Maßnahmen zum »Angriff auf den ländlichen Raum« um. Landeschef Voigt spricht im Zusammenhang mit dem Bundesgesetz-Entwurf, der den Austausch von Gas- und Öl-Heizungen beschleunigen soll, sogar von »Energie-Stasi«.[23] Ziel ist es, die AfD zu vereinnahmen und damit zu schwächen. Bundesvorsitzender Merz bezeichnet die CDU sogar offen als »Alternative für Deutschland, aber mit Substanz«.[24]

Doch in Sonneberg funktioniert diese Strategie nicht. Am 11. Juni 2023 geht etwa die Hälfte der Berechtigten zur Wahl – und votiert mit 46,7 Prozent für Sesselmann. Der CDU-Kandidat erhält 35,7 Prozent, der Rest der Stimmen verteilt sich auf SPD, Linke und Grüne. Ganz plötzlich wird von einigen wieder so getan, als stehe der Thüringer Wald kurz vor dem Faschismus. Die Klischees passen einfach zu gut:

Es ist in Thüringen, es ist Höckes Landespartei – und ja, es ist sogar der alte Maaßen-Wahlkreis. Der nächste Dammbruch steht bevor, nur diesmal auf dem Dorf: In diesem Stil berichten einige der großen Medien, die eilig ihre Reporter in die Provinz schicken.

Der AfD kann es nur recht sein. Sie nutzt die überregionale Empörung zur lokalen Trotz-Mobilisierung. Die vorsichtigen Solidarisierungen der anderen Parteien mit dem CDU-Kandidaten diffamiert sie als »Altparteienkartell« und »Nationale Front«. Obwohl Sesselmann selbst nur rechten Medien Interviews gibt, erscheinen natürlich trotzdem überall Reportagen. Der Sozialwissenschaftler David Begrich resümiert: »Die Berichterstattung über den eigenen Sozialraum wird ganz schnell als Stigmatisierung wahrgenommen und bestätigte so nur die ohnehin vorhandenen Ressentiments gegen den Westen, die sich so umso leichter in Zustimmung für die AfD umleiten lassen.«[25]

Am 25. Juni findet die Stichwahl statt. Dutzende Journalisten und Fotografen beobachten in einem Sonneberger Biergarten, wie der eigens angereiste AfD-Vorsitzende Chrupalla seinen siegreichen Kandidaten umarmt. Die Partei und Sesselmann haben noch einmal 4000 Stimmen zusätzlich mobilisiert und 52,8 Prozent erreicht. »Was nutzen die Brandmauern?«, ruft Chrupalla. »Die Bürger stellen einen Ausreiseantrag zur AfD.«[26] »Jetzt sind wir auf dem Weg zur Volkspartei«, sagt Sesselmann.[27] »Wir können im nächsten Jahr Geschichte schreiben.« Auch Höcke ist da. Die AfD, ruft er, werde Ramelow im nächsten Jahr »in den politischen Ruhestand schicken«.

Obwohl gleichzeitig in Russland die Wagner-Söldnertruppen auf Moskau marschieren und ein Putsch gegen Putin möglich scheint, ist Sonneberg das nationale Thema Nummer eins. In den Stellungnahmen von Linke, SPD und Grünen mischt sich Entsetzen mit Hilflosigkeit, während die Union die Ampel für die Niederlage ihres eigenen Kandidaten verantwortlich macht. Merz erklärt, dass es fortan in der Bundesregierung nur noch einen »Hauptgegner« gebe – und dies seien die Grünen. Und Maaßen twittert: »Die Sonneberger haben die Sch … voll. Und nicht nur die.«

Während die AfD in Sonneberg feiert, steht der Ministerpräsident unweit seines Wochenend-Domizils an der Bleiloch-Talsperre. Er ist der ARD-Sendung »Berlin direkt« zugeschaltet, Jackett, offenes Hemd, sonnengebräunt – und liegt mit der CDU ziemlich auf einer Linie. »Die Sonneberger haben für sich entschieden, dass sie ein Signal an die ganze Republik senden wollen, dass ihnen viele Dinge einfach nicht gefallen«, sagt er. »Was dabei nicht gesehen wird, ist, dass Sonneberg einer unserer erfolgreichsten Landkreise ist.« Er sei eine »wirtschaftlich sehr starke und prosperierende Region«. Am Ende, so impliziert er, trügen die Medien Mitschuld. Immer wenn im Osten etwas Negatives geschehe, »dann wird über uns berichtet«.

Innenminister und SPD-Landeschef Maier sieht es gänzlich anders. »Das ist ein Alarmsignal«, sagt er. »Wenn wir daraus jetzt im Landtag keine Schlüsse ziehen, dann ist uns nicht mehr zu helfen.«[28]

Die CDU tanzt auf der Brandmauer

Doch den einzigen erkennbaren Schluss zieht die CDU: Sie will endlich aus der AfD-Falle im Osten ausbrechen, koste es, was es wolle. Nachdem auch noch in der Sachsen-Anhalter Kleinstadt Raguhn-Jeßnitz der erste hauptamtliche AfD-Bürgermeister gewählt worden ist, erklärt Merz im ZDF: »Wenn dort ein Landrat, ein Bürgermeister gewählt wird, der der AfD angehört, ist es selbstverständlich, dass man dann nach Wegen sucht, wie man in dieser Stadt weiter gemeinsam arbeiten kann.« Der Abgrenzungsbeschluss seiner Partei zur AfD gelte nur für »gesetzgebende Körperschaften«, also für die Parlamente im Bund und den Ländern. »Kommunalpolitik ist etwas anderes als Landespolitik und Bundespolitik.«

Der CDU-Vorsitzende, der einst die Halbierung der AfD-Werte versprochen hatte, will offenkundig nicht mehr nach jeder Wahl in einem

Landkreis oder einem Städtchen im Osten die lästige Abgrenzungs-
debatte neu führen. Er will die kleine Brandmauer abräumen, um die
große zu erhalten.

Doch Merz hat die Gegenreaktion in der eigenen Partei unterschätzt. Im liberalen CDU-Flügel kommt es zur Revolte, die gleichermaßen inhaltlich und taktisch getrieben ist. Parteivize Karin Prien
sagt: »Die Beschlusslage ist klar, und ich kann mir für meine Partei
nichts anderes vorstellen. Keine Zusammenarbeit mit Extremisten!
Aber wir müssen eine Diskussion führen darüber, wie die CDU im
Osten mit diesem Dilemma umgehen kann.«[29] Der Regierende Bürgermeister von Berlin, Kai Wegner, assistiert ihr: »Die AfD kennt nur
Dagegen und Spaltung. Wo soll es da Zusammenarbeit geben?«[30]
Auch Hessens Ministerpräsident Boris Rhein, der selbst vor einer
Landtagswahl steht, sagt: »Für die CDU Hessen gilt die Brandmauer,
wir arbeiten mit denen nicht zusammen.«[31]

Merz weicht zurück. »Um es noch einmal klarzustellen, und ich
habe es nie anders gesagt: Die Beschlusslage der CDU gilt«, twittert
er. »Es wird auch auf kommunaler Ebene keine Zusammenarbeit der
CDU mit der AfD geben.«[32] Dabei gibt es diese Zusammenarbeit natürlich längst. Sie findet nicht systematisch statt, aber die Beispiele häufen sich zusehends. Vor allem in kleinen Stadträten und Gemeinde-
räten sprechen die Christdemokraten und AfD-Mitglieder miteinander.
Sie kennen sich aus der Schule, dem Kegelclub, der Kneipe oder sind
Nachbarn. Neben dieser Nähe gibt es Überlegungen, die erst einmal
pragmatisch klingen. Was sollen denn bitte die ehrenamtlichen Politiker machen, wenn die AfD etwas Sinnvolles fordert, die Sanierung
eines Kindergartens etwa?

Der sozialdemokratische Kanzler gibt darauf eine Antwort, die
sich gar nicht so sehr von Merz oder Voigt unterschiedet, und auch
nicht von Kemmerich. »Wenn mehr Geld in den Kindergarten investiert werden soll, und die AfD einen entsprechenden Antrag stellt,
dann müssen die anderen Parteien da nicht zustimmen, sondern kön-

nen selbst einen solchen Antrag einbringen«, sagt Olaf Scholz,[33] als er am Rande eines Auftritts in Erfurt dazu befragt wird. Aber wenn die Stimmen der AfD für die Mehrheit benötigt werden? »Das ist doch keine Zusammenarbeit.«

Auch Maaßen meldet sich. Seit Anfang 2023 führt er die »Werteunion«, kurz danach leitete der CDU-Bundesvorstand ein Parteiausschlussverfahren ein, das inzwischen in der ersten Instanz in Thüringen gescheitert ist. Maaßen ist weiter viel in Thüringen unterwegs und nährt Gerüchte, eine eigene Partei gründen zu wollen. Ende Juli verbreitet er per Twitter ein Foto der Erfurter Staatskanzlei, unter das er schreibt: »Wir werden alles dafür tun, dass es im nächsten Jahr in Thüringen eine antisozialistische Politikwende geben wird. Entweder mit oder ohne CDU.«[34] Wenig später, es ist der 13. August, fordert er Voigt am »Jahrestag des Mauerbaus durch die SED/Die Linke« auf, »unverzüglich nach der Sommerpause« ein konstruktives Misstrauensvotum gegen den »Kommunisten Ramelow« zu beantragen, um »sich mit den Stimmen der Antisozialisten zum Ministerpräsidenten« wählen zu lassen.[35]

Der CDU-Landtagsfraktionschef indes arbeitet längst an seinem eigenen Befreiungsschlag. Nach der Sommerpause will Voigt einen Gesetzentwurf seiner Fraktion zur Senkung der Grunderwerbsteuer von 6,5 auf 5 Prozent im Landtag zur Abstimmung stellen. Für Familien, die Wohneigentum für den Eigenbedarf erwerben, ist ein Zusatzbonus geplant. Die Koalition, die einst die Steuer erhöhte, ist dagegen, weil es für das Land Einnahmeausfälle von etwa 45 Millionen Euro bedeutet. Gleichzeitig will vor allem die Linke der CDU diesen Prestigeerfolg nicht überlassen.

Voigt ist die Ablehnung recht. Er will einen eigenständigen und für alle sichtbaren Erfolg gegen Rot-Rot-Grün erzielen – und setzt offen auf die AfD. Die Höcke-Fraktion hatte bereits zweimal eigene Anträge auf die Senkung der Steuer im Landtag eingebracht und war damit gescheitert. Voigt braucht also mit niemandem in der AfD reden, um zu wissen, dass er von ihr Zustimmung erwarten darf.

Tatsächlich votieren CDU, AfD und FDP im Haushalts- und Finanzausschuss gemeinsam für die Beschlussempfehlung. Ramelow spricht von einem »Pakt mit dem Teufel«, während die Linke im Netz die Parole »Die CDU gibt's den Reichen« verbreitet. Auch sie lässt es erkennbar auf den Eklat ankommen: Jenseits eines Familienbauprogramms, das aber erst mit dem neuen Landesetat besprochen werden soll, gibt es kein Verhandlungsangebot an die CDU. Ein letzter Vermittlungsversuch Maiers, der eine Steuersenkung auf 5,5 Prozent vorschlägt, scheitert an Voigt. Er will das jetzt durchzuziehen.

Am 14. September 2023 wird das Gesetz vom Landtag mit der Oppositionsmehrheit verabschiedet. Auffällig dabei: Damit die Abstimmung nicht nach hinten geschoben werden kann, hatten zuvor extra CDU und AfD einige eigene Anträge von der Tagesordnung genommen. Es dauert nur Minuten, bis die Empörungswelle durch die sozialen Medien in die Hauptnachrichtensendungen schwappt. Doch Voigt tritt selbstbewusst auf: Er hatte das Vorgehen mit der Bundesspitze abgestimmt. Nicht nur Merz, sondern auch Prien stellen sich hinter ihn. Nur der schleswig-holsteinische CDU-Regierungschef Daniel Günther erklärt, dass niemand mit AfD-Stimmen kalkulieren dürfe.

Für den Mainzer Geschichtsprofessor Andreas Rödder, der die Grundwertekommission leitet, markiert die Steuersenkung nur den Beginn einer Öffnung nach rechts. Aus seiner Sicht sei es »völlig in Ordnung«,[36] wenn nach 2024 eine CDU-geführte Minderheitsregierung auf gelegentliche Mehrheiten mit der AfD baut. Nur eine Tolerierung überschreite die »rote Linie«. Doch Rödder ist vor seiner Zeit und muss binnen weniger Tage zurücktreten.

Wie im Winter 2020 dreht sich die Debatte auch im Sommer 2023 im bekannten Kreis, und dies teils mit den alten Beteiligten. »Wir müssen uns ehrlich machen«, sagt Mohring.[37] »Wenn alles so bleibt, sehe ich nicht, wie aus der bürgerlichen Mitte heraus eine Mehrheitsregierung gebildet werden kann.« Die alten Koalitionsmodelle der

Bonner Zeit seien überholt. Wenn es nicht anders gehe, müsse nach der Landtagswahl 2024 über ein »neuartiges Modell der Regierungsform« nachgedacht werden.

Die Grenzen der AfD

Im September 2023 wähnt sich die AfD in Thüringen vor ihrem nächsten Sieg. Diesmal steht in Nordhausen eine Stichwahl an – und ihr Kandidat ist Favorit. Der parteilose Oberbürgermeister Kai Buchmann hingegen wirkt chancenlos. Er hat sich mit der großen Mehrheit des Stadtrats verstritten, das Landratsamt hat ein Disziplinarverfahren gegen ihn eingeleitet. Das Ergebnis des ersten Wahlgangs war entsprechend eindeutig: Amtsinhaber Buchmann erhielt nur 23,7 Prozent, derweil AfD-Kandidat Jörg Prophet auf 42,1 Prozent kam.

Der 61-jährige Unternehmer tritt bürgerlich auf, doch hatte er in den Jahren zuvor gegen »Scheineliten« und »Systemlinge« polemisiert und einen »Wandel vom Schuldkult zum Demokratiekult« gefordert.[38] Sein Profilbild in einem sozialen Netzwerk zeigt ein Banner der rechtsextremen Identitären Bewegung am nahen Kyffhäuser-Denkmal, auf dem steht: »Noch nie ward Deutschland überwunden, wenn es einig war.« Der Satz stammt aus dem Aufruf des letzten deutschen Kaisers im Sommer 1914 zum Kampf gegen »eine Welt von Feinden«.

Nun, am Wochenende vor der Stichwahl, steht Bundeschef Chrupalla auf einer in Blau gehaltenen Bühne vor dem Rathaus und ruft: »Wir haben hier eine Oberbürgermeisterwahl, die wir nächste Woche gewinnen werden.« Auch Maximilian Krah, der EU-Spitzenkandidat, ist gekommen. Er schreit: »Wer aus einer Stadtwahl wie Nordhausen eine deutschlandweite Richtungsentscheidung macht, der kriegt seine Richtungsentscheidung, und der kriegt sie so, wie er sie verdient.«

Dann vollzieht er Höckes »erinnerungspolitischen Wende um 180 Grad« und erinnert daran, wie Nordhausen im April 1945 von britischen Bombern »im Feuerhagel vernichtet« worden sei: »Dieselben Leute, die euch verbieten wollen, dem zu gedenken, die auf die Gräber der damaligen Opfer spucken und meinen, dass die Frauen und Kinder, die hier verbrannt sind, irgendwie Kriminelle gewesen sind – nein, unsere Vorfahren waren keine Verbrecher –, das sind heute wieder diejenigen, die wieder den Krieg heraufbeschwören und die leichtfertig sogar mittlerweile mit dem Atomkrieg zündeln, weil sie anders als wir eben aus der Geschichte nicht gelernt haben, liebe Freunde.« Zum Konzentrationslager Mittelbau-Dora, in dem am Rande der Stadt etwa 20 000 Menschen starben, sagt Krah nichts.

Doch in den Tagen nach diesem Auftritt beginnt sich etwas in der Stadt zu bewegen. Die meisten anderen Parteien, die sich anfangs bedeckt hielten, geben zumindest indirekt eine Wahlempfehlung für Buchmann ab. Ein spontanes Bürgerbündnis macht auf allen Kanälen Werbung für den Oberbürgermeister. Als am 24. September die Stichwahl stattfindet, kann Buchmann mit knapp 55 Prozent das Ergebnis aus der ersten Runde mehr als verdoppeln. Obwohl Prophet etwa 1000 Stimmen zusätzlich mobilisiert und sein Ergebnis auf 45,1 Prozent steigert, hat die AfD verloren.

Die Überraschung ist groß, vor allem bei der AfD, die sofort Fälschungsgerüchte lanciert. Nicht einmal in Thüringen scheint ihr Siegeszug einem Naturgesetz zu folgen. »Es hilft eben nichts, zu einer Wahl wie in Nordhausen aktuell für einen Tag vorbeizukommen und zu schauen, was hier an komischen Dingen passiert«, sagt Matthias Hey, der Chef der SPD-Fraktion im Landtag.[39] »Das, was wir hier in Thüringen und anderen Teilen Ostdeutschlands erleben, das ist doch nur die Ouvertüre für ganz Deutschland.«

Epilog

Eisenberg, 20. April 2023. Es ist 19:57 Uhr, als die Bestsellerautorin überpünktlich auf die Bühne tritt und ein kurzes »Hallo« in den Beifall hinein sagt.[1] Sie sieht genau so aus, wie nur sie aussehen kann, mit ihrem dunklen, streng nach hinten gebundenem Haar, einem rot-schwarzen Kostüm und der Perlenkette. Sie ist ihre eigene Marke. Sie ist: Sahra Wagenknecht.

Das Buch, aus dem sie an diesem Abend lesen wird, ist schon vor zwei Jahren erschienen. Aber das ist egal, der große Saal ist trotzdem nahezu gefüllt. Etwa 450 Menschen haben eine Eintrittskarte für 15 oder 17 Euro gekauft und sitzen erwartungsfroh in der Stadthalle. Viele sind extra angereist, aus Gera, Greiz oder Erfurt – und natürlich aus dem nur eine halbe Autostunde entfernten Jena. Dort wurde Sahra Wagenknecht 1969 geboren.

Ihre frühe Kindheit verbrachte sie in Thüringen, eingeschult wurde sie in Ost-Berlin. Als Teenager änderte sie die Schreibweise ihres Vornamens von Sarah zu Sahra. Damit wollte sie der Kultur ihres iranischen Vaters, der sie und ihre Mutter schon Anfang der 1970er Jahre verließ, ein wenig näher sein. Sie sei gerne in der alten Heimat, sagt Wagenknecht, sie habe ja noch entfernte Verwandtschaft in Jena. Es ist das Maximum an Emotionalität, das sie an diesem Abend zeigt.

Eine gute halbe Stunde liest sie aus dem Vorwort ihres Buchs, das nach dem Überfall Russlands auf die Ukraine erschien. Die zentrale These von »Die Selbstgerechten«: Spätestens mit der sogenannten Flüchtlingskrise 2015 habe sich ein linksliberalgrüner Mainstream von Moralisten etabliert. Mit der angeblichen Nötigung zum Gendern, dem »kollektiven Wahn« gegen die Impfgegner, mit Journalisten, die sich als »Erziehungsbeauftragte des Volkes« gerierten und natürlich jetzt mit dem Ukraine-Krieg sei alles schlimmer geworden.

Wagenknechts Angebot

Wagenknecht war immer besonders, stets anders. Und sie war immer dagegen. In der DDR lehnte sie sich gegen die Militarisierung in der Schule auf, was ihr ein Studienverbot einbrachte. Gleichwohl trat sie im Sommer 1989, als die SED in die Krise geriet, aus Trotz noch in die Staatspartei ein. Nach 1990 machte sie in der PDS und in der Linken Karriere, wobei sie den parteiinternen Widerstand anführte, als Chefin der Kommunistischen Plattform, als Vorstandsmitglied, ja sogar als Vorsitzende der Bundestagsfraktion. Diese Daueropposition, verbunden mit ihrer Herkunft, ihrer sprachmächtigen Unnahbarkeit und dem Umstand, dass sie mittlerweile mit Oskar Lafontaine verheiratet ist, der seine ganz eigene Marke ist, macht Wagenknecht zu einem Solitär in der deutschen Politik.

In Eisenberg beklagt sie eine »Unkultur der Debatte«. »Wenn die AfD sagt, der Himmel ist blau, muss man sagen, nein, der ist grün«, sagt sie. »Und wer da nicht mitmacht, der ist rechts.« Großer Applaus. Ihre Botschaft ist wohl die: Sie, Sahra Wagenknecht, agitierte schon gegen das Establishment, als an eine Partei namens Alternative noch gar nicht zu denken war. Sie war zuerst da. Und sie will die AfD-Wähler zurück. Mit ihrer Noch-Partei funktioniert das aus ihrer Sicht nicht. Wagenknechts Versuche, die Linke auf einen sozial-populistischen Kurs zu bringen, sind gescheitert. Spätestens der Bundesparteitag in Erfurt im vergangenen Juni zeigte, dass sie in der Linken bestenfalls ein Viertel der Basis hinter sich hat.

Inzwischen befindet sich Wagenknecht auch in Nordrhein-Westfalen, wo sie für den Bundestag aufgestellt wurde, in der Minderheit, weshalb sie auf eine Kandidatur für 2025 verzichtet. »Ich merke, das ist so weit auseinandergegangen, dass ich da keine Hoffnung mehr habe«, sagt sie in Eisenberg. Parallel dazu lässt sie gezielt Mutmaßungen wachsen, dass sie eine eigene Partei gründen will. Bis Ende des Jahres 2023, sagte sie in einem Interview, wolle sie darüber entscheiden.

Auch in Eisenberg nährt sie erneut diese Spekulationen. Wenn ein großes Meinungsspektrum »gar nicht vertreten« werde, sagt sie, »dann ist das ein Problem für die Demokratie«. Die AfD besetze zwar »geschickt eine Lücke«, aber: »Ich will nicht, dass die Leute rechts wählen, das sind keine Rechten. Es muss ein Anspruch sein, diesen Menschen wieder ein vernünftiges Angebot zu machen.«

Höckes Gegenoffensive

Ein halbes Jahr nach ihrem Auftritt in Eisenberg, am 23. Oktober 2023, wird die Gründung des Vereins »Bündnis Sahra Wagenknecht« (BSW) bekannt. Ziel sei es, Anfang 2024 eine Partei zu gründen, zur Europa-Wahl im Juni 2024 anzutreten – und im September bei den Landtagswahlen in Sachsen, Thüringen und Brandenburg. Das demoskopisch gemessene Wählerpotenzial ist sofort sehr hoch. Eine frühe Umfrage zeigte, dass eine Wagenknecht-Partei in Thüringen auf mehr als 20 Prozent kommen könnte – und vor allem die AfD Einbußen erleiden würde.[2] Höcke hat die Konkurrenz frühzeitig ernst genommen. Schon Anfang 2023 rief er Wagenknecht auf einer Demonstration in Dresden zu: »Ich bitte Sie, kommen Sie zu uns!«[3] Im Sommer sprach er von »Schnittmengen«.[4]

Tatsächlich argumentiert Wagenknecht bei Themen wie Migration, dem Ukraine-Krieg, aber auch in der Sozialpolitik ähnlich wie Höcke – und findet damit einen ähnlich großen Widerhall. Und sie gibt sich ebenso populistisch und basisdemokratisch wie er. Christina Morina schreibt: »[Die AfD] verbindet in der Rede vom ›Solidarischen Patriotismus‹ offen das ›Nationale‹ mit dem ›Sozialen‹, verspricht eine Politik ›von unten nach oben‹.«[5] Höcke selbst sagte schon 2019:

»Einen linken Anteil in meinem Denken aber gibt es – wenn man darunter meine Sensibilität für soziale Fragen versteht.«[6] Doch seinen nationalen Sozialismus, den er einen »Sozialen Patriotismus« nennt, möchte er im »preußischen Sinn«[7] übersetzt wissen. Er bezieht sich dabei auch auf Oswald Spenglers Buch »Preußischer Sozialismus«: »[Das hat] nichts mit Sozialismus im Sinne vom Marx oder Engels zu tun, sondern das ist eigentlich nichts anderes als eine solidarische Leistungsgesellschaft.«

Spengler steht wie kaum ein anderer Autor der Weimarer Republik für Höckes Weltbild, einschließlich Nationalromantik, Preußenkult und Tugend-Katechismus. In »Der Untergang des Abendlandes« wendete er sich gegen Konzepte wie Aufklärung und Fortschritt. Frei nach Platon beschreibt er die Geschichte als zyklische Abfolge von Imperien. Auch arbeitete er aktiv gegen die Weimarer Republik, plante eine »konservative Revolution« und gilt als geistiger Wegbereiter des Nationalsozialismus. Er lobte euphorisch den italienischen Faschismus Mussolinis und sprach in internen Aufzeichnungen gleichzeitig davon, dass der NS-Staat »eine Barbarei herauf-« führe.[8]

Wie ein früher Nationalsozialist denken, aber einen anderen, den aktuellen Umständen angepassten Weg einschlagen: Das scheint Höckes Strategie zu sein. Sein Modell ist nicht zuerst die österreichische FPÖ oder der französische Rassemblement National, sondern die ungarische Fidesz-Partei und Victor Orbán. »Er ist ein Vorbild, er ist vielleicht einer der letzten Staatsmänner in Europa«, rief er.[9]

Wie Spengler beschwört Höcke den drohenden Untergang der Zivilisation. »Wenn Deutschland fällt, fällt Europa«, sagt er.[10] Und: »Wir müssen mit allem rechnen, auch mit putschähnlichen Situationen, darauf müssen wir uns vorbereiten.« Dabei verortet er sich selbst bei den Demokraten. »Wir, das kann ich Ihnen versichern, spielen nach den Regeln der parlamentarischen Demokratie«, verspricht er. »Wir wollen den Kampf der Ideen im parlamentarischen Rechtsstaat.

Nichts läge uns ferner, als in irgendeiner unlauteren oder illegalen Art und Weise den politischen Gegner zu attackieren.«[11]

Glaubt er das wirklich? Hört er seinen eigenen Reden zu? Oder treibt er einfach ein ziemlich durchschaubares Spiel, frei nach Robert Louis Stevenson: Auf der Straße vor den Massen der brutale Mr. Hyde, im bilateralen Gespräch der nette Dr. Jekyll?

Diese Fragen werden dem Vorsitzenden der thüringischen AfD-Fraktion in seinem Büro im Erfurter Landtag gestellt. Höcke schaut den Besucher aus seinen blauen Augen an, so, als verstehe er ihn nicht. »Ich bin kein Rechtsextremist!«, sagt er schließlich. »Ich will kein anderes System, auch wenn mir das viele nicht glauben. Ich will das System nur wieder freier und besser machen.« Dann lehnt er sich aus seinem Stuhl nach vorne und hebt die Arme. »Ich bin ein freiheitsliebender Mensch, der jedem Menschen mit offenem Herzen begegnen will«, ruft er. »Im Nationalsozialismus wäre ich eingegangen wie eine Primel!«

Aber was ist mit seiner NS-Rhetorik, dem selbst organisierten Personenkult, der Verbrüderung mit rechtsextremistischen Gruppen wie den »Freien Sachsen«? Höcke gibt sich demütig. »Ich habe übersteuert zu Beginn«, antwortet er. »Ich habe Fehler gemacht, jeder Mensch macht Fehler. Aber ich habe auch gelernt.«

Hat er das? Tatsächlich redet Höcke scheinbar seltener als einst Hitler von »diesen Halben«[12] oder von »Volksverderbern«.[13] Aber dafür paraphrasiert er den Nazi-Dichter Heinrich Lersch (»Diese EU muss sterben, damit das wahre Europa leben kann.«[14]) oder beendet eine Kundgebungsrede in Merseburg mit dem Ausruf: »Alles für unsere Heimat, alles für Sachsen-Anhalt, alles für Deutschland.«[15] »Alles für Deutschland!«: Dies war der Wahlspruch der SA. Nach den vielen erfolglosen Anzeigen wegen Volksverhetzung wird Höcke deshalb erstmals angeklagt und muss sich vor Gericht verantworten.

Doch es ist kaum zu erwarten, dass ihm ein Prozess bei seinen Anhängern schaden wird. Dies zeigt allein schon das Beispiel von Donald Trump, der trotz vier Anklagen als deutlicher Favorit in die republikanischen Vorwahlen um die US-amerikanische Präsidentschaft geht. Ansonsten ist der Stand der neuen »Weltunordnung« zu Beginn des Entscheidungsjahres 2024 der: Der Verteidigungskrieg der Ukraine gegen ein neoimperiales Russland dauert an. Der Terrorangriff der Hamas auf Israel hat im Nahen Osten eine neue blutige Auseinandersetzung entfesselt. In Argentinien und den Niederlanden haben Rechtspopulisten die Präsidentschafts- oder Parlamentswahlen gewonnen, wogegen in Polen die PiS erstmals seit zehn Jahren Teile ihrer Macht abgeben muss, das aber nicht einfach hinnehmen will und zu öffentlichen Protesten aufruft.

Zerfallserscheinungen

Deutschland rutscht in die Rezession, noch dazu geht der Ampel-Regierung das Geld aus. Das Bundesverfassungsgericht hat die Verschiebung von Krediten aus dem Corona-Hilfsfonds in das Finanzprogramm für Klimaschutz-Maßnahmen als unvereinbar mit der Schuldenbremse erklärt – was sich wiederum auch auf die Haushalte der Länder auswirkt. Im Bundestag hat sich die Fraktion der Linken am Nikolaustag 2023 in zwei Gruppen geteilt. Die größere besteht aus Linke-Abgeordneten – die kleinere aus den Gefolgsleuten von Wagenknecht. Ob die von ihr geplante Partei bei der Landtagswahl in Thüringen antritt, erscheint zu diesem Zeitpunkt noch ungewiss.

Dafür haben die »Bürger für Thüringen« unter der früheren FDP-Abgeordneten Bergner ihre Liste für die Querdenker-nahe Partei »die-Basis« und die Mitglieder der »Freien Wähler« geöffnet. Auch die »Werteunion« unter ihrem Vorsitzenden Hans-Georg Maaßen ist eingebunden.

Ein AfD-Landesparteitag hat im November 2023 Björn Höcke zum Spitzenkandidaten gewählt; die Liste, die erstmals vom Vorstand vorgeschlagen wurde, besteht aus 44 Plätzen. Seine Partei werde »das Establishment jagen«[16] ruft er und beschwört einen »Epochenumbruch«. Wenn die AfD erst Thüringen mit absoluter Mehrheit regiere, werde der Verfassungsschutz reformiert und der Rundfunkstaatsvertrag gekündigt.

Parallel dazu nominiert die CDU ihren Landeschef Mario Voigt für Platz 1. Kurz vor seiner Akklamation hat die Staatsanwaltschaft ihre Ermittlungen gegen ihn eingestellt. Der Verdacht der Bestechlichkeit habe sich nicht bestätigt, teilte sie mit. Mike Mohring dagegen holt eine Affäre ein: Nachdem bekannt wird, dass seine private Geburtstagsfeier von der lokalen CDU bezahlt wurde, verliert er, obwohl er eine Beteiligung an den Überweisungen bestreitet, den Vorsitz in der Kreispartei und der Kreistagsfraktion. Der Aufforderung des Landesvorstands, auf alle anderen Ämter wie den Sitz im Bundesvorstand sowie seine bereits erfolgte Wahlkreis-Nominierung für den Landtag zu verzichten, kommt er nicht nach. »So endet es nicht«, sagt er.[17]

Auch Thomas Kemmerich hat sich entgegen der Warnung des FDP-Bundespräsidiums, dass es aus Berlin »keinen Cent«[18] für den Landtagswahlkampf geben werde, zum Spitzenkandidaten ausrufen lassen. Er macht vor allem Wahlkampf gegen die Ampel-Regierung und setzt auf wechselnde Mehrheiten im künftigen Landtag. »Wenn wir die parlamentarische Situation haben, dass eine Deutschland-Koalition die relative Mehrheit stellt, aber es für eine Mehrheit im Parlament nicht reicht, dann müssen wir uns Unterstützung aus dem Parlament holen.«[19]

Derweil verschleißt sich die rot-rot-grüne Minderheitsregierung zusehends. Die eilig installierte Migrationsministerin Denstädt wirkt in der immer komplizierter werdenden Flüchtlingssituation hilflos. Zwischenzeitlich meldet sich Thüringen vom bundesweiten Verteilungssystem ab, weil das Erstaufnahmeheim in Suhl überfüllt ist. Im November 2023 muss Denstädt die Zuständigkeit für die Flüchtlinge an Innenminister Maier abgeben. Ramelow entgleitet erkennbar die

Kontrolle. Er ist auf Terminen, Reisen, Versammlungen und natürlich in den Medien dauerpräsent: Aber Lösungen hat er keine.

Auch den jährlichen Haushaltskonflikt mit der CDU lässt der Ministerpräsident eskalieren. Er und die Koalition scheinen nicht willens, der Oppositionsfraktion substanzielle Zugeständnisse zu machen. Stattdessen hält Rot-Rot-Grün an den Rekordausgaben von 13,8 Milliarden Euro ebenso fest wie an dem Plan, die Finanzreserven des Landes vollständig aufzubrauchen. Während die CDU mit Totalblockade droht, werden in Erfurt wieder die Szenarien einer vorgezogenen Neuwahl diskutiert.

Schließlich, die Adventszeit hat begonnen, gibt Ramelow im Dezember 2023 nach. »Wir denken, verstanden zu haben, was zumindest der CDU wichtig ist«, sagt er in einer eilig einberufenen Pressekonferenz.[20] Die Rücklage werde wieder aufgestockt, zudem wolle die Regierung zentrale Forderungen der Union erfüllen. Später lässt sich Ramelow sogar auf die Forderung Voigts ein, den Kompromiss allein mit der SPD-Finanzministerin zu besprechen. Vor allem die Grünen im Landtag reagieren wütend, derweil Höcke den »Hinterzimmer-Deal«[21] geißelt. Tatsächlich bleibt vom parlamentarischen Haushaltsprivileg unter den real existierenden Bedingungen fehlender Mehrheiten wenig übrig.

Die Situation zehrt auch personell an der Koalition. Nicht nur Linke-Fraktionschef Steffen Dittes hat angekündigt, nach der Landtagswahl aus der Politik auszusteigen. Auch die grüne Fraktionschefin Rothe-Beinlich will nicht noch einmal kandidieren. Einige Abgeordnete, darunter auch SPD-Fraktionschef Hey, sind schwer erkrankt.

Ramelow wirkt zunehmend allein. Kritik wehrt er empört ab, auch wenn sie etwa vom Koalitionspartner SPD kommt. Mit Innenminister Maier liefert er sich mehrfach öffentlich Gefechte in den sozialen Netzwerken. Seine neue Strategie lautet: Augen zu und durch. Und wenn die AfD die ostdeutschen Landtagswahlen gewänne? »Dann hätten eben 30 Prozent der Wähler entschieden, dass sie eine blaue Vertretung wollen«, sagt er in einem Interview.[22] »Ich fände das politisch schade. Aber dann wäre die Welt immer noch nicht untergegangen.« Und fährt fort, dass er »von diesen apokalyptischen Zuspitzungen überhaupt nichts« halte. Denn die Warnungen hätten ja mittlerweile »den gegenteiligen Effekt«, wobei es »nicht nur um Höcke« gehe: »Wir leben in einer gespaltenen Gesellschaft, in der ein Teil der Bevölkerung nicht mehr hinhören will, welche Notwendigkeiten bestehen, um miteinander zur Lösung von Problemen zu kommen.«

Das Superwahljahr beginnt

Am 8. Januar 2024 konstituiert sich der Verein von Sahra Wagenknecht in Berlin als Partei und präsentiert ihre designierten Spitzenkandidaten für die Europawahl. Auch in Sachsen, Brandenburg und Thüringen will das Bündnis Sahra Wagenknecht (BSW) antreten. »Wir haben so viele kompetente Mitstreiter, so viele engagierte Unterstützer, dass ich inzwischen sicher sagen kann: Das BSW tritt zur Landtagswahl in Thüringen an«, teilt sie mit – und nennt die Eisenacher Oberbürgermeisterin Katja Wolf, die wie sie selbst seit drei Jahrzehnten der Linken angehörte, als nächste Landtagskandidatin.[23]

Dabei ist in Thüringen zwischen Bodo Ramelows Linke und Björn Höckes AfD nur wenig Platz. Und es wird noch enger. Am 20. Januar verkündet Hans-Georg Maaßen in Erfurt die Gründung einer eigenen Partei. Auch die von ihm geführte »Werteunion« soll im September bei den Landtagswahlen antreten – und 2025 bei der Bundestagswahl. Mit dem »Bündnis für Thüringen« der Abgeordneten Bergner wird kooperiert. Dabei sind sich alle einig: Eine sogenannte Brandmauer zur AfD soll es nicht geben. Man werde mit allen reden.

Vorerst aber geht die AfD mit mehr als 30 Prozent und Platz eins ins Wahljahr 2024. Sie würde damit stärkste Partei im nächsten Landtag werden und dürfte nach den bisherigen Regeln den Parlamentspräsidenten vorschlagen. Wobei die Abgeordneten natürlich nicht gezwungen wären, einen AfD-Kandidaten zu wählen. Gleichzeitig gilt: Ohne eine Präsidentin oder einen Präsidenten ist ein Parlament nicht konstituiert und somit nicht arbeitsfähig.

Außerdem besäße die AfD dann mehr als ein Drittel der Sitze und in der Folge eine Sperrminorität für die Besetzung des Verfassungsgerichts, des Rechnungshofpräsidiums oder der Parlamentarischen Kontrollkommission, die den Verfassungsschutz überwacht. Denn für alle diese Wahlen ist eine Zweidrittel-Mehrheit vonnöten. Auch die Ausschüsse, die Staatsanwälte und Richter benennen, könnten dann endgültig ohne die AfD nicht mehr arbeiten.

Dass Höcke direkt an der Macht beteiligt wird, durch Tolerierung oder gar eine Koalition, erscheint ausgeschlossen. Im Vorjahr der Bundestagswahl wird eine Zusammenarbeit tabu bleiben, zumal die Zäsur der Kemmerich-Wahl vom 5. Februar 2020 nachwirkt. Sowieso zielt die mittelfristige Strategie der AfD auf die Zeit nach der Bundestagswahl 2025. Die Annahme dahinter: Wenn die Partei erst mit um die 20 Prozent im Bundestag sitze, werde die sogenannte Brandmauer aufbrechen. Nach ersten Kooperationen oder Bündnissen in den Ländern könnte 2029 eine Koalition im Bund möglich sein.

Doch was wäre, wenn die AfD die absolute Sitzmehrheit im Landtag erränge? Falls es Grüne, FDP oder kleinere Parteien nicht in den Landtag schaffen und damit erhebliche Stimmenanteile wegfallen, könnten der AfD um die 40 Prozent der Zweitstimmen für eine knappe Mehrheit reichen. In Sachsen ist dieses Szenario sogar noch wahrscheinlicher als in Thüringen, weil dort die Linke deutlich schwächer ist.

Nun sind die realen Gestaltungsmöglichkeiten einer Landesregierung begrenzt, diese schmerzhafte Erfahrung musste auch die Linke machen. Der Anteil der Haushaltsgelder, die nicht an Bundesgesetze, Tarifverträge und etwa den Kommunalen Finanzausgleich gebunden sind, beschränkt sich auf bestenfalls fünf Prozent. Gleichwohl wäre die symbolische Wirkung einer AfD-Landesregierung enorm – und das disruptive Potenzial geradezu riesig. Höcke hatte etwa angekündigt, die Medienstaatsverträge kündigen zu wollen, mit derzeit noch unabsehbaren Folgen für den Mitteldeutschen Rundfunk, die ARD und das ZDF. Zudem besäße er als Ministerpräsident die Bühne in Bundesrat, Bundestag und der Ministerpräsidentenkonferenz. Seine Regierung würde die Aufsichtsgremien der NS-Gedenkstätten oder der Klassik Stiftung Weimar führen. In einem »langen Weg des Aufräumens«[24] will er den Verfassungsschutz umbauen, die Demokratieprogramme und Gelder für den Kampf gegen Rechtsextremismus streichen und alle Klimaschutzmaßnahmen beenden.

Natürlich müsste eine Höcke-Regierung vorerst das tun, was eine Exekutive tun muss: gesetzestreu agieren, ausgeglichene Haushalte vorlegen, Kompromisse schließen, im föderalen Konzert agieren, um EU-Mittel buhlen. Kurzum, sie begegnete der nüchternen Realität. Zudem wäre das Gesamtkonstrukt überaus fragil. Die parlamentarische Mehrheit könnte durch die bei der AfD üblichen Austritte verlustig gehen. Ihr Personal dürfte sich in größeren Teilen als inkompetent oder skandalanfällig erweisen. Kommunen und Zivilgesellschaft würden sich der Zusammenarbeit teilweise verweigern.

Doch die Erfahrungen in den USA, Lateinamerika oder Europa zeigen: Die Skandale können noch so groß und die Aktivitäten noch so kriminell sein, die Wirksamkeit von Verschwörungserzählungen schmälert dies kaum. Im Gegenteil: Das Scheitern einer AfD-Regierung wäre bloß ein weiterer Beweis dafür, dass die Widerstandskräfte »des Systems« noch zu stark sind – und deshalb erst recht extrem gewählt werden muss.

Noch allerdings ist nicht klar, wie sich der Antritt der Parteien von Wagenknecht und Maaßen auswirken wird. Die beiden neuen Kräfte könnten Höckes Allmachtsfantasien zerstören – oder ihm potenzielle Partner verschaffen. Zu Beginn des Jahres 2024 ist dies der demoskopische Status quo: Nach der AfD mit gut 30 Prozent folgen CDU und Linke bei um die 20 Prozent. Die SPD liegt unter zehn Prozent, FDP und Grüne müssen um ihr parlamentarisches Dasein bangen.

Damit ließe sich auch künftig keine Mehrheit gegen Linke und AfD bilden. Da die rot-rot-grüne Koalition von einer Mehrheit weiter entfernt scheint als je zuvor, CDU und FDP eine Koalition mit der Linken ablehnen und keine Partei mit der AfD zusammenarbeiten will, wären die Thüringer Verhältnisse zementiert.

Doch noch ist viel in Bewegung. Nachdem im Januar 2024 ein Treffen von AfD-Politikern und CDU-Mitgliedern mit Rechtsextremisten bekannt wird, auf dem die von Höcke bereits 2018 angekündigte massenhafte »Remigration« besprochen wurde, gehen in Deutschland mehr als eine Million Menschen auf die Straße. Auch in Jena, Erfurt, Weimar oder Gera beteiligen sich Zehntausende an den Demonstrationen gegen die AfD.

Das Bündnis von Sahra Wagenknecht wird in Umfragen mit bis zu 17 Prozent gehandelt. Es könnte die unfreiwillige Querfront von AfD und Linke aufbrechen und neue Mehrheiten ermöglichen. CDU-Landeschef Voigt und Wagenknecht schließen nicht aus, nach der Landtagswahl zu kooperieren.

Im Saale-Orla-Kreis gewinnt die CDU am 28. Januar 2024 die Landratswahl gegen eine lokal starke AfD, die massiv von Höcke unterstützt wurde. Auch wenn das Ergebnis der Stichwahl sehr knapp ausfällt, so ist das Signal für das Wahljahr eindeutig genug.

Somit erscheint nur eines gewiss: Thüringen wird 2024 wieder die ganze Republik beschäftigen – von den Kommunal- und Europawahlen im Frühjahr bis zu den Landtagswahlen im September und der folgenden Regierungsbildung. Genau ein Jahrhundert, nachdem in Weimar erstmals Bürgerliche mithilfe völkischer Extremisten regierten, steht in Erfurt die Demokratie vor der nächsten schweren Herausforderung.

Anmerkungen

Der Autor greift auf Interviews und Recherchen zurück, die er im Rahmen seiner Arbeit als Journalist für die Funke Mediengruppe, *Die Zeit*, *Der Spiegel* und andere Medien durchgeführt hat. Wenn nicht anders angegeben, stammen die Zitate aus Gesprächen, die der Autor für dieses Buch geführt hat.

Prolog

1 Weidel empört mit ausländerfeindlicher Rede, n-tv, 16. 5. 2018
2 Marion Reiser u. a.: Politische Kultur in Stadt und Land. Ergebnisse des Thüringen-Monitors 2022, Friedrich-Schiller-Universität, Jena 2023, S. 52
3 Ebd., Tab. A100
4 Maria Greve, Michael Fritsch, Michael Wyrwich: Long-term decline of regions und the rise of populism: The case of Germany, in: Journal of Regional Science, Vol. 63, Issue 2, S. 409 ff.
5 Franziska Klemenz: Sozialpsychologin Pia Lamberty: »Rechte bedienen das Narrativ: Erst die Coronadiktatur, jetzt die des Klimas«, Table Media, 14. 7. 2023
6 Soziologe Raj Kollmorgen über AfD-Debatte: »Verblüffende Verblendungen«, in: Thüringer Allgemeine, 25. 7. 2023
7 Marion Reiser u. a.: Politische Kultur in Stadt und Land. Ergebnisse des Thüringen-Monitors 2022, Friedrich-Schiller-Universität, Jena 2023, S. 116
8 Ergebnisse der 3. regionalisierten Bevölkerungsvorausberechnung, Thüringer Landesamt für Statistik, Erfurt 2023
9 Thüringer Landesamt für Statistik, Pressemitteilung 104/2023, 1. 6. 2023
10 Thüringer Landesamt für Statistik, Pressemitteilung 153/2023, 25. 7. 2023
11 Deutsches Institut für Altersvorsorge: Erben in Deutschland 2015–24: Volumen, Verteilung und Verwendung, Berlin 2015, S. 44

12 Sören Imöhl: So setzt sich das Durchschnittseinkommen in Deutschland zusammen, in: Wirtschaftswoche, 15. 3. 2023

13 Niedriglöhne im Osten anteilig größer als im Westen, dpa, 27. 7. 2023

14 Durchschnittlicher Bruttobetrag der Altersrenten nach mindestens 35 Versicherungsjahren Ende 2021, in: Deutsche Rentenversicherung: Rentenatlas 2022, S. 12

15 Ernst Glöckner: Mit regionalen Potenzialen gegen Fachkräftemangel, ifo Institut Dresden, 30, Nr. 3, S. 3

16 Carlo Masala: Weltunordnung: Die globalen Krisen und Illusionen des Westens, München 2023

17 Martin Debes: »Humanität und Härte«. Interview mit Mario Voigt, in: Thüringer Allgemeine, 5. 8. 2023

18 Markus Ermert/Eike Kellermann: »Da kann es schon mal zu unschönen Szenen kommen.« Interview mit Björn Höcke, in: Freies Wort, 18. 8. 2023

1 Ramelow oder Noch mal kurz die Linke retten

1 Martin Machowecz: Die sieben Tricks des Bodo R., in: Die Zeit, 3. 12. 2015, https://www.zeit.de/2015/49/die-linke-thueringen-bodo-ramelow-tricks

2 »Früher galt ich als Wadenbeißer«: Bodo Ramelow im Gespräch mit Wolf-D. Kröhning, in: Bild, 16. 2. 2016

3 Hans-Dieter Schütt: Gläubig und Genosse. Gespräch mit Bodo Ramelow, Berlin 2006, S. 63

4 Anja Maier: Zuchtmeister. Darling. Und Chef? Mit Strenge hat Ramelow die Linke fusioniert. In Thüringen könnte er die SPD abhängen. Ist er der Mann, der auf Lafontaine folgt?, in: taz, 27. 6. 2009

5 »Früher galt ich als Wadenbeißer«

6 Ebd.

7 Schütt, S. 23

8 Maier

9 Johannes M. Fischer: Und manchmal platzt der Kragen, Leipzig 2021, S. 60

10 Frank Schauka: Bodo Ramelow. Ein Linker erobert Thüringen, Essen 2014, S. 16

11 Trauma Treuhand – »Viele haben Erniedrigungen erlebt«. Bodo Ramelow im Gespräch mit Susanne Beyer und Andreas Wassermann, 14. 9. 2020, Podcast Der Spiegel

12 Olaf Weichler: Abschied von Eberhard Dähne, https://www.bodo-rame-low.de/2010/05/abschied-von-eberhard-daehne/
13 Schauka, S. 69
14 Ebd., S. 31
15 Trauma Treuhand, Podcast Der Spiegel
16 Schütt, S. 63
17 Trauma Treuhand, Podcast Der Spiegel
18 Bodo Ramelow: Die Altmark ist für mich Heimat, https://www.altmark-geschichten.de/Bodo_Ramelow
19 Ebd.
20 Ebd.
21 Fischer, S. 83

2 Ein Land namens Thüringen

1   Manuel Schwarz: Thüringer Residenzen. Vom »Kleinstaatenjammer« zum Welterbe, Erfurt 2023, S. 8
2   Klaus Hock/Thomas Klie: Bachzitate. Widerhall und Spiegelung, Bielefeld 2021, S. 202
3   Friedrich Wilhelm Joseph von Schellings sämtliche Werke, Philosophie der Mythologie, Stuttgart 1857, S. 56
4   Georg Wilhelm Friedrich Hegel an Friedrich Immanuel Niethammer, 13. 10. 1806, in: Karl Rosenkranz: Georg Wilhelm Friedrichs Hegels Leben, Berlin 1844
5   Joseph Viktor Widmann: Heimkehr durch Thüringen und Süddeutsch-land, in: Joseph Viktor Widmann: Sommerwanderungen und Winterfahr-ten, Frauenfeld 1897, S. 306
6   Arthur Hofmann: Thüringer Kleinstaatenjammer. Ein Weckruf an alle Thüringer ohne Unterschied der Parteizugehörigkeit, Gotha 1906
7   Jürgen John: Landesverfassungsgeschichte Thüringen 1918/20 bis 1952, in: Michael Brenner u. a. (Hrsg.): Verfassung des Freistaats Thüringen, Baden-Baden 2023, S. 65
8   Jürgen John: »Land im Aufbruch«, Thüringer Demokratie- und Gestal-tungspotenziale nach 1918, in: Justus H. Ulbricht (Hrsg.): Weimar 1919. Chancen einer Republik, Köln 2009, S. 17–46
9   Wolfgang Ruge: Weimar – Republik auf Zeit, Berlin 1968
10 Jürgen John: Die Ära Paul in Thüringen 1945 bis 1947: Möglichkeiten und Grenzen landespolitischen Handelns in der frühen SBZ, Köln 2023, S. 126 f.

11   Martin Debes: Der Thüringer Tabubruch: Wie die Nazis das erste Mal indirekt mitregierten, in: Thüringer Allgemeine, 31. 1. 2020

12   Steffen Raßloff: Fritz Sauckel – Hitlers »Muster-Gauleiter« und »Sklaven-halter«, Erfurt 2008, S. 51

13   Allgemeine Thüringische Landeszeitung Deutschlands, 5. 7. 1926

14   Elke Fröhlich (Hrsg.): Die Tagebücher von Joseph Goebbels, München 1987, Bd. 1, S. 191

15   Tom Fugmann: Der »Mustergau« Thüringen im Nationalsozialismus, MDR-Online, 30. 1. 2018

16   Ralf Georg Reuth: Hitler. Eine politische Biografie, München 2017

17   Volker Mauersberger: Bürger Hitler, in: Die Zeit, 24. 2. 2000

18   Ebd.

19   Ebd.

20   Fritz Sauckel: Kampf und Sieg in Thüringen, Weimar 1934, S. 18

21   Karina Loos: Die Inszenierung der Stadt. Planen und Bauen im National-sozialismus in Weimar, Diss. Bauhaus-Universität Weimar 2004, S. 22

22   Ebd., S. 20

23   Volker Mauersberger: Hitler in Weimar, Berlin 1999, S. 206

24   Holm Kirsten: Weimar im Banne des Führers. Die Besuche Adolf Hitler 1925 bis 1940, Köln 2001, S. 8

25   Loos, S. 22

26   Thomas Mann: Gesammelte Werke. Stockholmer Ausgabe, Bd. 13, Frank-furt am Main 1974, S. 71

27   Jens-Christian Wagner: Nohra: Das erste KZ in Thüringen und im Deut-schen Reich, MDR-Online, 3. 3. 2023

28   Florian Russi: Hitler in Weimar. weimar-lese.de, https://www.weimar-lese.de/streifzuege/geschichtliches/hitler-in-weimar/

29   Helmut Rizy: Die Goethe-Eiche am Ettersberg, in: Mitteilungen der Alfred Klahr Gesellschaft, Nr. 4/2017, S. 16

30   Stephan Lehnstaedt/Kurt Lehnstaedt: Fritz Sauckels Nürnberger Auf-zeichnungen, in: Vierteljahreshefte für Zeitgeschichte, 57.1/2009, S. 120

31   John, S. 168 f.

32   Ebd., S. 200

33   Ronald Heinemann: Der amerikanische Frühling, in: Der Spiegel, 24. 9. 2007

34   Martin Debes: Unter Blockflöten, in: Zeit Online, 9. 1. 2020

35   Statistisches Jahrbuch der Deutschen Demokratischen Republik (DDR), hrsg. v. Staatliche Zentralverwaltung für Statistik, Berlin 1950 und 1960

36 Klaus Schroeder/Jochen Staadt (Hrsg.): Die Todesopfer des DDR-Grenz-regimes an der innerdeutschen Grenze 1949–1989. Ein biografisches Handbuch, Frankfurt am Main, Bern, Bruxelles, New York, Oxford, Warszawa, Wien 2017

37 Steffen Raßloff: Friedliche Revolution und Landesgründung in Thüringen 1989/90, Erfurt 2016, S. 25

38 Martin Debes: Durchdringen und Zersetzen. Die Bekämpfung der Opposition in Ostthüringen durch das Ministerium für Staatssicherheit im Jahr 1989, Manebach 1999, S. 10 ff.

39 Ebd., S. 24

40 Ullrich Rühmland: Die Gruppe der sowjetischen Streitkräfte in Deutschland, in: Allgemeine Schweizerische Militärzeitschrift, Nr. 7/1982

41 Ralf Ahrens: Gegenseitige Wirtschaftshilfe? Die DDR im RGW – Strukturen und handelspolitische Strategien 1963–1976, Köln 2000, S. 349

42 Timo Steppat: Ostbeauftragter über AfD-Wähler.»Nach 30 Jahren nicht in der Demokratie angekommen«, in: Frankfurter Allgemeine Zeitung, 28. 5. 2021

43 Robert Ide: Aggressives Selbstmitleid: Wolf Biermann bescheinigt den Ostdeutschen chronische Seelenschäden, in: Tagesspiegel, 30. 6. 2023

44 Ilko-Sascha Kowalczuk: Wer die Freiheit verrät, in: Der Spiegel, 7. 10. 2023

45 Dirk Oschmann: Der Osten, eine westdeutsche Erfindung, Berlin 2023, S. 32

46 Katja Hoyer: Diesseits der Mauer: Eine neue Geschichte der DDR, Hamburg 2023

47 Christina Morina: Tausend Aufbrüche. Die Deutschen und ihre Demokratie in den 1980er Jahren, München 2023, S. 27

48 Darlegungen Gerhard Schürers zur Zahlungsbilanz mit dem nichtsozialistischen Wirtschaftsgebiet, 16. 5. 1989 (BArch/B, E-1-56317), in: Hans-Hermann Hertle/Martin Junkernheinrich/Willy Koch/Günter Nooke: Vom Ende der DDR-Wirtschaft zum Neubeginn in den ostdeutschen Bundesländern, Hannover 1998, S. 11

49 Gerhard Schürer/Gerhard Beil/Alexander Schalck/Ernst Höfner/Arno Donda: Vorlage für das Politbüro des Zentralkomitees der SED, Betreff: Analyse der ökonomischen Lage der DDR mit Schlussfolgerungen, 27. Oktober 1989 (SAPMO-BArch, ZPA-SED, DY 30/J IV 2/2 A/3252), in: Hertle u. a., S. 15

50 Raßloff, S. 43

3 Stolpern in die Demokratie

1   Die Beschreibungen beruhen auf einer nicht öffentlich zugänglichen Videodokumentation »Erfurt im Februar 1990«, Privatarchiv Michael Panse, Erfurt

2   Martin Debes: Christine Lieberknecht. Von der Mitläuferin zur Ministerpräsidentin, Essen 2014, S. 72 ff.

3   Aussage von Christa Luft vor dem Treuhand-Untersuchungsausschuss, Thüringer Landtag, 9. 5. 2023

4   Wirtschaftsweise warnten vor der D-Mark für die DDR, in: Die Welt, 18. 5. 2015

5   Sat1 Extra: Oskar Lafontaine, August 1990, https://www.youtube.com/watch?v=aT120awuN5A

6   Tina Stadlmeyer: Ich kenne Lothringen, aber wo ist Thüringen, in: taz, 26. 9. 1990

7   Zwei Drittel der Deutschen halten Wiedervereinigung für unvollendet, in: Frankfurter Allgemeine Zeitung, 1. 10. 2020

8   Was die AfD-Erfolge mit der DDR zu tun haben. Christina Morina im Interview mit Peter Maxwill, in: Der Spiegel, 23. 9. 2023

9   Martin Debes: Thüringens erster Ministerpräsident Duchač: »Ich bin da so reingerutscht.«. Interview, in: Thüringer Allgemeine, 14. 10. 2020

10 Ebd.

11 Der Spiegel, 15. 7. 1991, S. 78 ff.

12 Ostdeutschland wird von westdeutschen Beamten beherrscht, in: Der Tagesspiegel, 25. 9. 2013

13 Nicht einmal jede zweite Führungskraft stammt aus dem Osten, MDR Data, 19. 6. 2023, https://www.mdr.de/nachrichten/deutschland/politik/ostdeutsche-fuehrungskraefte-ministerien-kritik-ostbeauftragter-100.html

14 Bernd Martens: Wirtschaftlicher Zusammenbruch und Neuanfang 1990. Bundeszentrale für politische Bildung, 27. 5. 2020, https://www.bpb.de/themen/deutsche-einheit/lange-wege-der-deutschen-einheit/47133/wirtschaftlicher-zusammenbruch-und-neuanfang-nach-1990/

15 Die Millionen, die gingen, in: Zeit Online, 2. 5. 2019, https://www.zeit.de/politik/deutschland/2019-05/ost-west-wanderung-abwanderung-ostdeutschland-umzug

16 Statistisches Bundesamt, https://www.destatis.de/DE/Themen/Gesellschaft-Umwelt/Bevoelkerung/Geburten/FAQ/geburtenziffer1950bis2012.html

17 Bundesanstalt für Arbeit: Arbeitsmarkt 1991. Arbeitsmarktanalyse für die alten und die neuen Bundesländer, Nürnberg 1992, S. 797

18 Ebd., S. 802

19 Rosa-Luxemburg-Stiftung: Schicksal Treuhand – Treuhand Schickale. Begleitbuch zur gleichnamigen Ausstellung, Berlin 2019

20 Siegfried Knauer-Runge: Die Große Depression 1991 überrascht Millionen kalt, in: taz, 1. 3. 1991

21 Debes: Thüringens erster Ministerpräsident Duchač

22 Pkw-Zulassungen in Deutschland – Tendenz fallend, https://www.auto.de/magazin/grafik-pkw-neuzulassungen-in-deutschland-tendenz-fallend/

23 Der Spiegel, 6. 10. 1991

24 Paul Windolf: Die Transformation der ostdeutschen Betriebe. Politische und ökonomische Systemrationalitäten, in: Wolfgang Schluchter/Peter E. Quint (Hrsg.): Der Vereinigungsschock, Weilerswist 2001, S. 392–413, S. 467

25 Ebd., S. 411

26 Protokoll 1. Thüringer Landtag, 36. Plenarsitzung, 28.11.1991, S. 2387

27 Frankfurter Allgemeine Zeitung, 20. 1. 1992

28 Jens Hirsch: Interview mit Josef Duchač: »Ich wollte immer Chef sein.«, Sommer 2020, https://xn--pressebro-jenshirsch-vec.de/projcct/josef duchac/

29 Wolfgang Suckert: Kohl über Thüringer Ministerpräsident: »Vogel ist leider nicht autoritär«, in: Thüringer Allgemeine, 8. 10. 2014

30 Martin Debes: »Wenn jemand wie Kohl mich auffordert.« Interview mit Bernhard Vogel, in: Thüringer Allgemeine Online, 16. 12. 2022

31 Debes: Christine Lieberknecht, S. 117

4 Vogels großes Abenteuer

1 Florian Schlecht: »Gott schütze Rheinland-Pfalz« – Vogel-Sturz schmerzt noch nach 30 Jahren, in: Trierer Volksfreund, 10. 11. 2018

2 Martin Debes: »Wenn jemand wie Kohl mich auffordert«, Interview mit Bernhard Vogel, in: Thüringer Allgemeine Online, 16. 12. 2022. Die folgenden Zitate von Bernhard Vogel sind ebenfalls dem damaligen Gespräch entnommen.

3 Bernhard Vogel: Was uns leitet – zum geistigen Profil christlicher Demokratie. Rede in Kloster Eberbach, 24. 4. 2007, https://www.kas.de/documents/252038/253252/7_dokument_dok_pdf_12420_1.pdf/e858f2fc-69b9-4079-4d64-d87cf7113c9e?version=1.0&t=1539663959247

4   taz, 28. 8. 1987, https://taz.de/!1861038/

5   Jan Schönfelder: Bernhard Vogel und die DDR, MDR, 16. 12. 2012, https://www.mdr.de/nachrichten/thueringen/vogel146_page-0_zc-6615e895.html

6   Gereon Lamers: Thüringen war ein großes Abenteuer. Interview mit Bernhard Vogel, 7. 7. 2015, Deutscher Bundesrat, https://www.bundesrat.de/SharedDocs/texte/15/201500630-interview-vogel.html

7   Ebd.

8   Aussage von Bernhard Vogel vor dem Treuhand-Untersuchungsausschuss des Thüringer Landtags, 9. 5. 2023

9   Dietmar Grosser: Brennpunkt Treuhand: So wurde Thüringens Wirtschaft abgewickelt. Interview mit Volker Großmann, in: Thüringer Allgemeine, 15. 7. 2012

10 Wie die Treuhand den Osten verkaufte, MDR-Online, 7. 4. 2022

11 Kerstin Bund/Philip Kovce/Anne Kunze/Kolja Rudzio: Wir Lohndrücker, in: Die Zeit, 31. 10. 2012

12 Martin Debes: Bornschein gegen die Bundesrepublik, in: Zeit Online, 16. 6. 2017

13 Hanno Müller: Treuhand in Thüringen – Für die Löhne war kein Geld mehr da, in: Thüringer Allgemeine, 23. 7. 2012

14 Hanno Müller: Aus dem Traum vom großen Reibach wurde ein Albtraum, in: Thüringer Allgemeine, 23. 7. 2012

15 Martin Debes: Das Salz aus der Wunde, in: Zeit im Osten, 13. 3. 2022. Einige Passagen folgen dem Beitrag.

16 Henry Bernhard: Bischofferode – Hungerstreik im Kaliwerk, MDR-Online, 8. 6. 2011

17 Bodo Ramelow – der Kämpfer für Bischofferode, MDR-online, 24. 2. 2020

18 Bodo Ramelow: Nicht wegen der Nostalgie, Internet-Tagebuch, 2. 7. 2013

19 Kali-Kumpel bleiben hart: »Bischofferode ist überall«, in: taz, 30. 7. 1993

20 taz, 31. 8. 1993

21 Helmut Kohls Akten zur Abwicklung der DDR-Kalisalz-Industrie. Frag den Staat, 23. 10. 2019, https://fragdenstaat.de/blog/2019/10/23/kanzleramt-kali-salz/

22 Ebd.

23 Ebd.

24 Michael Borchard: Verantwortung für das, was man sich vertraut gemacht hat! Bernhard Vogel wurde vor 30 Jahren in Thüringen als Ministerpräsident vereidigt, Konrad-Adenauer-Stiftung, 5. 2. 2022

25 Statistisches Landesamt Baden-Württemberg: Entstehung, Verteilung und Verwendung des Bruttoinlandsprodukts in den Ländern der Bundesrepublik Deutschland 1991 bis 2021, Reihe 1, Länderergebnisse, Band 5, Stuttgart 2022

26 Wirtschaftswoche, 26. 9. 2011, https://www.wiwo.de/politik/deutschland/rueckblick-wie-die-treuhand-bei-der-ddr-abwicklung-versagte/5220338.html

27 Alexander Wendt: »Mehrheit jenseits der CDU«. Interview mit Richard Dewes, in: Der Focus, 49/1995

28 Erfurter Erklärung: Bis hierher und nicht weiter – Verantwortung für soziale Demokratie, 9. 1. 1999

29 Henry Bernhard: Bodo Ramelow und die Religion: »Bin gerne der Kieselstein im Schuh meiner Partei«, in: Deutschlandfunk, 18. 11. 2019

30 Matthias Quent: Die extreme Rechte in Thüringen, in: Nazis in Parlamenten. Eine Bestandaufnahme und kritische Analyse aus Thüringen, Heinrich-Böll-Stiftung Thüringen, Erfurt 2011, S. 8 ff.

31 Martin Debes: 35 Verfahren ohne Verurteilung gegen Neonazi-Spitzel, in: Thüringer Allgemeine, 15. 3. 2012

32 Der Journalist Christian Bangel, der selbst in den 1990er Jahren in Frankfurt/Oder das Opfer von Angriffen wurde, prägte diesen Begriff.

33 Gisela Friedrichsen: Stramme Kandidaten, in: Der Spiegel, 15. 7. 2014

34 Nils Werner: Wie Bodo Ramelow vom NSU beobachtet wurde, MDR, 17. 1. 2020

35 Frank Jansen: Weg in Richtung Terror zeichnete sich früh ab, in: Tagesspiegel, 4. 9. 2014

36 Andreas Förster: Ein mörderisches Biotop geschaffen, in: Frankfurter Rundschau, 20. 5. 2017

37 Helmut Roewer: Spygate. Der Putsch des Establishments gegen Donald Trump, Rottenburg 2020; Helmut Roewer: Corona-Diktatur. Der Staatsstreich von Merkel, Dresden 2021

38 Martin Debes: Die 10 größten Politskandale in Thüringen (3): Ein Diebstahl und ein taumelnder Innenminister, in: Thüringer Allgemeine, 28. 8. 2018

39 Alexander Wendt: Alles oder nichts, in: Focus Magazin 36/1999

40 Ebd.

41 Trauma Treuhand – »Viele haben Erniedrigungen erlebt«. Bodo Ramelow im Gespräch mit Susanne Beyer und Andreas Wassermann, 14. 9. 2020, Podcast Der Spiegel

5 Erosion der CDU-Macht

1   Martin Debes: Christines Welt. Von der Kirchgasse in die Regierungs-straße, in: Thüringer Allgemeine, 30.10.2019

2   Martin Debes: Christine Lieberknecht. Von der Mitläuferin zur Minister-präsidentin, Essen 2014, S. 14 f.

3   Hans-Georg Maaßen über den Kommunisten Bodo Ramelow, FPÖ-TV, 8.8.2023, https://www.youtube.com/watch?v=x8C3Zuizfe8

4   Verfassungsgericht verbietet Beobachtung von Ramelow, dpa, 9.10.2013

5   20 Jahre nach dem Brandanschlag auf die Erfurter Synagoge, ezra, 15.4.2020, https://ezra.de/online-gedenken-an-den-brandanschlag-auf-die-erfurter-synagoge-vor-20-jahren/

6   Anschlag auf Erfurter Synagoge: Angeklagte Jugendliche geben Ge-sinnungswandel vor: Wir waren politisch verblendet, in: Tagesspiegel, 11.7.2000, https://www.tagesspiegel.de/politik/anschlag-auf-erfurter-synagoge-angeklagte-jugendliche-geben-gesinnungswandel-vor-wir-waren-politisch-verblendet-694579.html

7   Bodo Ramelow: Vor 20 Jahren – Brandanschlag auf die Erfurter Synagoge, Internet-Tagebuch, 20.4.2020, https://www.bodo-ramelow.de/2020/04/vor20jahrenbrandanschlagaufdieerfurtersynagoge/

8   Politische Kultur im Freistaat Thüringen. Ergebnisse des Thüringen-Mo-nitors 2000, Thüringer Landtag, Drucksache 3/1106, 16.11.2000

9   Ministerium für Arbeit, Soziales, Gesundheit, Frauen und Familie: 3. Thü-ringer Sozialbericht, Erfurt 2002, S. 20

10 Heinrich Best: Rechtsextremismus im Kontext der politischen Kultur des Freistaats Thüringen, in: Torsten Oppelland (Hrsg.): Politik und Regie-rungen in Thüringen. Institutionen, Strukturen und Politikfelder im 21. Jahrhundert, Wiesbaden 2019, S. 103

11 Thüringer Landtag, 3. Wahlperiode, 30. Sitzung, 16.11.2000, Plenarproto-koll 3/30, S. 2125

12 Bodo Ramelow: Zehn Jahre – zu wenig Konsequenzen, Internet-Tage-buch, 26.4.2012, https://www.bodo-ramelow.de/2012/04/zehnjahrezuwe-nigekonsequenzen/

13 Thüringer Landesamt für Statistik: Transferleistungen der sozialen Min-destsicherungssysteme 2006, Mitteilung Nr. 289, 16.9.2008

14 Begrüßungsrede des Bundesratspräsidenten Dieter Althaus, Bundesrat, 4.10.2004, https://www.bundesrat.de/SharedDocs/pm/2004/191-2004.html

15 Skihelme werden zum Verkaufsschlager, in: Der Spiegel, 5. 1. 2009, https://www.spiegel.de/reise/aktuell/althaus-unfall-skihelme-werden-zum-verkaufsschlager-a-599538.html

16 Tom Strohschneider: Der unsichtbare Kandidat, in: Der Freitag, 6. 3. 2009, https://www.freitag.de/autoren/tstrohschneider/der-unsichtbare-kandidat

17 Bild, 16. 3. 2009

18 Martin Debes: »Ein harter Kerl«. Interview mit Charles T. Payne, in: Thüringer Allgemeine, 8. 4. 2010

19 Remarks by President Obama, German Chancellor Merkel, and Elie Wiesel at Buchenwald Concentration Camp, 5. 6. 2009, The White House, Office of the Press Secretary, 5. 6. 2009

20 Cordula Eubel: Ramelow – Fürs Landeswohl ohne Ohrring, in: Tagesspiegel, 27. 8. 2009, https://www.tagesspiegel.de/politik/ramelow-furs-landeswohl-ohne-ohrring-6523498.html

6 Höckes Angriff

1 Martin Debes: Frühjahrsputz bei Höckes Nachbarn, in: Thüringer Allgemeine, 10. 5. 2018

2 Björn Höcke: Rundbrief an die Mitglieder und Förderer der AfD Thüringen, 13. 1. 2017, https://www.facebook.com/BJoern.Hoecke.AfD/posts/liebe-mitstreiterzun%C3%A4chst-m%C3%B6chte-ich-euch-auf-diesem-weg-noch-alles-gute-f%C3%BCr-das/1820697428171535/

3 Karsten Polke-Majewski: Mein Mitschüler, der rechte Agitator, in: Zeit Online, 18. 2. 2016

4 Björn Höcke: Nie zweimal in denselben Fluss, Lüdinghausen 2018, Epub-Ausgabe, Pos. 276

5 André Alexander Kiefer: Auf Klassenfahrt mit Björn Höcke, Fulda 2021, S. 33

6 Wolfgang Büscher: AfD-Rechtsaußen Höcke ist von ganz alter Schule, in: Die Welt, 2. 11. 2015

7 Martin Debes: Der Lehrer der Nation, in: Thüringer Allgemeine, 31. 10. 2014

8 Büscher

9 Gauland bezeichnet NS-Zeit als »Vogelschiss in der Geschichte«, in: Die Welt, 2. 6. 2018

10 Hannes Vogel: Alte Kameraden, in: Die Zeit, 12. 9. 2018

11 Matthias Meisner: Aufmarsch am 13. Februar 2010 in Dresden – Björn Höcke Seit' an Seit' mit Neonazis, in: Tagesspiegel, 14. 2. 2017

12 Warum die falsche Seite die falsche bleibt – Nachbetrachtungen zu Dresden im Februar 2010, in: Die Zeit, 17. 2. 2010, https://blog.zeit.de/stoerungsmelder/2010/02/17/warum-die-falsche-seite-die-falsche-bleibt-%e2%80%93-nachbetrachtungen-zu-dresden-im-februar-2010_2706

13 Landolf Ladig: Krisen, Chancen und Auftrag. Deutsche Impulse überwinden den Kapitalismus, in: Volk in Bewegung, 5–2011, S. 6, https://andreaskemper.org/wp-content/uploads/2015/10/ladig-erste-seite.pdf

14 Andreas Kemper: »... die neurotische Phase überwinden, in der wir uns seit 70 Jahren befinden«. Zur Differenz von Konservatismus am Beispiel der »historischen Mission« Björn Höckes (AfD), Rosa-Luxemburg-Stiftung Thüringen, Jena 2016

15 Andreas Speit: Was die Sprache verrät, in: taz, 17. 6. 2015

16 Ladig

17 Melanie Amann/Georg Meck: Was nun, Europa?, in: Frankfurter Allgemeine Zeitung, 8. 9. 2012

18 Dirk Heilmann/Dorit Heß/Donata Riedel/Daniel Delhaes: Wutbürger sammeln sich zum Euro-Angriff, in: Handelsblatt online, 29. 5. 2012

19 Siegfried Aschoff: Bornhagener will für die AfD in den Bundestag, in: Thüringer Allgemeine, 25. 5. 2013

20 Caterina Lobenstein: Ha, he, ho, der Euro ist k. o., in: Die Zeit, 29. 8. 2013

21 Ebd.

22 Der Spiegel, 29. 7. 2013

23 Fabian Klaus: »Sind keinesfalls eine Ein-Themen-Partei«, in: Thüringische Landeszeitung, 24. 8. 2013

24 Martin Debes: »Die SPD muss sich alle Optionen offenhalten«. Interview mit Christoph Matschie, in: Thüringer Allgemeine, 18. 11. 2013

25 Melanie Amann: Angst für Deutschland. Die Wahrheit über die AfD – wo sie herkommt, wer sie führt, wohin sie steuert, München 2017, S. 141

7 Machtwechsel und ein bisschen Sozialismus

1 Bodo Ramelow: Zurück aus Israel, Internet-Tagebuch, 30. 10. 2015, https://www.bodo-ramelow.de/2015/10/zurckausisrael/

2 Martin Debes: »Eindimensionale Antworten sind sehr gefährlich.« Interview mit Bodo Ramelow, in: Thüringer Allgemeine, 24. 10. 2015

3 Martin Debes: Einer gegen Höcke, in: Zeit Online, 21. 3. 2017

4 Der Focus, 22. 6. 2014

5 Koalitionsvertrag Linke, SPD und Grüne für die 6. Wahlperiode des Thüringer Landtags, 4. 12. 2014, S. 6

6 Stephan Haselberger: Joachim Gauck äußert Bedenken gegen Ramelow, in: Tagesspiegel, 2. 11. 2014

7 Kanzlerin schließt Zusammenarbeit mit AfD aus, in: Der Spiegel, 26. 5. 2014

8 Melanie Amann/Peter Müller: Thüringer Komplott, in: Der Spiegel, 7. 12. 2014

9 AfD will Mike Mohring zum Ministerpräsidenten wählen, in: Zeit Online, 26. 11. 2014, https://www.zeit.de/politik/deutschland/2014-11/thueringen-bjoern-hoecke-afd-wahl-ministerpraesident

10 Markus Decker: Lieberknecht tritt nicht gegen Ramelow an, in: Berliner Zeitung, 3. 12. 2014

11 Thüringer CDU-Politiker Mohring wird in anonymer Anzeige Manipulation von Mitgliederlisten vorgeworfen, in: Der Spiegel, 30. 11. 2014

12 Gunther Lachmann: Warnung vor der »totalen Wende«, in: Die Welt, 2. 10. 2014

13 Rede von Bodo Ramelow nach seiner Vereidigung am 5. 12. 2014, Thüringer Landtag, Plenarprotokoll 6/2, S. 24 f.

14 Benjamin Immanuel Hoff: Die Linke – Partei neuen Typs?, Berlin 2014, S. 43

15 »Meine Mutter hat mich ausgepeitscht«, in: Bild am Sonntag, 7. 12. 2014

16 Protokoll 27. Parteitag der CDU Deutschlands, 9./10. 12. 2014, Köln, Konrad-Adenauer-Stiftung, S. 222

17 Ebd., S. 41

18 Michael Heym: Die AfD ist kein Schreckgespenst, in: Südthüringer Zeitung, 9. 12. 2014

19 Martin Debes: Der Lehrer der Nation, in: Thüringer Allgemeine, 31. 10. 2014

20 Ebd.

21 Helmut Kellershohn: »Es geht um Einfluss auf die Köpfe« – Das Institut für Staatspolitik, Bundeszentrale für Politische Bildung, 7. 7. 2016, https://www.bpb.de/themen/rechtsextremismus/dossier-rechtsextremismus/230002/es-geht-um-einfluss-auf-die-koepfe-das-institut-fuer-staatspolitik/#footnote-target-19

22 Melanie Amann: Angst für Deutschland. Die Wahrheit über die AfD: wo sie herkommt, wer sie führt, wohin sie steuert, München 2017, S. 147 f.

23 Andreas Speit: Was die Sprache verrät, in: taz, 17. 6. 2015, https://taz.de/Thueringer-AfD-Funktionaer-und-die-NPD/!5204587/

8 Das Jahr 2015 und seine Folgen

1 Martin Debes: Die Machtschau der CDU, Thüringer Allgemeine, 17. 8. 2017. Die Passage folgt in Teilen der damaligen Reportage des Autors.

2 Thüringer Landesamt für Verfassungsschutz: Verfassungsschutzbericht Freistaat Thüringen 2017, S. 57

3 Umfrage von infratest-dimap im Auftrag des MDR, 9. 9. bis 14. 9. 2015, 1000 repräsentativ Befragte ab 18 Jahren

4 Geplante Flüchtlingsunterkunft zerstört, in: Zeit Online, 19. 10. 2015, https://www.zeit.de/gesellschaft/deutschland/2015-10/fluechtlinge-thueringen-anschlag

5 Thüringer Landesamt für Statistik: Thüringen verliert 2014 etwa viertausend Einwohner, Pressemitteilung 2014/2015, 4. 9. 2015

6 Alle Zahlen: Bundeagentur für Arbeit, https://statistik.arbeitsagentur.de/DE/Navigation/Statistiken/Interaktive-Statistiken/Migration-Zuwanderung-Flucht/Migration-Zuwanderung-Flucht-Nav.html

7 Sebastian Tauchnitz: AfD-Demonstrationszug vor die Staatskanzlei in Erfurt, in: Thüringer Allgemeine, 17. 9. 2015

8 Mathias Zschaler: Nicht zum Lachen – und trotzdem komisch, in: Der Spiegel, 19. 10. 2015

9 Joseph Goebbels: »Totaler Krieg« – Auszug aus Goebbels Rede im Berliner Sportpalast, 18. 2. 1943, Deutsche Geschichte in Dokumenten und Bildern, https://ghdi.ghi-dc.org/sub_document.cfm?document_id=1583&language=german

10 Jobst Paul: Der Niedergang – der Umsturz – das Nichts. Rassistische Demagogie und suizidale Perspektive in Björn Höckes Schnellrodaer IfS-Rede, Duisburger Institut für Sprach- und Sozialforschung, 16. 2. 2016 (PDF, Anhang S. 26–39)

11 AfD-Spitze vergleicht Höcke mit Hitler, in: Bild, 8. 4. 2017

12 Heinrich Best/Steffen Niehoff/Axel Salheiser/Lars Vogel: Ergebnisse des Thüringen-Monitors 2016, Friedrich-Schiller-Universität Jena, Kompetenzzentrum Rechtsextremismus

13 Axel Salheiser: Weltoffen oder fremdenfeindlich: Die Einstellungen der Thüringer Bevölkerung gegenüber Asyl, Migration und Minderheiten, Institut für Demografie und Zeitgeschichte, 2017

14 Nie zweimal in denselben Fluss. Björn Höcke im Gespräch mit Sebastian Hennig, Lüdinghausen 2018

15 Maaßen sieht keine Beweise für Hetzjagd in Chemnitz, in: Der Spiegel, 7. 9. 2018

16 Martin Debes: Abrechnung in Arnstadt, in: Thüringer Allgemeine, 15. 10. 2018

17 Timo Lehmann: »Was AfD-Abgeordnete sagen, ist unerträglich.« Interview mit Kurt Biedenkopf, in: Der Spiegel, 24. 9. 2019

18 Sebastian Fischer/Kevin Hagen/Christian Teevs: »Die Zeit der Ausgrenzung ist vorbei.« Interview mit Daniel Günther und Bodo Ramelow, in:
Der Spiegel, 12. 6. 2019

9 Ein Ministerpräsident von Höckes Gnaden

1 ARD-Wahlanalyse, 28. 10. 2019
2 n-tv, 3. 10. 2019
3 ARD-Tagesthemen Extra, 28. 10. 2019
4 Martin Debes: Demokratie unter Schock, Essen 2021, S. 85. Teile dieses
Kapitels folgen der Darstellung des Buches.
5 »Demokratie erfordert Dialog«. Appell konservativer Unionsmitglieder
in Thüringen, 5. 11. 2019
6 Florian Gathmann/Kevin Hagen/Lydia Rosenfelder: Projekt Tabubruch,
in: Der Spiegel, 9. 1. 2020
7 Steffen Winter: »Alle haben geheult«, Interview mit Bodo Ramelow, in:
Der Spiegel, 8. 2. 2020
8 Frank Jansen: Maaßen zur Wahl von Thomas Kemmerich: »Hauptsache,
die Sozialisten sind weg«, in: Tagesspiegel, 6. 2. 2020
9 Thüringer Linke-Chefin fordert CDU-Bekenntnis für Ramelow-Wahl, dpa,
8. 2. 2020
10 CDU-Aufstand gegen Merkels Thüringen-Strategie, in: Bild, 9. 2. 2020
11 Miriam Hollstein/Albert Link/Christian Voigt: Die Wendehälse der Thüringer CDU, in: Bild am Sonntag, 23. 2. 2020

10 Die Wunde Thüringen

1 Martin Debes, Anne Hähnig, Martin Machowecz, August Modersohn:
Unter Zerstörern, in: Die Zeit, 25. 4. 2021
2 Martin Debes: »Kommunist durch demokratische Regierung ersetzen«:
Thüringer CDU distanziert sich von Maaßens Aussagen, in: Thüringer
Allgemeine, 29. 7. 2021
3 Hans-Georg Maaßen, Twitter, 11. 6. 2023, https://twitter.com/HGMaassen/
status/1667840860271046657
4 Martin Debes: Liberale Betonköpfe, in: Der Spiegel, 18. 3. 2020
5 Jürgen Habermas: 30 Jahre danach: Die zweite Chance. Merkels europa-
politische Kehrtwende und der innerdeutsche Vereinigungsprozess, in:
Blätter für deutsche und internationale Politik, September 2020, https://
www.blaetter.de/ausgabe/2020/september/30-jahre-danach-die-zweite-
chance

6   Martin Machowecz: »Wie hat die Legasthenie Sie beeinflusst? Ich bekam eine Sechs nach der anderen«, Interview mit Bodo Ramelow, in: Die Zeit, 13. 5. 2021

7   Björn Höcke im MDR-Sommerinterview, 25. 8. 2020

8   Kemmerich verärgert Parteifreunde mit Corona-Protest, in: Der Spiegel, 10. 5. 2020

9   Kemmerich: Annahme der Ministerpräsidentenwahl kein Fehler, in: Süddeutsche Zeitung, 9. 10. 2020

10   Pressemitteilung FDP-Bundesgeschäftsstelle, 9. 10. 2020

11   Martin Debes: »Keine Panik bitte«: Bodo Ramelow stellt sich gegen Angela Merkel, in: Thüringer Allgemeine, 27. 10. 2020

12   Martin Debes: Der sonderbare Sonderweg des Bodo Ramelow, in: Zeit Online, 31. 10. 2020

13   Thüringen Monitor 2020: Die Corona-Pandemie in Thüringen, Universität Jena, Februar 2021

14   Robert-Koch-Institut, Tabelle mit den gemeldeten Impfungen nach Bundesländern und Impfquoten nach Altersgruppen, 13. 6. 2023

15   Robert-Koch-Institut, April 2023

16   Stefan Locke: Kein neuer Showdown im Thüringer Landtag, in: Frankfurter Allgemeine Zeitung, 17. 7. 2021

17   Martin Debes: Die Unschuld vom Weimarer Land, in: Thüringer Allgemeine, 1. 12. 2020

18   Martin Debes: Thüringer Teflon – was macht eigentlich FDP-Mann Kemmerich?, in: Berliner Morgenpost, 23. 3. 2023

19   Kriege und Aufrüstung stoppen: Resolution Linke-Bundesparteitag 27. Juni 2022, online abrufbar: https://www.die-linke.de/partei/partei demokratie/parteitag/erfurter-parteitag-2022/live/detail/leitantrag-l03-kriege-und-aufruestung-stoppen-schritte-zur-abruestung-jetzt-fuer-eine-neue-friedensordnung-und-internationale-soli-daritaet/

20   Sebastian Haak: »Ich bin auch härter geworden«, Interview mit Heike Taubert, in: Freies Wort, 20. 4. 2022

21   Martin Debes: Im Ausnahmezustand, in: Zeit Online, 18. 4. 2023. Einige Passagen folgen teilweise dem damaligen Text.

22   DGB: Mehr als 264.000 Thüringen bekommen mehr Mindestlohn, dpa, 27. 9. 2022

23   Grüne nennen »Energie-Stasi«-Vorwürfe anstandslos, in: t-online, 24. 5. 2023

24   Daniel Krause: CDU ist »Alternative für Deutschland mit Substanz«, in: Tagesspiegel, 20. 7. 2023

25 David Begrich: AfD oder der Kampf um die ostdeutsche Zivilgesellschaft, in: Blätter 8/2023, S. 11

26 Steffen Winter: Ein Landkreis mit »hohen Risiken«, in: Der Spiegel, 25. 6. 2023

27 Stefan Locke: Jetzt will die AfD Ramelow »in den politischen Ruhestand schicken«, in: Frankfurter Allgemeine Zeitung, 25. 6. 2023

28 Claus Christian Malzahn: »Dann ist uns nicht mehr zu helfen.«, Interview mit Georg Maier, in: Die Welt, 27. 6. 2023

29 Karin Prien, Twitter, 23. 7. 2023, https://twitter.com/PrienKarin/status/ 1683174540875005953

30 Kai Wegner, Twitter, 23. 7. 2023, https://twitter.com/kaiwegner/status/ 1683167477734203393

31 Merz relativiert Aussagen zu Zusammenarbeit, in: Tagesschau.de, 24. 7. 2023 https://www.tagesschau.de/inland/innenpolitik/merz-kritik-104.html

32 Friedrich Merz, Twitter, 24. 7. 2023, https://twitter.com/_FriedrichMerz/ status/1683372734754050048

33 Martin Debes/Jan Hollitzer/Chiara Schönau: Natürlich kriegen wir das hin. Interview mit Olaf Scholz, in: Thüringer Allgemeine, 11. 8. 2023

34 Martin Debes: Leere Drohungen. Wie viel Macht Maaßen in Thüringen noch hat, in: Thüringer Allgemeine, 8. 8. 2023

35 Hans-Georg Maaßen, Twitter, 13. 8. 2023, https://twitter.com/HGMaassen/ status/1690690182561890304

36 Reinhard Bingener: Rücktrittsforderungen an den Chef der CDU-Grundwertekommission, in: Frankfurter Allgemeine Zeitung, 20. 9. 2023

37 Martin Debes: Wer kann mit Wem?, in: Die Zeit, 20. 7. 2023

38 Martin Debes: Alternative für deutsche Geschichte, in: Die Zeit, 21. 9. 2023

39 Martin Debes: »Thüringen ist die Ouvertüre für ganz Deutschland«, Interview mit Matthias Hey, in: Zeit Online, 19. 9. 2023

Epilog

1 Martin Debes: Im Widerstand, in: Thüringer Allgemeine, 21. 4. 2023

2 Martin Debes: Wagenknecht-Partei käme in Thüringen auf Platz 1, in: Thüringer Allgemeine, 13. 7. 2023

3 Stefan Locke: Höcke: Deutschland ist »nicht souverän«, in: Frankfurter Allgemeine Zeitung, 24. 2. 2023

4 Christoph Gschoßmann: Wagenknecht-Getreuer feiert Höcke-Interview: Nur sie kann ihm gefährlich werden, in: Frankfurter Rundschau, 31. 7. 2023

5 Christina Morina: Tausend Aufbrüche. Die Deutschen und ihre Demokratie in den 1980er Jahren, München 2023, S. 304

6 Roger Köppel: »Ich meine es nicht böse«, Interview mit Björn Höcke, in: Die Weltwoche, 27. 11. 2019

7 Björn Höcke, youtube, https://www.youtube.com/watch?v=_57KaXRKx Z8&t=3527s

8 Detlef Falken: Nachwort, in: Oswald Spengler: Der Untergang des Abendlandes, München 1998, S. 1024

9 Thüringer AfD-Chef Höcke: Orban als Staatsmann Vorbild, dpa, 5. 11. 2022

10 Köppel

11 Ebd.

12 Björn Höcke: Rede bei der JA im Dresdner Ballhaus, 17. 1. 2017

13 Björn Höcke: Rede auf Erfurter AfD-Kundgebung, 16. 3. 2016

14 Björn Höcke: Interview zum Magdeburger AfD-Parteitag mit dem Sender Phoenix, 29. 7. 2023

15 Björn Höcke: Rede auf einer Kundgebung in Merseburg, 29. 5. 2021

16 Ann-Katrin Müller: Machttrunken – und offen rechtsextrem, in: Der Spiegel, 19. 11. 2023

17 Mike Mohring am 13. 12. 2023 auf seiner Facebook-Seite, https://www. facebook.com/mikemohring.de/?locale=de_DE

18 Rasmus Buchsteiner: Thüringen: Kein Cent aus FDP-Kampagnenfonds für Kemmerich-Wahlkampf, in: The Pioneer, 16. 9. 2023

19 FDP setzt auf Kemmerich: offen für wechselnde Mehrheiten, in: Zeit Online, 22. 10. 2023

20 Martin Debes: Dramatische Appelle: So will Rot-Rot-Grün den Thüringer Haushalt retten, in: Thüringer Allgemeine, 29. 11. 2023

21 Björn Höcke: Union trägt de facto Mängel des Landeshaushaltes mit, AfD-Mitteilung 20. 12. 2023

22 Markus Decker: Bodo Ramelow: Ich halte von apokalyptischen Zuspitzungen überhaupt nichts, Interview, in: Redaktionsnetzwerk Deutschland, 30. 12. 2023

23 Martin Debes/Fabian Klaus: »Björn Höcke ist ein Rechtsextremist«, Interview mit Sahra Wagenknecht, in: Thüringer Allgemeine, 22.1.2024

24 Höckes 5-Punkte-Plan für den Fall, dass die AfD Thüringen regiert, MDR-Online, 10. 12. 2023

Alle Links gesehen 14. 1. 2024